博士论文
出版项目

教育在中国经济增长中的贡献及机制研究

Research on the Contribution and Mechanism of Education on China's Economic Growth

赵 冉 著

中国社会科学出版社

图书在版编目（CIP）数据

教育在中国经济增长中的贡献及机制研究／赵冉著．—北京：中国社会科学出版社，2023.12
ISBN 978-7-5227-2943-5

Ⅰ.①教… Ⅱ.①赵… Ⅲ.①教育—影响—中国经济—经济增长—研究 Ⅳ.①F124.1

中国国家版本馆 CIP 数据核字（2023）第 247683 号

出 版 人	赵剑英
责任编辑	赵　丽
责任校对	王佳玉
责任印制	王　超

出　　版	中国社会科学出版社
社　　址	北京鼓楼西大街甲 158 号
邮　　编	100720
网　　址	http://www.csspw.cn
发 行 部	010-84083685
门 市 部	010-84029450
经　　销	新华书店及其他书店
印　　刷	北京君升印刷有限公司
装　　订	廊坊市广阳区广增装订厂
版　　次	2023 年 12 月第 1 版
印　　次	2023 年 12 月第 1 次印刷
开　　本	710×1000　1/16
印　　张	18.5
插　　页	2
字　　数	258 千字
定　　价	99.00 元

凡购买中国社会科学出版社图书，如有质量问题请与本社营销中心联系调换
电话：010-84083683
版权所有　侵权必究

出 版 说 明

为进一步加大对哲学社会科学领域青年人才扶持力度，促进优秀青年学者更快更好成长，国家社科基金 2019 年起设立博士论文出版项目，重点资助学术基础扎实、具有创新意识和发展潜力的青年学者。每年评选一次。2021 年经组织申报、专家评审、社会公示，评选出第三批博士论文项目。按照"统一标识、统一封面、统一版式、统一标准"的总体要求，现予出版，以飨读者。

全国哲学社会科学工作办公室

2022 年

前　言

教育与经济增长的关系及教育的贡献测算是教育经济研究的经典话题,亚当·斯密在《国富论》中就已经提出,劳动力的技能是经济进步的强大推动力量。此后,许多古典经济学家都有关于教育或人力资本作为国家财富重要组成部分的论述。舒尔茨在20世纪60年代提出了人力资本理论,测算出1929—1957年美国教育对经济增长的贡献是33%。罗默和卢卡斯提出的内生经济增长模型实现了技术进步与人力资本的内生化,证明了内生技术进步与人力资本对长期经济增长的决定性作用。改革开放40多年间,中国经济保持了接近年均10%的高速增长,人口红利对中国社会经济的贡献得到了大量研究的证实。国内学者在梳理国外已有研究的基础上,考察了中国改革开放以来甚至更早时期教育对经济增长的作用,验证了人力资本对经济增长的重要价值。然而,教育与经济增长这一领域内仍然存在诸多亟待解决的理论和实践问题,已有研究也因在视角、逻辑和方法等方面的不足而受到越来越多的关注。尤其是在中国经济进入"新常态",迈向高收入国家之际,教育在新时期经济发展中的作用、教育在新时期的发展特点等具有鲜明政策性价值的问题仍然悬而未决。

对已有研究的梳理发现,教育对经济增长的贡献测算结果存在较大差异,其原因主要在于资本、劳动力、人力资本等投入要素的计量以及估计方法的不同。首先,乔根森认为测算结果差异的来源是对实际产品和要素投入的测算不够精确,同时不同行业之间并未建立同质化的劳动力和资本投入。其次,大多数研究对增长理论的前提约束条件论证不足,直接运用总量生产函数测算教育的贡献。实际上,中国经济是在劳动力无限剩余型的二元经济基础上逐步发展而来,难以满足上述假定。此外,索洛余值法的测算主要考虑了物质资本和劳动力数量的贡献,但回归结果并不提供索洛残差的系数和显著性,可能导致全要素生产率(TFP)中重要增长来源的遗漏,进而造成TFP的高估。新经济增长理论认为,人力资本积累或技术进步是经济增长的主要来源,因此从TFP中分离出教育、人力资本等因素的贡献是应用索洛余值法的核心问题。最后,大部分已有研究对教育的贡献测算往往过于笼统,直接选择平均受教育年限作为人力资本的代理变量,在实证部分忽视教育质量的异质性对人力资本测算的影响,并且在回归方法上大多选择线性模型进行估计,难以准确反映变量之间的真实关系。

针对现实的研究需要和现有研究的不足,本书从新古典增长理论、内生经济增长理论、技术扩散理论以及蔡昉、罗斯托的经济发展阶段理论出发,采用宏观和微观数据结合,通过时间与空间分析相结合、静态与动态模型相结合来解释教育在中国经济增长中的作用和贡献。

本书的研究特色在于:第一,通过全周期和分段估计的方法阐释了中国经济增长的阶段特征,并将这种特征与特定的经济增长模型相结合,印证了中国经济增长的阶段性特征,更加准确地回答了教育在中国经济增长中的贡献是多少的问题。通过构建有效劳动模型与人力资本外部性模型的比较方法,将生产中教育外部性提高其他投入要素效应的作用剥离出来,同时运用状态空间的方法得到可变系数进一步反映了近年来技能偏向型技术进步的影响,分不同阶段、分不同制度主体测算了教育对中国经济增长的贡献。第二,结合教育与内生技术进步、资本、制度、结构因素的相互关系讨论了教育对经济增长的直接和间接作用,厘清了教育和人力资本对经济增长的异质性作用机制,这种异质性不仅包括教育层次结构异质性,也包括不同时间和空间的异质性。第三,教育与经济增长之间不仅存在着线性关系,还存在着受到各地区经济发展水平影响的非线性关系。本书通过门限效应模型分析了教育对经济增长作用的地区异质性,考察了教育依赖于经济增长水平或者技术创新水平的门限效应,探索教育对经济增长的作用阈限,并通过引入空间计量模型分析了教育的空间溢出效应,运用动态面板数据模型和广义矩估计(GMM)获得更加有效的参数估计结果。第四,本书综合运用中国微观和宏观数据对包含教育和工作经验以及分城乡和性别的人力资本决定方程进行估计,并结合分年龄、性别、受教育水平和城乡的劳动力人数,首次使用劳动收入指数法(Labour Income-based Human Capital,LIHK)测算了中国省际人力资本存量,该方法体现了人力资本的多种影响因素,并通过标准工人的同质化假定保证了人力资本在时间和空间上具有可比性,完善了中国省际人力资本的测算体系。第五,本书在研究方法上进行了新的尝试,首先使用元分析方法探讨了教育对经济增长影响的结构效应,其次从空间维度对高等教育和人力资本质量的本地—邻地效应进行检验,且基于地区引进高校这一项自然实验,采用双重差分法估计了高等教育对区域经济增长的因果影响效应。

  本书尝试拓展教育与经济增长的关系研究,但仍存在许多局限和不足。一是教育与经济增长关系研究所涉及的理论众多,但在贡献测算上尚未形成统一的分析框架,作者虽然尝试性地采用状态空间的方法捕捉不同时期教育的贡献特征,但是未能建立统一的广泛适用的理论模型。二是限于中国省际教育数据的可得性,本书在大部分实证环节选取各省区的平均受教育年限数据,同时对各个省区采用收入法测算,但未获得教育数量和质量结合的数据,这是未来研究应当继续探索的方向;三是本书使用广义矩估计在一定程度上控制了内生性问题,但是对于静态模型分析教育和经济增长内生性关系的探讨仍有所不足。以上局限和不足,恳请读者包涵。

摘　　要

教育是人力资本积累的重要途径，同时也是提升效率，促进技术进步的重要因素。本书将教育在经济增长中的贡献及其作用机制作为主要的研究问题，从新古典增长理论、内生经济增长理论、技术扩散理论以及蔡昉、罗斯托的经济发展阶段理论出发，采用宏观和微观数据，主要研究了以下三个方面的内容：其一，从教育水平、教育结构以及教育质量角度分别分析了中国教育发展的变化趋势与特征，并将中国经济增长的阶段特征与特定的经济增长模型相结合，在剔除了资本和技术进步的影响后，分阶段、分不同制度和政策主体测算了教育在中国经济增长中的贡献，同时剥离出教育作为要素积累的直接贡献以及效率提升的间接贡献。其二，从教育在经济增长过程中与技术、资本、制度、结构多维度的交互关系出发，分析了教育通过要素积累、效率提升、资本互补、制度耦合以及配置结构五个方面产生的线性作用机制以及非线性作用机制。其三，从空间维度探讨了高等教育的本地—邻地效应，并采用双重差分法估计了高等教育对区域经济增长的因果效应。通过时间与空间分析相结合、静态与动态模型相结合来解释教育在中国经济增长中的作用。

基于以上分析得到的主要结论如下：

第一，改革开放以来，中国劳动力整体受教育水平不断提高，从基本完成小学教育阶段的 5 年左右提升到 10 年以上，平均受教育水平的增长呈现省际"收敛"态势；从教育层次结构来看，中国高等教育劳动力数量占比不断提高，初等教育和中等教育劳动力数量占比先上升后下降,高等教育的地区差异大于中等教育;从教育地区分布结构来看,教育离散度呈现"双峰"分布,教育水平的两极分布差异均较大;从包含教育质量的人力资本结构来看,农村男性和农村女性的人力资本处于下降趋势,城镇男性和城镇女性的人力资本呈上升趋势;从性别差异角度看,男性人力资本普遍高于女性;从城乡差异角度看,城乡人力资本差异先减小后增大。

第二,通过全周期和分段估计的方法阐释了中国经济增长的阶段特征,并将这种特征与特定的经济增长模型相结合,印证了中国经济增长的阶段性特征,在此基础上进一步测算了教育对不同时期经济增长的贡献,发现在剔除了资本和技术进步的影响后,过去近30年间经济增长中教育的贡献率从9.6%增加到14.2%,平均贡献率为10.38%。其中直接贡献为8.75%,占总贡献率的84.3%,间接贡献为1.63%,占总贡献率的15.7%,但是其间接贡献率逐年提升,反映了人力资本外部性作用在逐年增强。在人力资本的直接贡献部分中,劳动力人数增加的贡献为4.62%,占43%,而劳动力质量提升的贡献占57%,说明过去近30年间人力资本的直接贡献中更多地依赖劳动力质量即教育水平的提升来实现;从分省样本的测算来看,在教育水平相近的不同制度与政策的地区中,制度和政策因素制约了教育对经济增长作用的发挥;然而,在政策和制度相近的地区中,教育和人力资本水平仍是经济增长的重要驱动因素。

第三,从作用机制角度看,首先不同层次的教育在经济增长中的作用机制存在差异,其中初级教育人力资本更多地通过要素积累直接促进经济增长,高级教育人力资本更多地通过技术进步间接促进经济增长。其次,教育与物质资本之间存在互补性,而且经济发展水平越高的地区互补效应越强。此外,考虑了教育的部门配置结构以后,教育水平的变化对经济增长产生了显著的正向促进作用;教育对经济增长的影响存在地区经济发展水平以及发展阶段的异质性,当人均GDP处于小于5658元的低收入阶段时,教育对经济增长的影响较小,为0.039,当人均GDP处于5658—41873元的中等收入阶段时影响效应为0.05,大于41873元时影响效应为0.064,影响系数显著变大,说明了教育对经济增长具有显著的阶段性特征,很好地回应了经济发展阶段理论。

第四,从贡献测算的结果来看,要素积累仍然是中国经济增长的主要贡献者,教育作为要素积累的直接贡献占84.3%,而效率提升等间接贡献占15.7%。从教育的作用机制角度看,要素积累的作用(0.288)大于技术进步的作用(0.038)。

第五,以高等教育和城镇劳动力收入指数表征的高级人力资本通过技术创新间接促进本地经济增长,还存在"本地—邻地"协同效应。引进高校能够持续带动区域经济增长,而对产业升级的促进作用存在时滞效应,引进高校通过更多地促进初始经济水平和产业结构水平较低地区的经济增长来缩小地区发展差距,还可以通过影响技术进步带动区域经济增长和产业升级。

关键词:教育;高等教育;经济增长;贡献;机制

Abstract

Education is not only an important way to accumulate human capital, but also a key factor to improve efficiency and promote technological progress. The main research question of this work is the contribution of education to economic growth and its mechanism. Starting from the neoclassical growth theory, endogenous economic growth theory, technology diffusion theory, and Cai Fang's and Rostow's economic development stage theory, this work made effort in the following three aspects through macro and micro data:

(a) The changing trend and characteristics of China's education development were analyzed from the perspective of education level, education structure, and education quality, respectively. And the stage characteristics of China's economic growth were combined with a specific economic growth model. After excluding the influence of capital and technological progress, the contribution of education to China's economic growth was calculated by stages, different institutions, and policy subjects. At the same time, the direct contribution of education as factor accumulation and the indirect contribution of efficiency improvement were separated.

(b) starting from the multi-dimensional interaction between education and technology, capital, institution, and structure in the process of economic growth, the paper analyzes the linear and nonlinear mechanism of action produced by education through the accumulation of factors, efficiency improvement, capital complementarity, institution coupling, and allocation structure.

(c) the paper discusses the local-neighborhood effect of higher education from the spatial dimension and estimates the causal effect of higher education on regional economic growth by using the method of differential difference. The role of education in China's economic growth was explained through the combination of time and space analysis as well as static and dynamic models.

The main conclusions based on the above analysis are as follows:

Since the reform and opening up, China's labour force has experienced a significant increase in overall education level, from about five years after the completion of primary education to more than 10 years, and the growth of average years of schooling has shown an inter-provincial "convergence" trend. Regarding the structure of education levels, the proportion of China's labour force with higher education has been increasing. Meanwhile, the proportion of labour force with primary and secondary education has risen and then declined. Additionally, regional disparities in higher education are greater than those in secondary education. In terms of the regional distribution structure of education, the dispersion of education shows a "bimodal" distribution, with large differences in the distribution of education levels at both poles. Regarding the structure of human capital, which encompasses the quality of education, the human capital of rural males and rural females is on a downward trend, while that of urban males and urban females is on an upward trend. From the perspective of gender differences, the human capital of men is generally higher than that of women, and from the perspective of urban-rural differences, the difference between urban and rural human capital decreases first and then increases.

Secondly, the contribution of education to economic growth varies in different periods of development. After depriving the impact of capital and technological progress, we get that the contribution rate of human capital to economic growth is 10.38% in the past 30 years. Among them, the direct contribution is 8.75%, accounting for 84.3% of the total contribution rate, the indirect contribution is 1.63%, accounting for 15.7% of the total contribution rate, but its indirect contribution rate is increasing year by year, reflecting that the role of human capital externality is increasing year by year. Among the direct contribution of human capital, the increase of labor force accounts for 4.62%, accounting for 43% of the total contribution rate, while the improvement of labor quality accounts for 57%. This shows that the direct contribution of human capital in the past 30 years depends more on the improvement of labor quality.

Thirdly, from the perspective of the mechanism, there are differences among the mechanism of different levels of education in economic growth. Primary education human capital promotes economic growth more through factor accumulation, and advanced education human capital promotes economic growth more through technological progress. In addition, there is complementarity between education and material capital, and the higher the level of economic development, the stronger the regional complementary effect. What's more, the change of education has a significant positive impact on economic growth considering the allocation structure of education sector. The impact of education on economic growth has regional economic development level and time heterogeneity. Taking GDP per capita as a threshold variable, the results show that when GDP per capita is less than 5658 yuan, education has no significant promoting effect on economic growth. It is significantly positive between 5658 and 41873 yuan, and highly significant when GDP per capita is greater than 41873 yuan, and the coefficient becomes larger, reflecting the enormous promoting effect of education on economic growth.

Fourthly, from the perspective of a contribution calculation results, the factors of accumulation are still a major contributor to China's economic growth, with the direct contribution of factor accumulation accounting for 84.3% and the indirect contribution such as efficiency improvement accounting for 15.7%, meanwhile from the perspective of the mechanism of education, the effect of factor accumulation (0.288) is greater than that of technological progress (0.038).

Fifthly, advanced human capital represented by higher education and the urban labor income index indirectly promotes local economic growth through technological innovation and has a "local-neighborhood" synergistic effect. The introduction of colleges and universities can continue to drive regional economic growth, but there was a time lag effect on the promotion of industrial upgrading. The introduction of colleges and universities can narrow the regional development gap by promoting the economic growth of regions with lower initial economic level and industrial structure levels, and promote regional economic growth and industrial upgrading by influencing technological progress.

Key Words: Education; Higher education; Economic growth; Contribution; Mechanism

目　　录

第一章　绪论 ……………………………………………………（1）
　第一节　研究背景 ………………………………………………（1）
　第二节　研究意义 ………………………………………………（5）
　第三节　研究问题与创新 ………………………………………（7）
　第四节　研究框架 ………………………………………………（10）

第二章　相关概念与理论基础 …………………………………（12）
　第一节　相关概念界定 …………………………………………（13）
　第二节　人力资本与经济增长理论回顾 ………………………（21）

第三章　中国教育发展和经济发展变化趋势与特征 …………（41）
　第一节　人力资本测算方法 ……………………………………（42）
　第二节　教育与人力资本发展变化趋势与特征 ………………（62）
　第三节　经济发展变化趋势与特征 ……………………………（80）
　第四节　教育发展与地区增长差距 ……………………………（83）
　第五节　本章小结 ………………………………………………（87）

第四章　教育对中国经济增长影响效应的元分析 ……………（88）
　第一节　教育对经济增长的结构效应 …………………………（89）
　第二节　Meta 回归分析：数据、方法与估计 …………………（94）
　第三节　发表偏误估计 …………………………………………（108）

第四节　本章小结 ……………………………………… (112)

第五章　教育对经济增长的贡献测算 ……………………… (115)
第一节　教育对经济增长的贡献测算研究回顾 ………… (116)
第二节　经济增长的阶段划分与模型选择 ……………… (125)
第三节　教育在经济增长中的贡献测算 ………………… (138)
第四节　制度与政策对教育在经济增长中作用的影响 …… (145)
第五节　本章小结 ……………………………………… (150)

第六章　教育在经济增长中的作用机制研究 ……………… (152)
第一节　教育在经济增长中的作用机制研究回顾 ……… (152)
第二节　数据来源与统计描述 …………………………… (173)
第三节　作用机制的实证检验 …………………………… (176)
第四节　本章小结 ……………………………………… (204)

第七章　高校引进、高等教育与经济增长 ………………… (206)
第一节　高等教育与人力资本质量的"本地—邻地"
　　　　增长效应 ……………………………………… (206)
第二节　高校引进对地区经济发展的影响 ……………… (222)
第三节　本章小结 ……………………………………… (238)

第八章　主要结论与政策建议 ……………………………… (240)
第一节　研究结论 ……………………………………… (240)
第二节　政策启示 ……………………………………… (242)

参考文献 ………………………………………………………… (248)

索　引 …………………………………………………………… (272)

Contents

Chapter 1 Introduction .... (1)
    Section 1 Background .... (1)
    Section 2 Research Significance .... (5)
    Section 3 Research Question and Innovation .... (7)
    Section 4 Research Framework .... (10)

Chapter 2 Concepts and Theories .... (12)
    Section 1 Key Concepts .... (13)
    Section 2 Theories of Human Capital and Economic
              Growth .... (21)

**Chapter 3 Trends and Characteristics of Changes in China's
           Education and Economic Development** .... (41)
    Section 1 Measurement of Human Capital .... (42)
    Section 2 The Changing Trend of Education and Human
              Capital .... (62)
    Section 3 The Changing Trend of Economic Growth .... (80)
    Section 4 Inequality of Education Development and Region
              Growth .... (83)
    Section 5 Summary of Chapter 3 .... (87)

Chapter 4　A Meta-analysis of the Effect of Education on Economic Growth ……………………………… (88)

Section 1　The Structrural Effect of Educaiton on Economic Growth ……………………………………………… (89)

Section 2　Meta-analysis: Data, Method and Estimation ……… (94)

Section 3　The Estimation of Publication Bias ……………… (108)

Section 4　Summary of Chapter 4 …………………………… (112)

Chapter 5　The Measurement of the Contribution of Education to Economic Growth ……………………… (115)

Section 1　Literature Review ………………………………… (116)

Section 2　The Stage Division and Model Selection of Economic Growth ………………………………………………… (125)

Section 3　Measurement of the Contribution of Education to Economic Growth ……………………………… (138)

Section 4　The Role of Institutions and Policies …………… (145)

Section 5　Summary of Chapter 5 …………………………… (150)

Chapter 6　The Mechanism of the Effect of Education on Economic Growth ……………………………… (152)

Section 1　Literature Review ………………………………… (152)

Section 2　Data and Description ……………………………… (173)

Section 3　Model Specification ……………………………… (176)

Section 4　Summary of Chapter 6 …………………………… (204)

Chapter 7　University Introduction, Higher Education and Economic Growth …………………………………… (206)

Section 1　The Local-neighborhood Growth Effect ………… (206)

Section 2	Effect of University Introduction on Regional Economic Growth	(222)
Section 3	Summary of Chapter 7	(238)

Chapter 8 Conclusion and Implication ·················· (240)
   Section 1 Research Conclusion ························· (240)
   Section 2 Policy Implication ···························· (242)

References ·· (248)

Index ·· (272)

第一章

绪　论

第一节　研究背景

伴随着逐渐消失的人口红利和刘易斯拐点的到来，中国传统动能优势逐步减弱，GDP 增速亦是在 2012 年降至 8% 后持续保持下行态势，中国进入了新常态发展阶段，潜在经济增长率下降。2016 年中央经济工作会议提出"三个提高"，即提高劳动生产率，提高全要素生产率和提高潜在增长率，一方面劳动生产率的提高是解决劳动力和人力资本不足、资本回报率下降的根本出路，另一方面跨越中等收入陷阱离不开全要素生产率的提高，而无论是劳动生产率还是全要素生产率的提高，都离不开教育和人力资本的积累。党的十九大报告第一次提出要把人力资本服务作为新经济增长点（习近平，2017）。

中国经济在改革开放 40 多年间保持了接近 10% 的高速增长，2010 年以后增速逐渐下降，过去 3 年都在 7% 以下，中国的"人口红利"优势渐渐式微，劳动力短缺以及人口老龄化逐渐成为制约经济增长的关键因素。2006 年到 2011 年中国劳动年龄人口增长 5205 万人，而 2011 年到 2016 年仅增长 431 万人，15—64 岁人口占比从 2011 年的 74.4% 下降到 2016 的 72.6%，下降了 1.8 个百分点，同期65岁以上人口占比上升1.7个百分点,从劳动力过剩向劳动力短缺的这一转变似乎意味着刘易斯拐点已经到来。从我们统计的数据来看,1996年以前,农村和城镇的劳动力数量都在不断增长,1996年以后虽然全国的劳动力人数还在增加,但是农村劳动力人数开始减少(如图1—1所示)。从劳动力平均受教育年限的变化来看,1982年以来中国劳动力的平均受教育年限不断上升,从1982年的5.52年上升到2016年的10.24年,从平均小学水平上升到初中毕业水平。分城乡来看,城乡劳动力的平均受教育年限差异越来越大,从1982年城乡差异为2.05年上升到2016年相差3.38年(如图1—2所示)。与此同时,中国劳动力的平均质量也在不断提升,1996—2015年的20年间,中国受高中以上教育的从业人口比重已经从14.1%上升至36.1%,增加了1.56倍,而其中受过大专及以上教育的从业人口比重上升更快,从2.8%上升至18.8%,增加了5.71倍,文盲的比例从13.1%下降至2.8%。劳动力数量的下降将不利于经济增长,但是未来劳动力质量的提升能否弥补劳动力数量下降

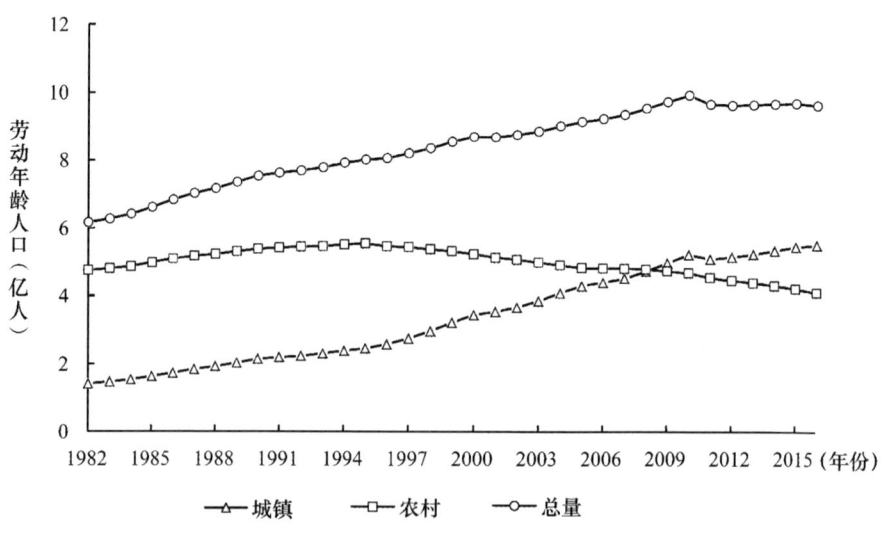

图1—1 历年劳动年龄人口

资料来源:根据全国人口普查数据(1982/1990/2000/2010)推算获得。

带来的增长缺口？劳动力质量的提高对生产力和经济增长的贡献到底有多大？

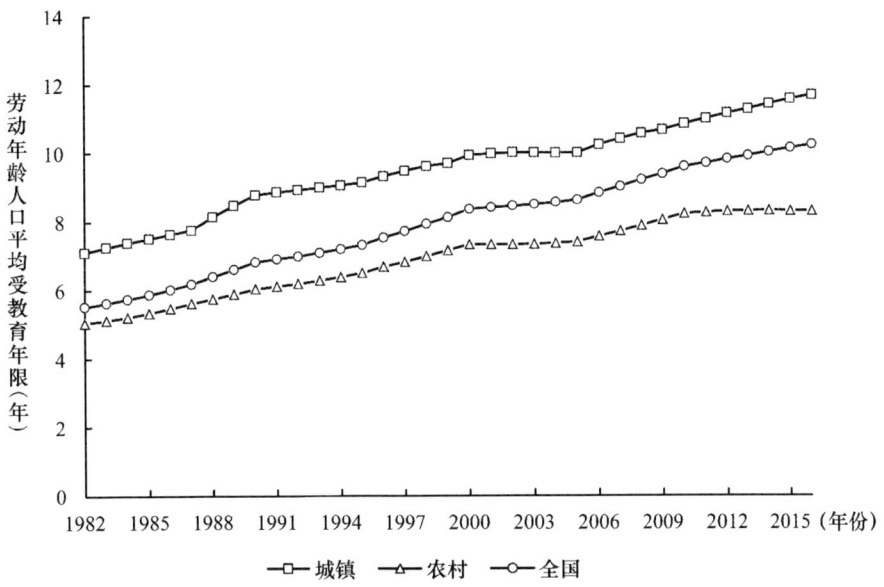

图1—2 劳动年龄人口平均受教育年限

资料来源：根据全国人口普查数据（1982/1990/2000/2010）推算获得。

教育在经济增长中的作用是经济学家一直关注的重要问题之一，古典经济学家大卫·李嘉图、亚当·斯密等都讨论过教育在经济增长中的作用，认为教育是经济增长的重要因素。现代经济学最早研究教育对经济增长作用的是诺贝尔奖获得者美国经济学家舒尔茨（T. W. Schultz），他在20世纪60年代依据他所提出的人力资本理论，计算了美国1929—1957年经济增长中教育的贡献是33%（Schultz，1961）。舒尔茨的研究重新开启了人们对教育与人力资本在经济增长中作用与贡献的研究。舒尔茨之后，大量的研究证实了教育对经济增长的巨大贡献，人力资本也因此从理论观点成为各国政府促进经济增长的重要政策。20世纪80年代，随着技术创新在经济增长中作用的日益凸显，也由于对新古典经济增长模型技术进步外生性问题的不满，以罗默与卢卡斯为代表的内生经济增长理论的出现，进一步揭示教育与人力资本不仅是经济增长的重要因素，从长期看教育与人力资本是经济长期增长的决定性因素（Lucas Jr.，1988；Romer，1986）。哈努谢克和沃斯曼因最新的研究表明从1960年到2000年40年间各国经济增长差异的3/4可以归结于知识资本的差异（Hanushek & Wößmann，2007）。可以说，教育与人力资本是现代经济增长的核心，戈尔丁和凯兹（Goldin & Katz，2008）将20世纪称为"人力资本的世纪"。

探讨中国40年经济快速增长过程中教育与人力资本的作用，有助于在更可见的时间范围内，看清教育与人力资本在经济增长中的作用。然而近年来中国经济增速持续放缓，2010年至今呈现出"L"型增长特征，意味着中国经济进入了新常态发展阶段，同时也面临着诸多新问题和新挑战。一方面政府四万亿政策退出后，中国基础设施建设的投资力度明显下降，资本投入难以维持增长需要。同时资本回报率持续降低，资本形成效率出现回落，物质资本驱动力逐渐削弱。另一方面，快速发展的人口老龄化使得中国人口年龄结构发生显著变化，直接影响劳动力供给短缺以及劳动生产率的提高。伴随中国各方面技术水平逐渐接近世界先进水平，技术引进与吸收的空间也将逐渐减小，技术进步的成本也将提高。

面临供给侧结构性改革与创新驱动发展的双重压力，高质量的教育与人力资本、内生性的技术变迁则是推动长期经济增长的根本动力，但是我们也经常看到相互矛盾的信息：大部分研究认为教育和人力资本对中国经济增长有不同程度的贡献，但仍有少部分研究认为中国教育和人力资本对经济增长没有显著影响。据此教育对经济增长的作用尚未达成共识。那么在特定的发展阶段，教育和人力资本对经济增长到底有无贡献？若有贡献，其贡献到底有多大？解释这些问题必须厘清教育在经济增长中的作用机制，教育到底如何影响经济增长？考虑到中国经济进入"新常态"，特别是进入跨向高收入国家后半程的新阶段，教育到底在未来一段时期经济发展中的作用是什么？大众化的教育与精英化的教育作用于经济增长的机制是什么？转型时期的中国经济发展需要什么样的教育与人力资本来支撑？新时代教育与人力资本政策的重点是什么？这些问题都需要进一步深入分析。不论是在理论上还是实践中都还有大量的问题没有解决。这些问题都需要从理论到实践给予回答。

第二节　研究意义

一　理论意义

衡量教育对经济增长贡献的最直接手段就是使用明瑟收入方程（Mincer，1974）计算教育的收益率，Haveman & Wolfe（1984）、Krueger & Lindahl（2001）等认为这种估计大约只能捕捉到教育全部贡献的一半，因为使用个体收入方程只考虑了教育对工资收益率的影响，忽略了教育的其他外溢作用，因此为了更全面地测算教育的全部贡献，教育和宏观经济增长的实证研究得到发展。本书从这一视角出发，建立教育影响经济增长作用机制的融合框架，可以更加全面地测算教育的贡献。

一般来说经济增长的投入要素主要包括资本、劳动、技术，以及一些与企业家精神、管理、制度相关的因素。因此，探讨教育对经济增长的作用往往要通过教育与资本、教育与劳动、教育与技术，甚至是教育与制度、教育与管理的关系来考察教育对经济增长的贡献。蔡昉（2013）在解释中国经济的过去、现在与将来时，试图从人类近几百年来经济增长的实际经验，逻辑推演出一个统一解释的经济增长的理论框架，对于更好地把握中国经济增长现状及未来增长的机制非常有帮助，也为更好地研究教育与经济增长关系构建了一个非常好的框架。他关于1979—2010年中国经济增长来源的分析显示，中国30多年的经济增长中资本贡献率占61%，全要素生产率占24%，劳动力占9%，人力资本仅占6%。如果蔡昉测算没有错误的话，过去30多年中国经济增长最关键的因素是资本的积累，人力资本虽然是一个重要的因素，但影响不是最大的。显然，无论是教育与经济增长关系的分析概念框架，还是具体测量教育对经济增长贡献的方法，都需要有一个更完整的理论体系。

二 现实意义

目前，中国已经成为世界第二大经济体、第一大货物贸易国、第二大货物进口国、第二大对外直接投资国、最大的外汇储备国，在经济新常态和推行供给侧结构性改革的今天，中国经济正处于经济增长速度换挡、结构调整、创新驱动发展的关键时期。党的十九大报告在"两个一百年"奋斗目标基础上，进一步提出要通过2020年到21世纪中叶两个阶段的发展，塑造创新驱动的增长模式，第一次提出要把人力资本服务作为新经济增长点。高质量的教育与人力资本、内生性的技术变迁则是推动长期经济增长的根本动力。战略性新兴产业的发展，人工智能的普及以及创新型国家建设都离不开高水平的人力资本。中国经济的总体技术状况已经实现了技术上的追赶，甚至在5G、高铁等领域已经处于领先水平，这一切都源于中国的教育发展带来的人力资本水平的提升。实际上，在经典的增长模型中并不能直接看到教育变量的作用。在各个经济增长模型中，教育实际上是人力资本的代名词。一般来说，经济增长的投入要素主要包括资本、劳动、技术，以及一些与企业家精神、管理、制度相关的因素。通过探讨教育和人力资本对经济增长的直接和间接作用，全面准确地测量中国教育和人力资本对经济增长的贡献，可以为探寻我国经济增长的来源和判断未来我国经济的长期增长趋势提供正确方向。

第三节　研究问题与创新

针对当前供给侧结构性改革对教育和人力资本提出的新需求以及教育和经济增长研究中存在的矛盾，本书主要围绕以下几个问题开展研究：

第一，如何合理估算和描述中国教育和人力资本存量的水平、分布结构和发展动态？中国教育发展变化的趋势和特征是什么？如何将教育质量包含在人力资本测算当中往往是教育指标法所忽视的，而这些问题的解决对于准确回答人力资本和教育对经济增长的贡献却起着关键作用。除了传统的基于受教育年限的度量方法外，我们采用劳动收入指数法（Labour Income-based Human Capital，LIHK）对中国的人力资本存量进行估算并与教育年限法进行对比，以期全面准确地回答教育对经济增长的贡献是多少的问题。

第二，以往研究往往笼统地计算教育对经济增长的贡献，那么从教育的作用机制出发，如何剥离与整合教育通过劳动力、技术与物质资本对经济增长的贡献以便更加准确地测算出教育的贡献率？测算贡献率时如何更好地考虑经济增长各因素内部之间的相互关系和相互贡献？考虑中国人力资本在国有部门和非国有部门间的配置结构对测算教育对经济增长的贡献有何影响？

第三，教育在中国经济增长中的作用机制是什么？不同层次教育的作用机制有何不同？这种作用机制在地区间有何异质性？教育在短期和中长期经济增长中的作用机制有何异同？教育如何通过与资本、技术、制度、结构的相互作用间接影响经济增长？

第四，有研究认为教育存量对经济增长的作用与样本选择密切相关，他们发现在教育发展水平较低的国家，人力资本存量的增长效应表现显著，而在教育水平较高的国家表现并不显著。这可能是由于教育和经济增长之间存在非线性关系，而大部分研究在回归方法上都选择了线性模型,因而难以准确反映变量之间的真实关系,因此对中国而言,是否存在教育依赖于经济增长水平或者技术创新水平的门限效应?是否超过某一水平时,教育对经济增长的作用才能显著地表现出来?

第五,面临目前供给侧结构性改革和经济转型的挑战,是否有制约教育在经济增长中发挥作用的其他制度和政策因素?教育政策的制定又如何更好地为经济发展服务?应该推行大众化教育还是精英化教育?我们通过比较不同地区的教育贡献差异给出一定的回答。

第六,在中国"人口红利"渐渐式微的背景下,劳动力短缺以及人口老龄化逐渐成为制约经济增长的关键因素,未来劳动力质量的提升能否弥补劳动力数量下降带来的增长缺口?劳动力质量的提高对经济增长的影响机制和实现路径是什么?在人口规模、教育质量和经济发展水平存在较大差异的地区之间,这种影响是否呈现空间依赖特征?

第七,中国经济正处于由"投资驱动"向"创新驱动"转型的高质量发展阶段,高等教育作为人力资本投资的重要方式具有极大的正外部性,已经成为实现国家创新发展战略的重要引擎。高校引进的宗旨是互利共赢,也让一批名校有了"开疆辟土"、进一步做大做强优势专业的迫切愿望。城市大力引进国内外优质高等教育资源的核心因素则是引进的高水平大学与这些城市战略性新兴产业和经济发展需求的匹配。在激烈的高校争夺战之中,高校引进政策是否真的为地区经济增长做出了贡献,是否促进了地区产业结构升级?

本书的创新点体现在视角和方法两个方面,在研究视角上:

1. 以往研究中往往直接将平均受教育年限作为人力资本的代理变量,很少从人力资本生产函数的视角全面地分析教育水平、教育结构以及教育质量的人力资本变化趋势和特征。本书利用普查数据,并结合微观调查数据以及宏观数据库测算了人力资本质量,不仅基于教育水平分析了普通型、明瑟型以及不完全替代型人力资本,还探讨了教育层次结构、地区结构以及产业结构的异质性。

2. 本书在全面地考虑教育与劳动力、教育与物质资本、教育与技术进步、教育与制度、教育与配置结构关系基础上探讨了教育在经济增长中的作用机制，特别是教育与技术进步以及教育与部门配置结构的研究视角在以往研究中是十分罕见的，以期更加准确地回答教育对经济增长的贡献是多少的问题。

3. 为了更好地看清教育与各要素的关系及其对经济增长的影响，我们考虑了教育在经济增长中的非线性作用和空间外溢作用，以期更加全面地回答教育的作用机制问题。

在研究方法上：

1. 本书通过全周期和分段估计的方法阐释了中国经济增长的阶段特征，并将这种特征与特定的经济增长模型相结合，发现了改革开放以来人力资本外部性模型对中国经济增长的拟合效果更佳，从而印证了经济增长阶段论。门限效应模型分析教育对经济增长作用的地区异质性也再次回答了这一问题。

2. 本书与大部分采取 OLS 估计的研究不同，在计算各要素对经济增长的贡献率时采用状态空间方法。这是因为，动态变化的要素份额或者产出弹性在一定程度上可以反映偏向性技术进步对经济增长的影响，更加符合经济增长的现实情况。

3. 本书在动态模型估计的方法上进行探索和创新，拓展了有关教育和经济增长关系的面板回归的思路。已有研究大部分使用固定效应或随机效应模型进行估计，而经济增长的问题时经常需要估计的是动态模型，此时如果使用 OLS 回归则会得到有偏差的估计系数。此外，本书还建立了空间计量模型以检验教育的空间溢出效应，通过时间与空间、静态与动态模型的结合更全面地考察了教育在经济增长中的作用。进一步地，本书采用元分析和双重差分法检验了教育对我国经济增长的因果效应。

4. 本书首次采用 LIHK 方法测算了包含教育质量的省际人力资本存量。由于该方法是基于边际生产率的计算，教育质量随时间的变化，教育结构的差异以及"干中学"等因素对人力资本的影响都反映在测算结果中。此外，本书通过假定标准工人在不同的时间和空间上保持同质，使人力资本在时间和空间上获得了可比性，完善了省际人力资本测算体系。

第四节　研究框架

本书从教育和经济增长关系中存在的主要问题出发，从四个方面分析了教育在经济增长中的作用机制及贡献研究：首先，从教育水平、教育结构、教育质量以及经济增长水平和速度角度分析了中

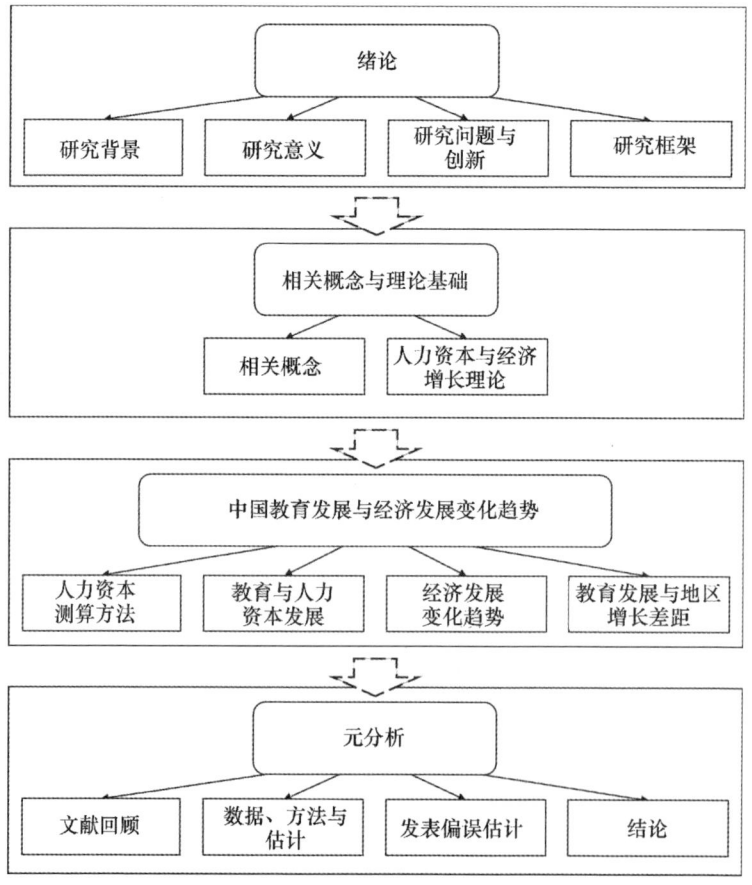

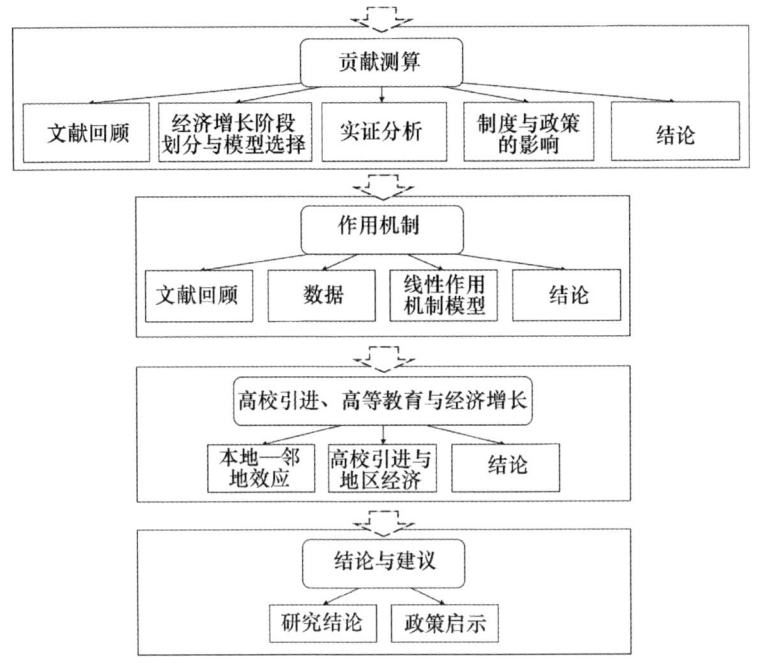

图1—3 研究框架

国教育发展和经济增长的趋势特征；其次，在前一部分的基础上分阶段、分不同制度主体测算了教育对全国经济增长以及部分样本省份经济增长的贡献；再次，从教育和技术进步、教育和物质资本、教育和制度以及结构配置角度分析了教育在经济增长中的线性和非线性作用机制；最后，分析了高校引进、高等教育和经济增长的关系，以高等教育为例具体分析了教育对经济增长的作用。

第 二 章

相关概念与理论基础

纵观人类社会经济发展的历程，在不同的阶段，生产要素的积累方式、生产效率的提升方式都呈现出不同的特征，人类社会经济增长因此也呈现出不同的特点。探讨教育在经济增长中的作用也离不开对经济增长阶段的认识，在不同的经济增长阶段，教育作用于经济增长的方式也会存在非常大的差别。许多学者就这一问题发表观点，形成了多种形式的经济增长理论。

舒尔茨依据他提出的人力资本理论，计算了美国1929—1957年经济增长中教育的贡献是33%，这一研究重新开启了人们对教育与人力资本在经济增长中作用与贡献的探讨。但实际上在经典的增长模型中并不能直接看到教育变量的作用。人力资本理论提出后，由于教育是人力资本投资的最主要形式，对教育与经济增长关系的研究越来越多。既有教育对经济增长贡献巨大的结论，也有教育发展但经济增长并没有持续的实例。以日本为例，在其经济高速增长期，教育对经济增长的贡献非常之大。而在20世纪90年代，尽管日本是全世界第二实现高等教育大众化的国家，其经济增长却迎来了失落的二十年。教育与经济增长的关系显然需要更精细的分析框架。

本章首先界定经济增长、人力资本和教育三个核心概念，进一步从教育对经济增长影响的作用机制出发，给出技术进步、物质资本和制度的定义。其次，通过梳理人力资本与经济增长理论发展历程，分析人力资本在不同增长理论中的作用，从理论史的角度建立起人力资本与经济增长的关联。

第一节 相关概念界定

一 经济增长

传统政治经济学者认为经济汇集了一切社会生产关系。它代表物质资料生产过程中所产生的价值，是社会发展政治、哲学、宗教、文学等上层建筑的基石，它是以国民经济总产值或国民收入为标志，囊括物力、人力资源以及货币增长等内容。广义上是指代某国家或者地区通过交换生成价值的总称。

经济增长的完整定义是最早是在1971年的诺贝尔奖台上，由来自美国的经济学家库兹涅茨当时所做的演说中提到的："一个国家的经济增长，定义为向它的人民提供品种日益增加的经济商品能力的长期上升，这个增长的能力基于改进技术以及它要求的制度和意识形态的调整。"（Kuznets，1971）总体来看，经济增长的含义应包括以下几个内容：经济增长最明显的特征是人均产量的增加，而且这种增加是由总体产出能力的增加带来的，这种增长通常伴随着人口增加和广泛的结构变化，而且这种增长是长期的、持续的上升；经济增长的能力是以技术改进及其所需要的制度和意识形态的调整为基础的。

Jones & Romer（2010）指出了现代经济增长的典型特征就是各国之间收入和全要素生产率存在着巨大的差异，劳动者的人均人力资本持续增长，人均 GDP 的增长率的差距随着与世界前沿技术差距的增加而扩大。可以看出他们特别强调了人力资本和技术因素在经济增长中的重要性，因此，教育如何通过人力资本积累和技术进步来影响经济增长成为本书研究的重点问题。

本书研究的经济主要以国内生产总值（GDP）、人均国内生产总值(人均 GDP)、劳动力人均生产总值(劳均 GDP)等指标作为衡量经济规模来客观反映现阶段的经济状况。我们用 $Y(t)$ 来表 t 时刻的国内生产总值,$y(t)$ 表示 t 时刻的人均国内生产总值,$l(t)$ 表示 t 时刻的人口,对于离散的时间状态,某时刻的经济增长率 $g(Y)$ 就可表示为:

$$g(Y) = \frac{Y(t) - Y(t-1)}{Y(t-1)} \qquad (2.1)$$

相应地,人均经济增长率 $g(y)$ 可以表示为

$$g(y) = \frac{y(t) - y(t-1)}{y(t-1)} \qquad (2.2)$$

如果时间为 T 期,r 为平均增长率,则

$$Y(t) = Y(0)(1 + r)^T \qquad (2.3)$$

$$r = \left[\frac{Y(t)}{Y(0)}\right]^{\frac{1}{T}} - 1 \qquad (2.4)$$

对于连续的时间状态,则用对时间的导数表示:

$$g_Y = \frac{dY}{dt}/Y, g_y = \frac{dy}{dt}/y \qquad (2.5)$$

二 人力资本

人力资本的概念起源于 18 世纪 70 年代,亚当·斯密在他的研究中指出居民获得的有用的技能是增加社会和个人财富的重要来源,虽然人们要为这些技能的获得支付一定的成本,但是一经获得,它们就成为人们拥有的固定资本(Adam,1998)。20 世纪 30 年代,Walsh(1935)在《人力资本观》的论文中,将人力资本视为同物质资本一样,也是资本的一种,他运用"费用—效益"法发现人们通过对个人人力资本的投资可以增加个人收入,从而创造经济价值。然而,将人的技能作为一种资本的观点在很长一段时期内未得到学界的广泛认可,"人力资本"的概念甚至被遗忘。直到 20 世纪 60 年代,一部分经济学家通过阐释这项"资本"对解释经济增长和收入差距的重要性时重新启发了这一观点,将这样的概念融入他们的研

究中，他们发现，一个国家居民的技能和知识水平对其经济发展起着重要的促进作用，较高的人力资本可以使欠发达的国家通过吸收学习国际技术，降低与发达国家间的收入差距。

各个研究者对人力资本的不同定义很多，大部分是从经济收益的角度出发的，Schultz（1961）将人力资本定义为"凝结在劳动者身上的，后天习得的，具有经济价值的体力、知识、健康、技能和能力"，将原始劳动力和熟练劳动力加以区分。Becker（1962）和 Kiker（1966）将人力资本看作人们为了提高在劳动力市场的生产力而对教育、健康、在职培训、移民等进行的投资活动。随着经济全球化的发展，人力资本的概念已经扩展到非市场活动领域，认为人力资本的提升无论对于提高个人竞争优势还是增强国家竞争力都具有重要的意义，可以增加社会福利，增强民族团结及凝聚力等（Jorgenson & Fraumeni, 1989; Schultz, 1994）。Laroche, Mérette & Ruggeri（1999）在其研究中进一步扩大了人力资本的内涵，考虑了个人的先天能力。认为先天能力代表个人获得技能的内在潜力，在个体之间存在很大差异，人们通过知识转移、个人接触、工作经验、在职培训、教育和社会化等方式获得这些技能，而个人在一生中获得的技能的数量一定程度上取决于他们的初始能力，这项发现对人力资本概念的完善起到了重要推动作用。经济合作与发展组织（OECD, 2001）在随后发表的工作报告中，进一步将人力资本定义为"促进创造个人，社会和经济利益的个人所体现的知识、技能、能力和其他属性"，该定义较为全面包含了人们从学习和经验中获得的各项技能，以及先天的身体、心理健康因素，被许多研究者用于实证研究中。本书人力资本的测算从教育特征法和收入法两方面展开。

三 教育

教育赋予了劳动者更高的生产能力和资源配置能力，是人力资本形成的最主要途径。教育是经济稳定增长的源泉，用受教育年限衡量人力资本存量具有代表性，但是受教育年限的具体形式存在争议,以往许多研究直接采用加权的平均受教育年限,但是有研究认为,基于微观加总得到的人力资本应该是受教育年限的线性形式而不是以对数形式进入回归方程(Topel,1999)。本书拟用中国从业人员的平均受教育年限数据以及劳动年龄人口的受教育年限数据进行实证分析具有理论依据,且通过构建人力资本生产函数得到三种形式的人力资本 $[\emptyset(s)]$(即普通型人力资本,明瑟型人力资本以及不完全替代型人力资本)进行研究,$h = \exp[\emptyset(s)]$。对于人力资本生产函数 $\emptyset(s)$ 的具体形式,借鉴 Temple(1999,2001)使用的线性和非线性形式分别进行检验,其中 z 为教育的私人收益率,分别令

$$\emptyset(s) = zS \tag{2.6}$$

$$\emptyset(s) = \beta_0 + \beta_1 \log S + \beta_2 \left(\frac{1}{S}\right) \tag{2.7}$$

其中式(2.7)包含了 Benhabib & Spiegel(1994)的设定形式 $\emptyset(s) = \log S$,Jenkins(1995)提供了应用 CES 函数设定在一定程度上反映教育质量的指数为:

$$\emptyset(s) = [(1-h)^{-\rho} + (1+\gamma)h^{-\rho}]^{-(1-\alpha)/\rho} \tag{2.8}$$

其中 h 为受相应层次教育的劳动力数量比重,ρ 为替代弹性。

本书不仅从受教育水平出发,分析了普通型、明瑟型以及不完全替代型三种类型的人力资本,而且综合描述了教育的层次、地区分布以及产业分布结构。此外我们也考察了教育质量和"干中学"因素对人力资本积累的影响。由于教育质量不便于直接测量,我们从人力资本的测算方法上进行改进,结合中国的实际情况,区分了分年龄、性别、城乡的劳动力教育收益率,将未受过教育也没有工作经验的农村女性人力资本视作单位人力资本,进而利用指数法测算全社会的人力资本总量。由于该种方法计算的是劳动力的边际生产率相当于多少简单劳动力,因此不同教育程度、工作经验(干中学)以及教育质量随时间的变化均可以反映在计算结果中。

四 技术进步

技术进步通过要素投入量以及生产率的改变来体现，如果使用同样多的要素投入可以生产出更多的产品，或者生产同样多的产品可以用较少的要素投入，这就表明产生了技术进步。技术进步意味着要素投入生产力的提高，它既可以看成是提高劳动的边际生产力，从而是提高工资的因素；也可以看成是提高资本的边际生产力，从而是提高利润的因素。

狭义的技术进步一般是指在生产、流通、信息交流等方面所使用工具和程序水平的提高，也就是在"硬技术"应用方面所取得的进步，如采用新工艺，开发新产品，提高劳动者技能等。广义的技术进步则是指产出增长中扣除劳动力和资本投入增加的作用之后，所有其他因素作用的总和，即所谓的"全要素生产率"（TFP）；可见，广义的技术进步除了"硬技术"上的进步以外，还包括了管理水平的提高、改善新的组织与管理方法、采用新的决策方法、改善资源配置方式等"软技术"方面的进步。

从20世纪50年代索洛—斯旺（1956）的新古典增长模型（Solow, 1956; Swan, 1956）到20世纪90年代的内生增长模型，罗默（Rivera-Batiz & Romer, 1991; Romer, 1990a; Romer, 1987）、格罗斯曼和赫尔普曼（1991）的产品种类增加的内生增长模型；格罗斯曼和赫尔普曼（Grossman & Helpman, 1991）、赛格斯特罗姆（1991）、巴罗和马丁（Barro & Sala-I-Martin, 2004）、阿基翁和霍伊特（Aghion & Howitt, 1992）的产品质量提高的内生增长模型，再到21世纪初的有偏向的技术进步模型（Acemoglu, 1998; Acemoglu, 2002; Acemoglu, 2007; Jones, 2005; Kiley, 1999），从外生性技术进步到内生性技术进步，再到有偏向的技术进步，可以说技术进步贯穿了整个经济增长理论研究的历史。

根据经济增长理论，影响增长的因素包括劳动、资本和科技进步和人力资本。技术进步对经济增长的贡献则是通过技术创新来实现的,因此技术创新是促进经济增长的重要源泉,技术创新对经济增长的贡献度随着人力资本水平的提高呈现递增趋势。由于技术创新具有广泛的外部性,使整个社会科学技术的发展和经济社会的进步范围远远超出企业的技术创新,非创新者也从创新活动中获得了收益。丁伯根(Tinbergen)在 1942 年提出了全要素生产率(Total Factor Productivity,TFP)这一概念,为度量技术进步以及生产过程中技术进步对产出的贡献提供了途径(Tinbergen,1942)。

从四次工业革命来看科学以及技术进步的关系,每一次工业革命都是生产与科技的革命,都伴随着技术的进步。第一次工业革命始于 1760 年,带来了从手工业向动力机器生产转变的重大飞跃,称为蒸汽技术革命(1760—1840 年),这次工业革命的发生,科学和技术并没有紧密地结合在一起;电器的广泛使用与发明标志着第二次工业革命的发生(1840—1950 年),此次工业革命的最大特征是以科学理论为基础,但是科学和技术紧密结合;第三次工业革命伴随科技的重大变革,电子计算机、空间技术以及生物工程的发明和应用时刻影响和改变人类的思维方式(1950—1990 年),科学和技术具有更直接的连接关系;第四次工业革命是以人工智能、机器人技术、虚拟现实技术为主的全新技术革命,科学与技术高度融合,正在影响着人类和社会发展。史清琪(1985)将不同类型的技术进步反映到生产过程中,得到不同形式的生产函数如表 2—1 所示,其中,A_t 表示随时间变化的技术水平,显然不同类型的教育会带来不同形式的技术进步。

表 2—1　　　　　　　　技术进步与生产函数形式

技术进步类型	生产函数
产出增长型	$Y = A_t f(K,L)$
劳动增长型	$Y = f(K, A_t L)$
资本增长型	$Y = f(A_t K, L)$
劳动组合型	$Y = f(K, L + A_t K)$

续表

技术进步类型	生产函数
资本组合型	$Y = f(K + A_t L, L)$
劳动添加型	$Y = A_t L + f(K, L)$
资本添加型	$Y = A_t K + f(K, L)$
劳动减少型	$L = A_t Y + g(K, Y)$
资本减少型	$K = A_t Y + h(Y, L)$

五 物质资本

严格意义上的物质资本存量包括固定资本投资、存货与土地，但通常在实际定量计算的过程中仅仅涵盖了对固定资本投资与存货价值量的核算。当前，广泛应用于物质资本存量测算的方法是 1951 年由戈德史密斯（Goldsmith）提出的永续盘存法，该方法假定相对效率满足几个衰减的形式，当假定折旧率为常数的情况下 t 时期的物质资本存量可以表示为：

$$K(t) = (1 - \delta) K(t-1) + I(t) \qquad (2.9)$$

其运行原理为：第一，盘存不同类型的新增投资 $I(t)$；第二，扣除存量上已报废的旧有资产 $\delta K(t-1)$；最后，对新增资本的运转寿命给出标准化的主观假设。对于折旧率 δ 的选择则是仁者见仁、智者见智，因此在测算过程中诸多研究结果差异很大，一些代表性研究中对中国物质资本存量进行测算时的折旧率情况如表 2—2 所示：

表 2—2 计算物质资本存量时采用的折旧率情况

研究者	δ	研究者	δ
邹至庄、刘满强（1995）	0.04	颜鹏飞、王兵（2004）	0.05
Hu & Khan（1997）	0.036	张军、吴桂英、张吉鹏（2004）	0.096
Young & Guenther（2003）	0.06	单豪杰（2008）	0.1096
Wu（2004）	0.07	Fleisher, Li & Zhao（2010）	0.05

六 制度

任何经济增长过程都是在一定的制度环境和制度安排中实现的，制度因素贯穿经济增长的始终，不同的制度安排会影响甚至是改变各个要素对经济增长的作用方向及作用方式。阿西莫格鲁提出，中国现在已经从原本的汲取性政治和经济制度，向汲取性政治制度加包容性经济制度转换。包容性经济制度的特征包括保护产权、确保法治、市场公平竞争、国家向市场提供公共服务和监管支持等，而汲取性经济制度则在这些方面有缺失。中国经济未来如何增长，要看接下来在这个矩阵中如何移动。

具体主要包括以下几个方面的制度：（1）与人力资本积累相关的薪酬分配制度和教育制度；（2）人力资本产权制度，在产权不受保护的制度下，将会导致资源配置的低效；（3）经济体制对人力资本的影响非常大，通常采取的经济体制有计划经济体制、市场经济体制以及混合经济体制；（4）劳动力市场制度与劳动力内部配置机制会直接影响到人力资本的利用，一个劳动力市场的有效运作依赖于竞争机制、择业机制和信息机制三个方面；（5）开放政策可以为高级教育人力资本的创新活动提供契机，更容易寻求外商投资与合作，进而缩小差距提升人力资本质量。任何一项制度并不是孤立的，它们之间相互依存、联系密切，共同对人力资本积累和经济增长产生影响。

已有研究肯定了教育和人力资本在经济增长中的关键作用，但利用增长核算测算各要素在经济增长中的贡献值时，大部分是建立在内生经济增长理论基础上，而内生经济增长仅承认制度因素的重要作用，而未将其纳入增长方程，这就忽视了制度，尤其是教育制度与人力资本交互耦合对总产出的影响。本书的制度更多地结合中国教育发展和经济发展的历史沿革中关于教育和经济发展的相关政策时点为参考，通过一系列教育和经济政策背后传递的价值信号，探讨制度的作用，另一方面通过选取教育水平相近的省份探讨不同制度和政策环境下教育和人力资本对经济增长的贡献。

第二节 人力资本与经济增长理论回顾

经济增长理论经历了古典增长理论、新古典增长理论、内生经济增长理论以及技术扩散理论等阶段,形成了以索洛模型为基础,再考虑加入教育、政府、对外开放等因素对模型进行扩展,不断地增加对现实经济活动的解释力。但是无论经典的索洛模型还是之后陆续涌现的改进模型,大部分都只是关注了各个变量之间的绝对数量关系,而忽视了它们内在的结构影响,特别是关于人力资本和技术进步的类型与结构的分析是非常薄弱的,为此本书将重点分析教育人力资本异质性和技术进步的相关问题。

已有研究通常是根据不同的经济增长理论建立不同的增长模型,不同理论之间存在着彼此竞争关系,教育在经济增长中的作用机制研究并没有形成统一的框架。大部分研究中只是关注了教育对经济增长作用的某一个方面,例如教育可以提高劳动力质量进而增加产出,而忽视了教育和其他变量的关系,例如教育和物质资本的互补作用,教育和技术进步的相互内生影响,以及不同发展时期制度因素和教育的部门配置结构对研究结论的影响等,而忽略这些相关性很可能造成对教育和人力资本作用的低估或者高估,为此本书拟建立一个融合性的实证框架,准确把握教育在中国经济增长中的真实贡献。

一 早期的古典增长理论

古典经济学家大卫·李嘉图、亚当·斯密等都讨论过教育在经济增长中的作用,认为教育是经济增长的重要因素。亚当·斯密在其经典著作《国富论》中将国民财富看作是构成一国全部劳动年产物的一切商品,认为财富的积累来源于生产性劳动。他明确指出财富的增长取决于两个条件:一是劳动力人数和资本的增加;二是劳动生产率的提高，而劳动生产率的提高归根于专业化和社会分工。亚当·斯密还对人的行为和市场进行了分析，提出了经济学"理性人假设""看不见的手"等思想，被誉为"经济学之父"。李嘉图继承了亚当·斯密关于国民财富的观点，并进一步把生产要素分为资本、劳动和土地，进而把国民收入分为工资、利润和地租。同时他还注意到了要素边际生产率递减和技术进步的关系，他认为技术进步导致边际生产率的递增，经济增长取决于土地、资本、劳动和技术之间的分配。对于农业部门而言，技术进步的增长空间是十分有限的；而对于工业部门，技术进步导致的边际生产率的递增抵消了要素边际生产率的递减。从长期来看，当利润率为零时，资本积累完全停止，工资处于自然水平上，技术不再进展，经济增长将处于停滞状态。亚当·斯密和大卫·李嘉图的观点虽然多是从定性角度分析经济增长的过程，但也蕴含了劳动生产率提高或生产技术水平进步对经济增长的重要作用这一思想。马尔萨斯则关注了经济增长中的人口增长因素，提出了所谓的"马尔萨斯增长陷阱"，认为经济增长只是在总量上增加但是人们的生活却不会因此变得富裕。可以说，早期的古典增长理论虽然多是从定性角度分析经济增长的原因和过程，但是其中蕴含的技术进步、人口增长以及边际生产率递减等思想，为经济增长理论的进一步发展奠定了基础。

二 新古典增长理论

现有的理论模型都强调教育影响经济增长的不同机制，在总量生产函数中，经济产出是资本和劳动力（而非人力资本）的直接函数，索洛-斯旺（Solow, 1956; Swan, 1956）的新古典增长模型就是从这一描述开始的。在技术水平 A 外生给定的假设前提下，新古典生产函数被定义为：

$$Y = F(A, K, L) \tag{2.10}$$

该函数满足以下条件：

(1) 要素投入满足规模报酬不变特征，即对 $\forall \lambda > 0$，有

$$F(A, \lambda K, \lambda) = \lambda Y = \lambda F(A, K, L) \quad (2.11)$$

（2）函数 $F(A,K,L)$ 连续，关于物质资本 K 和劳动力变量 L 二阶可导；

（3）劳动力投入和物质资本投入存在收益递增，边际收益递减的特征，即

$$\frac{\partial F}{\partial K} > 0, \frac{\partial F}{\partial L} > 0 \text{ 且 } \frac{\partial^2 F}{\partial K^2} > 0, \frac{\partial^2 F}{\partial L^2} < 0 \quad (2.12)$$

（4）稻田条件（Inada condition）：

$$\lim_{L \to 0} \frac{\partial F}{\partial L} = \lim_{K \to 0} \frac{\partial F}{\partial K} = +\infty \quad (2.13)$$

$$\lim_{L \to +\infty} \frac{\partial F}{\partial L} = \lim_{K \to +\infty} \frac{\partial F}{\partial K} = 0 \quad (2.14)$$

在稳态条件下，平衡增长路径上人均产出增长率只取决于外生的技术进步率。也就是说在不考虑生产率增加（不存在技术进步）的情况下，总产出、资本、劳动力三个变量都将以相同的人口增长速度 n 增长，人均产出与人均资本的增长率为 0，也就是说人均意义上的经济增长将陷于停滞，总量增长也只能依赖人口增长；在考虑技术进步（以速度 g 增长）的情况下，稳态条件下总产出增长率将等于 $n+g$，人均产出的增长率等于 g。根据该理论我们将得到这样的结论，如果国与国之间具有相同的人口增长率和技术进步率，相同的生产函数，那么他们的稳态增长率也相同，如果他们具有相同的储蓄率，则最终将会达到相同的人均收入水平。

考虑资本折旧（折旧率 δ），依据市场均衡条件下储蓄等于投资我们得到资本积累方程 2.15，只是在新古典模型中储蓄率仍是外生给定，

$$\dot{K}_t = sY_t - \delta K_t = sF(K_t, L_t, A) - \delta K_t \quad (2.15)$$

其人均形式为：

$$\dot{k}_t = sf(k) - (n+\delta)k \quad (2.16)$$

依据该模型经济增长将会达到一个稳态点，在该点人均资本保

持不变，从而人均产出也不再发生变化，也就是说从长期来看，人均经济增长将处于停滞，总量经济增长只能依靠人口的增长。由于新古典增长模型中并未将"技术进步的来源与变化"要素纳入分析框架，而且"人口增长率外生给定"的假定与实证研究经验不符，"储蓄率外生给定且与稳态增长率无关"的结论受到质疑，同时"趋同论"忽视了实际各国人均收入水平的差距。因此为了克服这些缺陷，在新古典增长理论的基础上，经济学家们不断修改某些假定进一步产生了扩展的索洛模型与内生增长等理论，弥补了这些缺陷。索洛模型将资本积累不能解释的部分归于"索洛残差"u，尽管存在不足，但索洛残差给出了分析经济增长的直接来源，因此广泛应用于经济增长的实证分析中。

$$\frac{\dot{Y}}{Y} - \frac{\dot{L}}{L} = \alpha_K \left[\frac{\dot{K}}{K} - \frac{\dot{L}}{L} \right] + u \qquad (2.17)$$

三 扩展的索洛增长理论

由于存在要素边际报酬递减，索洛模型表明了经济不存在长期持续增长。为了突破要素边际收益递减的约束假定，经济学家们主要沿着两条路线进行改进：一是引入内生化的技术进步，二是引入人力资本，即人力资本驱动和技术进步驱动成为非规模报酬递减型生产函数的两大形式。其中曼昆、罗默和韦尔在劳动力增进型技术进步的生产函数框架下利用 121 个国家 1960—1985 年的面板数据的研究却发现该模型预测经济增长的结果与实际相差甚远，因此他们开发了另一个更为精致的索洛增长模型，将人力资本作为一个独立生产要素纳入到生产函数当中，强调教育作为一种生产要素的作用，教育能够积累，从而提升劳动力的人力资本，进而提高总收入的稳态水平。他们用同样的数据再次回归分析的结果与现实较为贴近，说明加入人力资本可以增强模型的解释力。包含人力资本 H 的 MRW (1992) 模型表示为：

$$Y = K^\alpha H^\beta (AL)^{1-\alpha-\beta} \qquad (2.18)$$

我们考虑单位有效劳动的产出 $\tilde{y}$，物质资本 $\tilde{k}$ 以及人力资本 $\tilde{h}$，则

$$\tilde{y} = \frac{Y}{AL}, \quad \tilde{k} = \frac{K}{AL}, \quad \tilde{h} = \frac{H}{AL} \qquad (2.19)$$

代入生产函数中得

$$\tilde{y} = \tilde{k}^\alpha \tilde{h}^\beta \qquad (2.20)$$

假定物质资本和人力资本的投资比例分别为 s_k 和 s_h，人口 L 和技术水平 A 分别以增长率 m 和 n 保持增长，即

$$\begin{aligned} L_t &= L_0\, e^{mt} \\ A_t &= A_0\, e^{nt} \end{aligned} \qquad (2.21)$$

考虑物质资本的折旧率为 δ，物质资本的增量等于投资减去折旧，有效资本的积累方程为

$$\begin{aligned}
\dot{\tilde{k}} &= \frac{d}{dt}\left(\frac{K}{AL}\right) \\
&= \frac{\dot{K}(AL) - (\dot{AL})K}{(AL)^2} \\
&= \frac{\dot{K}}{AL} - \frac{(\dot{AL})}{AL}\frac{K}{AL} \\
&= \frac{1}{AL}\left[s_k K^\alpha H^\beta (AL)^{1-\alpha-\beta} - \delta K\right] - \frac{A_0 L_0 (m+n)\, e^{(m+n)t}}{A_0 L_0\, e^{(m+n)t}} \cdot \tilde{k} \\
&= s_k \tilde{k}^\alpha \tilde{h}^\beta - (m+n+\delta)\tilde{k}
\end{aligned} \qquad (2.22)$$

类似地，我们将人力资本也看作资本的一种并假定其折旧率也为 δ，则有效人力资本的积累方程为

$$\begin{aligned}
\dot{\tilde{h}} &= \frac{d}{dt}\left(\frac{H}{AL}\right) \\
&= \frac{\dot{H}(AL) - (\dot{AL})H}{(AL)^2} \\
&= \frac{\dot{H}}{AL} - \frac{(\dot{AL})}{AL}\frac{H}{AL}
\end{aligned}$$

$$= \frac{1}{AL}[s_h K^\alpha H^\beta (AL)^{1-\alpha-\beta} - \delta H] - \frac{A_0 L_0 (m+n) e^{(m+n)t}}{A_0 L_0 e^{(m+n)t}} \cdot \tilde{h}$$

$$= s_h \tilde{k}^\alpha \tilde{h}^\beta - (m+n+\delta)\tilde{h} \quad (2.23)$$

令上式为0，可以分别得到非零稳态值 $\tilde{k}^*$ 和 $\tilde{h}^*$，即

$$\tilde{k}^* = \left(\frac{s_k^{1-\beta} s_h^\beta}{m+n+\delta}\right)^{\frac{1}{1-\alpha-\beta}} \quad (2.24)$$

$$\tilde{h}^* = \left(\frac{s_k^\alpha s_h^{1-\alpha}}{m+n+\delta}\right)^{\frac{1}{1-\alpha-\beta}} \quad (2.25)$$

与基本的索洛模型一样，此处的非零稳态值是稳定的，从任何一个非零的初始状态出发最终都将收敛于该稳态。虽然这一理论解决了索洛模型中长期经济增长处于停滞的难题，但是根据这一理论，由于经济增长的人力资本构成来自更多的教育积累，这意味着经济之所以从一个稳态跨向另一个稳态，是因为在生产当中增加量投入，投资于人力资本可以提高 steady-state 产出，而一旦经济体达到了新的水平，教育对经济增长就没有更多影响了。这一观点意味着人力资本的作用十分有限，因为一个经济体能够投入的学校资源是有限的，不能解释许多发展中国家教育的扩张和经济增长关系的模式。同样的，该模型也面临着储蓄率外生给定问题，因此消费者无法决定最优消费行为，这方面的改进最早由拉姆齐（Ramsey，1928）开始，将内生储蓄率引入到增长模型当中，经过一系列改进最终形成了拉姆齐模型。

对于外生技术进步的发生机制，由罗默（Rivera-Batiz & Romer，1991；Romer，1990a；Romer，1987）、格罗斯曼（Grossman & Helpman，1991）等人的产品种类增加型内生增长模型以及巴罗和马丁（Barro & Sala-I-Martin，2004）、阿基翁和霍伊特（Aghion & Howitt，1990）的产品质量提高型内生增长模型，再到有偏向的技术进步模型（Acemoglu，1998；Acemoglu，2002；Acemoglu，2007），从外生性技术进步到内生性技术进步，再到有偏向的技术进步的过程反映了技术内生的发生机制。本书研究的侧重点在教育、人力资本以及内

生技术进步的作用机制,因此这里只介绍罗默和卢卡斯的经典模型。

四 内生经济增长理论

罗默的内生技术进步增长理论。内生经济增长理论的代表人物有罗默(Romer, 1990a)和卢卡斯(Lucas Jr., 1988)。罗默(1990)通过引入一个研究与开发部门来规避边际报酬递减的问题,把研发部门作为经济增长的发动机,他认为产出水平由人力资本存量水平决定,他的知识积累模型认为知识的"溢出效应"和"部分排他性"可使资本边际收益递增,进而实现经济持续增长,并将这种增长归因于人力资本存量的作用,认为人力资本存量有助于创新和技术进步的产生,促进总产出的增加。该理论假定:(1)经济中包含从事新产品研发的 R&D 部门、中间产品生产部门、最终产品生产部门三个部门;(2)生产投入要素包括有形资本、非技术劳动 L、人力资本 H 和技术 A,劳动力供给和人力资本保持不变,技术具有外部性,使得整个经济生产规模报酬递增,技术进步体现在对中间产品种类数目的扩张;(3)中间产品市场和知识市场是垄断竞争市场,最终产品市场是完全竞争市场;(4)人力资本投入分为投入最终产品生产的 H_Y 和用于研发部门的新技术研发的 H_A,即 $H = H_Y + H_A$。对于最终生产部门,罗默认为总量生产函数形式为:

$$Y = H_Y^{\alpha} L^{\beta} \int_0^A X(i)^{1-\alpha-\beta} di \qquad (2.26)$$

其中 $X(i)$ 表示用于生产的第 i 种中间产品的投入量,A 表示中间产品的种类数,其大小反映技术水平的高低。

对于中间产品部门而言,在 $[0, A]$ 上分布着无数生产中间产品的企业,即 $i \in [0, A]$,生产中间产品需要物质资本投入,假定生产一单位中间产品需要消耗的物质资本数量为 λ,则生产所需要的总资本投入表现为在 $[0, A]$ 上不同投入的集合:

$$K = \lambda \int_0^A X(i) di \qquad (2.27)$$

对于从事新产品研发的 R&D 部门而言，由于知识的外部性研发部门可以使用投入的人力资本 H_A 和技术知识存量（A）进行研发活动以提高技术水平，表现为中间产品数量 A 的增加，根据罗默的假定得到知识积累模型为

$$\dot{A} = cH_A A \qquad (2.28)$$

H_A 越多，研发部门的技术创新越多，A 越高，研发部门的劳动生产率越高。同时，技术进步在于一种生产的投入更加专业化，劳动的社会分工加强。

罗默模型与索洛模型相比，最大的突破是将技术进步内生化于生产函数中，把技术水平 A 定义为经济体中中间产品的个数，将技术进步视作知识生产部门为了追求垄断利润而进行的 R&D 创新活动，进一步阐释了人力资本与技术进步的关系，解决了新古典模型中技术外生的缺陷，提高了模型对现实经济的解释力。此外，罗默模型还阐释了知识与技术的内在关系对经济增长的作用，正是由于技术存在竞争性并且技术具有专利权，因此技术生产带来的利润具有垄断特征，相较而言，知识具有非竞争和非排他性，可以促使创新活动带来的技术水平保持正向增长。但是由于模型假定人力资本和劳动力供给是固定的，人力资本对经济增长的作用可能会被低估，同时资本积累模型将技术进步内生于资本积累，重视知识的外部性带来的收益递增对经济增长的影响，而忽视了技术进步是内生于人力资本积累的重要性，对此，卢卡斯则提出另一观点。

卢卡斯的人力资本理论。卢卡斯考虑了发展中国家如何通过学习发达国家的知识和技术来不断地积累人力资本进而实现经济增长（Lucas Jr.，1988）。他认为产出是由人力资本积累决定，卢卡斯将人力资本作为一个独立要素纳入科布－道格拉斯生产函数当中，认为专业化的人力资本积累（人力资本增值）是促进经济持续增长的决定因素。卢卡斯假定所有劳动者都是同质的，每一个劳动者用一定比例时间 u 从事生产，还用一定比例时间 $1-u$ 投入人力资本积累。

总产出 y 就取决于资本存量 k，有效劳动 uh 以及平均人力资本水平 h_a，即

$$y = A k^\alpha (uh)^{1-\alpha} (h_a)^\gamma \tag{2.29}$$

$\gamma > 0$ 反映了人力资本具有正外部性，人力资本积累模型得到人力资本存量增长率为：

$$\dot{h} = \delta(1 - u)h \tag{2.30}$$

表明人力资本积累没有边际产出递减的问题，如果劳动者将全部时间用于人力资本积累（$u = 0$），则 h 的增长率将达到最大值 δ，说明均衡增长率是人力资本积累参数 δ，和投入人力资本积累的时间成正比。

卢卡斯的模型与索洛模型和罗默模型相比，不仅将技术进步内生化于生产函数当中，而且将人力资本作为生产要素纳入模型，包含了人力资本的产出功能及外部性作用，也因此避免了新古典模型中"没有人口增长就没有经济增长"的结论，即使劳动力增长率为 0，增长仍是可能的，提出了一个既能解释经济持续增长，又能解释人均收入和经济增长率的跨国差异的内生增长模式。但是卢卡斯模型并不能很好地解释发达国家的实际情况，发达国家的平均受教育年限持续上升，而发达国家的经济增长率并没有显著提升。

五　纳尔逊—菲尔普斯的新理论框架

1966 年纳尔逊和菲尔普斯提出了一种解释经济增长的新理论框架，他们认为技术创新与技术吸收扩散是一国经济增长的主要动力和源泉，而人力资本水平是影响一国技术创新以及技术模仿和扩散的重要因素（Nelson & Phelps, 1966），该理论由两部分组成：（1）一国的技术进步取决于该国技术水平与技术领先国家技术前沿的差距，且与该技术差距正相关；（2）人力资本水平决定了各国的技术水平与技术前沿水平之间的收敛速度。假设存在一个引领本国全要素生产率 $TFP_m(t)$，初始时期的全要素生产率为 $TFP_m(0)$ 并以增速 g 呈

指数形式增长,即

$$TFP_m(t) = TFP_0(t) e^{gt} \quad (2.31)$$

同时假定技术吸收与扩散与人力资本水平正相关,则对某地区 i 而言,它的技术进步速度微分方程为:

$$\dot{TFP_i}(t) / TFP_i(t) = \Phi(h) \times \left\{ \frac{[TFP_m(t) - TFP_i(t)]}{TFP_i(t)} \right\}, \Phi'(h) > 0 \quad (2.32)$$

所以技术进步的速度由人力资本的水平 h 和某地区实际技术水平与最高水平之间的差距决定,是人力资本水平的增函数。根据这个理论,从长期看,对所有地区而言,只要 $h > 0$,实际全要素生产率都以同样速度 g 增长。

纳尔逊和菲尔普斯模型体现的意义有以下三方面:其一,教育人力资本与一国经济增长及地区内的技术创新正向相关;其二,教育的边际产出是技术进步速度的增函数;其三,教育程度较低的地区可以通过技术模仿与扩散向先进地区学习,进而提高经济增长速度。

六 本哈比和斯皮尔斯技术扩散理论

在纳尔逊(Nelson)和菲尔普斯(Phelps)的理论框架下,本哈比和斯皮尔斯(Benhabib & Spiegel, 1994;Benhabib & Spiegel, 2002)进一步细化了技术扩散的两种具体形式,将其设定为有限指数(Confined Exponential Technology Diffusion)形式和逻辑斯蒂形式(Logistic Technology Diffusion)。

(一)有限指数技术扩散模型

本哈比(Benhabib)和斯皮尔斯(Spiegel)在研究中指出,人力资本可以通过两个途径对全要素生产率产生影响:一,人力资本通过影响技术创新速度对全要素生产率产生影响;二,人力资本还可以通过影响一国的技术追赶与技术扩散速度影响全要素生产率。简言之,本哈比和斯皮尔斯结合了罗默和纳尔逊 – 菲尔普斯的思想,综合了技术创新和技术吸收扩散对技术进步速度的影响效应,因为从本质上讲,技术进步又可以分为高端技术和低端技术,技术创新是高端技术,而技术追赶是低端技术,其有限指数模型表示为:

$$\frac{\dot{TFP_i}(t)}{TFP_i(t)} = g(h_{it}) + \Phi(h_{it}) \times \frac{TFP_m(t) - TFP_i(t)}{TFP_i(t)} \quad (2.33)$$

其中 m 表示技术领先国家或地区,i 表示技术追赶国家或地区,$g(h_{it})$ 表示技术进步中取决于人力资本水平的部分,$\Phi(h_{it}) \times \frac{TFP_m(t) - TFP_i(t)}{TFP_i(t)}$ 表示技术先进地区到技术落后地区的技术扩散率。假定 $g(h_{it})$ 和 $\Phi(h_{it})$ 均为增函数,h_{it} 为常数时技术先进地区以 $g_m = g(h_{mt}) > g_i = g(h_{it})$ 的速度增长,最终追赶国家也将以 g_m 的速度增长,此时微分方程的解为:

$$TFP_i(t) = \left[TFP_i(0) - \frac{\Phi_i}{\Phi_i - g_i + g_m} TFP_m(0) \right] e^{(g_i - \Phi_i)t} +$$

$$\frac{\Phi_i}{\Phi_i - g_i + g_m} TFP_m(0) \, e^{g_m t} \quad (2.34)$$

显然由于 $g_m > g_i$,$\lim\limits_{t \to \infty} \frac{TFP_i(t)}{TFP_m(t)} = \frac{\Phi_i}{\Phi_i - g_i + g_m}$。根据这个理论模型,技术追赶和技术扩散保证所有地区最后以统一速度增长。

(二) 逻辑斯蒂技术扩散模型

本哈比和斯皮尔斯进一步推广了纳尔逊-菲尔普斯的思想,认为技术扩散除了采取有限指数形式外,还可以是逻辑斯蒂形式。与前者出现"增长收敛"不同,当一国或地区的人力资本存量足够低,低于某一临界值水平时,逻辑斯蒂模型允许出现技术追赶地区与技术先进地区之间差距持续扩大的情况,逻辑斯蒂形式的技术扩散模型表达式为:

$$\frac{\dot{TFP_i}(t)}{TFP_i(t)} = g(h_{it}) + \Phi(h_{it}) \times \frac{TFP_m(t) - TFP_i(t)}{TFP_m(t)}$$

$$= g(h_{it}) + \Phi(h_{it}) \frac{TFP_i(t)}{TFP_m(t)} \cdot \frac{TFP_t(t) - TFP_i(t)}{TFP_i(t)}$$

(2.35)

对比两种形式的技术扩散形式,我们发现两者的差异在 $\frac{TFP_i(t)}{TFP_m(t)}$ 这一项,反映了远距离技术追赶的困难,即伴随与技术先进国或地区的差距扩大,技术扩散率会下降。如果技术先进国或地区与追赶地区之间的差距过大,则该先进技术并不能立即适用于追赶国家或地区,而该差距适中时,追赶的速度最快。假定 h_{it} 为常数则 $\Phi(h_m) > \Phi(h_i)$,此时逻辑斯蒂形式技术扩散微分方程的解为:

$$TFP_i(t) = \frac{TFP_i(0)\, e^{(g_i+\Phi_i)t}}{\left[\frac{TFP_i(0)}{TFP_m(0)} \cdot \frac{\Phi_i}{\Phi_i + g_i - g_m} + 1\right][e^{(\Phi_i + g_i - g_m)t} - 1]}$$

(2.36)

对上式取极限,得到

$$\lim_{t \to \infty} \frac{TFP_i(t)}{TFP_m(t)} = \begin{cases} \frac{\Phi_i}{\Phi_i + g_i - g_m}, & \Phi_i + g_i - g_m > 0 \\ \frac{TFP_i(t)}{TFP_m(t)}, & \Phi_i + g_i - g_m = 0 \\ 0, & \Phi_i + g_i - g_m < 0 \end{cases}$$

(2.37)

因此逻辑斯蒂技术扩散形式意味着稳态的增长关系取决于技术追赶的速度和创新带来的增长率之间的差距 $g_i - g_m$,如果 $\Phi_i + g_i - g_m > 0$,那么最终增长率将会收敛,反之若 $\Phi_i + g_i - g_m < 0$,由于追赶国家或地区的人力资本水平过低,无法实现技术赶超,因此增长率的差距会逐渐增大,最终增长将呈发散趋势,落后国家或地区要跨越这种低水平的收敛状况必须通过人力资本投资来实现,这也是人力资本与技术扩散交互作用的体现。

七　蔡昉的经济发展阶段理论分析

根据以往经济学家青木昌彦、普雷斯科特等人对经济发展阶段的划分和中国走过的历史过程，蔡昉将经济发展划分为马尔萨斯贫困陷阱、刘易斯二元经济发展、刘易斯转折点、新古典增长四个阶段：

（一）M 类型增长与"大分流之谜"

在工业革命"大分流"之前的很长一段历史时期内，人类都处在马尔萨斯贫困陷阱之中，1800 年工业革命之后，世界上出现了"大分流"现象，一些国家开始快速的现代意义的经济增长[①]，但还有大量国家处在贫困、落后、缓慢的增长甚至是停滞状态中。在这个阶段中国面临的一个重要命题就是"李约瑟之谜"，中国在历史上曾是很发达的，但为何到工业革命之后就和西方拉开了距离，发展明显滞后，蔡昉从物质资本和人力资本的逻辑入手，指出缺乏物质资本和人力资本积累的激励机制是导致中国李约瑟之谜的主要原因。

马尔萨斯则尤其注重经济增长中的人口增长因素，他提出马尔萨斯式的增长实质是，经济剩余使产出可以增加到 Q_1 的水平，从而改善了人均生活资料，使得人口出生率上升，进而刺激人口增长，导致人均生活资料水平下降，人口减少，当人口数量减少影响到劳动力供给时，劳动力供给就回到 Q_0 的贫困均衡水平，总体而言这一阶段处于扩大的等产量线 Q_1 的时间较长，回归到均衡等产量线 Q_0 的速度比较慢，比较容易发起下一次向 Q_1 的移动，在马尔萨斯式的条件下，经济增长就是这样无果地循环往复（如图 2—1 所示）。概而言之即经济只在总量上增加，但是人们的生活却不会因此而变得富裕。

---

① 大分流首先是英国，然后是欧洲大陆，之后扩展到欧洲的移民国家，如北美、澳大利亚、新西兰，后来扩大到了东亚的日本等。

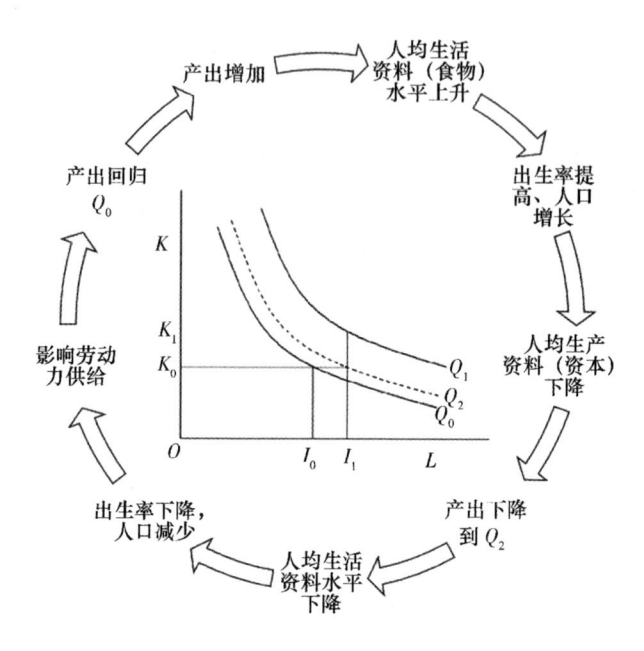

图 2—1　M 类型增长与"大分流之谜"

(二) L 类型增长与"中国奇迹"

二元经济发展时期是一个劳动力不断从农业转向非农产业、农业劳动力比重不断下降的过程，这一经济过程发生的同时人口转变也很快进入高出生率、低死亡率、人口快速增长阶段，因此大量剩余劳动力和人口红利是构成这一时期经济增长的基本特征。伴随着劳动力从边际劳动生产力较低的农业向边际劳动生产率较高的非农产业转移的过程，创造了一个特有的资源重新配置效率，成为促进全要素生产率提高的重要组成部分，因此在二元经济发展阶段通常伴随着超高速的增长表现。如图 2—2 所示，由于劳动力具有无限供给的特点，因此在资本和劳动增加导致产出水平从初始 Q_0 增加到 Q_1 的同时还因为人口红利的作用使产出可以进一步增加到 Q_2。

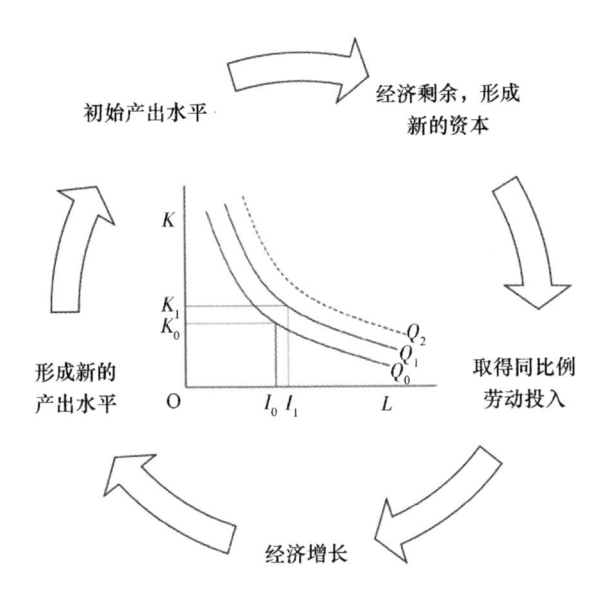

图 2—2 L 类型增长与"中国奇迹"

这一阶段可以视为改革开放历程中的经济快速增长阶段,值得我们探索的问题是制度的变革应该如何创造出有效配置物质资本和人力资本的激励机制,可以充分释放出劳动力资源,并借助人口红利实现超高速的经济增长。当然我们也应该看到在这一过程中人口因素在经济增长的所有变量中都起到了作用,资本、人力资本、劳动力、劳动力的配置,都和人口有直接的关系。

(三) T 类型与中等收入陷阱

在这二元经济发展结束之际,形成一个特殊的刘易斯转折阶段,这个增长类型是蔡昉针对中国的特点构造出来的,也叫作刘易斯转折点,这个转折点的出现伴随着普通劳动者的供给短缺以及工资持续上涨的现象,也就是说人口红利开始消失,经济体的潜在供给能力下降,就会出现一个经济减速的过程(如图 2—3 所示)。对中国而言 2004 年开始出现民工荒、劳动力短缺和工资上涨,2010 年之后经济开始减速,劳动年龄人口达到峰值随后开始下降,人口抚养比上升,人口红利消失,剩余劳动力大幅度减少,经济增长速度下降,可以说这六年的时间算是刘易斯转折区间。在这个阶段的重要命题就是如何避免中等收入陷阱,纵观拉美国家以及马来西亚的发展经验,发现中等收入陷阱有"四部曲",有时候这四步也会同时发生,第一步是发展阶段变化导致的经济增长减速;第二步是由于没有意识到减速是由人口红利消失及潜在供给能力下降造成的,进而采取错误的政策导致的经济停滞;第三步是当经济增长出现停滞时,收入分配差距就会急剧扩大,社会矛盾日益尖锐;伴随着一些国家政府采取的无力的民粹主义政策,导致体制固化使国家陷入恶性循环进入真正的中等收入陷阱。

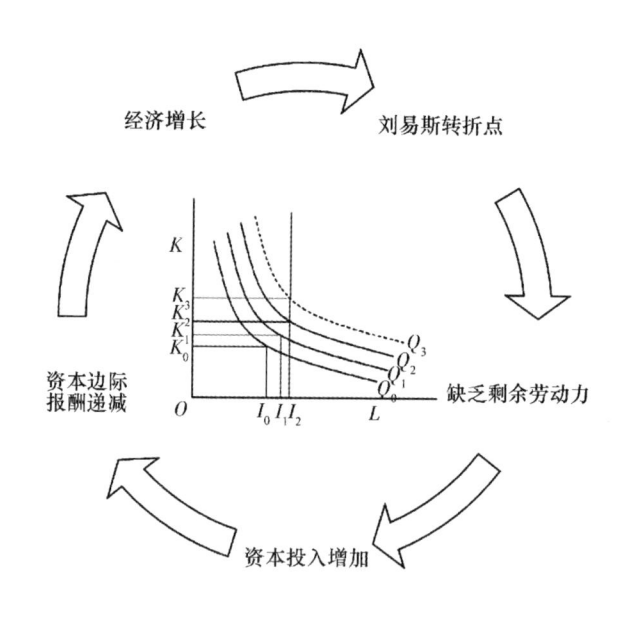

图 2—3 T 类型与中等收入陷阱

中国面临经济减速和中等收入陷阱,必须通过改革来创造制度红利,一方面可以通过户籍制度改革来增加农民工的劳动力供给,提高劳动参与率,延长人口红利,让资本边际报酬下降的速度减慢,但是人口红利最终还是会彻底消失,这时就必须依靠技术和制度创新,通过全要素生产率中的资源重新配置效率的提高使资本回报率保持不变。

(四) S 类型索洛新古典增长

T 类型经济增长是 L 类型经济增长的一个阶段，同时具有二元经济发展和新古典增长双重特征（如图 2—4 所示）。索洛新古典增长的基本假设是在经济体中没有劳动力剩余，没有人口红利，经济增长的唯一源泉是全要素生产率的提升，全要素的生产率提高有两部分：技术进步和资源重新配置潜力。对于中国来说，资源重新配置效率的潜力较发达国家更大，中国城乡之间、部门之间、企业之间的生产率差异比较大，通过重组和改革带来的红利将会是这一时期经济增长的重要源泉。

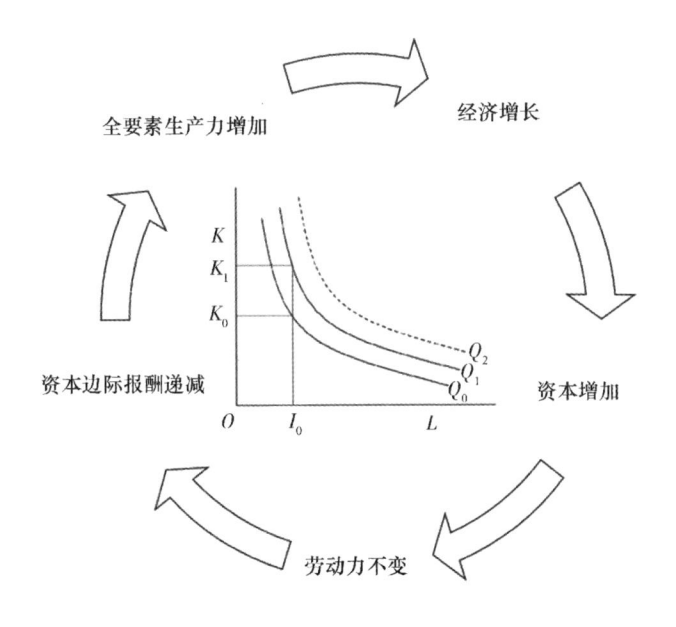

图 2—4　S 类型索洛新古典增长

根据经济增长来源的变化，中国已经迈出二元经济发展阶段，步入新古典经济增长阶段，但是对现阶段的中国而言，经济增长不可能全部来自全要素生产率，同时其他要素对经济增长的贡献呈现缩小趋势，必然出现经济增长减速。

从蔡昉对经济发展阶段的划分我们可以看到，每一类投入要素在经济增长不同历史时期的角色和重要性不同，在二元经济发展阶段，人口红利是中国经济增长的关键动力因素，在一定程度上克服了物质资本边际报酬递减的约束，但是当跨越刘易斯拐点进入新古典增长之后，人口红利逐渐消失，此时全要素生产率以及技术进步对经济增长的重要作用便凸显出来。因此在测算教育对中国经济增长的贡献时，必须考虑不同历史时期、经济背景以及制度因素对经济增长的影响变化。

八 罗斯托经济成长阶段论

对于罗斯托人们首先想到的是经济成长的阶段论，他将经济成长划分为五个阶段：第一个阶段是"传统社会"，主要依靠手工劳动，农业是主要产业；第二阶段是"起飞"的准备阶段，科学技术开始应用于经济活动；第三个阶段是"起飞"阶段，新技术在生产实践中得到广泛应用，工业中的主导部门迅速增长；第四个阶段是技术成熟阶段，现代科学技术得到普遍推广和应用，工业部门迅速发展，经济持续增长；第五个阶段是大众消费阶段，耐用消费品成为经济的主导部门，经济需求引导经济增长。

作为一名经济史学者，罗斯托擅长运用系统整体的方法研究经济增长。他提出经济成长阶段论的基础是他对经济增长过程中主导部门的分析，以及在主导部门变化背后的技术创新的考察。他认为："经济增长过程的核心意味着，在给定的（或者缓慢变化的）社会框架下，存在一组动态最优的部门路径，在其中，经济以一种约略而有备的方式，随着时间的流逝而逼近该路径。"

重视科学与技术创新在经济增长中的作用是罗斯托的经济阶段划分的另一个重要基础。他认为技术成熟阶段："这是一个技术吸收能力逐渐增长的过程；也就是说，整个社会中能够吸收，并且有动力吸收迄今未用且日益精密的重要技术存量的人群在逐渐积累，包括科学家和工程师、工人和企业家、领班和管理人员等。这不仅意味着教育在每一个层面上的扩展，推进这一进程的现代化机构在广泛的范围内出现，而且意味着连续几代人，每一代人一出生就视技术上更复杂、更多样化的世界为理所当然。"

他将技术创新划分为增量式创新与不连续性的创新。认为不连续创新将为经济带来革命性增长，不连续的创新将会带来经济增长新的主导部门，将技术革命与主导部门结合起来成为其分析增长很重要的基础。对于技术创新，他认为："整个研发过程都被看作是内生的，因而本质上可被看作一个复杂的投资子部门或一组子部门"。对于技术吸收能力，他认为"一个社会的企业家有效吸收具有潜在盈利可能的发明的能力，不但是前期教育和培训投资的函数，还是社会制度和社会所提供的创新激励（或抑制）的函数。"

按照罗斯托的以上思路，教育对经济增长的贡献应该考虑以主导部门为基础的方法，关注不同发展阶段的主导部门，才能更为准确地把握教育通过对技术创新的支撑，促进经济增长的真正贡献。罗斯托是经济史学者，他发现了技术创新是内生的，企业家吸收创新的能力是前期教育和培训投资的函数，也是社会制度所提供激励的函数，但他还没有把技术创新与经济增长的内在逻辑充分展示，这方面正是罗默的主要贡献。

以上理论都强调了教育影响经济增长的不同机制并且显示了从外生技术进步到内生技术进步的过程演变，由于每个理论的假设条件不同，导致最终得到的经济增长结果也不同。为了突破要素边际收益递减的约束假定，经济学家们主要沿着两条路线进行改进：一是引入内生化的技术进步，二是引入人力资本。总体来说，上述理论也显示了教育影响经济增长的两种作用机制：在第一类作用机制中，教育可以作为一个独立生产投入要素直接影响产出，可以看作教育的"要素积累"作用，这一点与卢卡斯的理论相似；在第二类作用机制中，教育可以通过促进技术进步和全要素生产率间接影响经济增长，技术进步的形式又分为技术创新与技术的吸收与扩散，同时技术扩散的形式可以是指数型的也可以是逻辑斯蒂型的。可见教育对经济增长的影响并不是某一独立要素作用的结果，而是变量之间相互匹配、互补耦合的综合作用。同时，根据经济增长的阶段性特征，在测算教育的贡献以及机制研究时要结合经济增长的阶段性进行分析，这也是本书使用门限效应模型以及分阶段测算贡献的理论依据。

第 三 章

中国教育发展和经济发展变化趋势与特征

从历史的视角看,教育和经济本身都处在不断的发展变化中,在1800年以前,全世界的经济增长十分缓慢,直至1800年前后经济增速才逐渐加快。伴随工业革命的发展,人力资本在经济增长中发挥着愈加重要的作用,技术进步在推动经济增长过程中的作用逐渐凸显,教育需求得到扩展。在这一过程中教育的内容、层次和结构也在不断地发生变化,教育发展已经与社会经济结构的变化有着密不可分的联系。

高尔丁与凯茨在分析20世纪美国教育发展时指出,20世纪美国教育发展的三个主要阶段与美国经济发展水平存在着非常紧密的内在联系(Goldin & Katz, 2010)。美国在19世纪60、70年代已经基本普及了小学教育,世俗的公立小学教育的目的就是让孩子们获得工作与生活的技能。当时在农业领域就业的人口超过53%,在制造业就业的也大多是第一次产业革命产生的行业,主要包括棉花、丝绸、纺织、鞋帽等行业。20世纪美国教育发展的第二个阶段大约是20世纪的上半叶。在这一时期中学教育快速扩展,各类的文法学校、培训学校、预备学校如雨后春笋般出现,到20世纪40年代中学的入学率已经达到60%。经济需求是中学快速发展的根本原因,与 19 世纪下半叶只有不超过 10% 的职业需要小学以上教育相比，20 世纪上半叶，超过 25% 的工作要求具有中学以上的教育程度。大公司的出现，化学工业、机械制造、交通运输等行业的发展，使得社会对教师、律师、医生、职业经理以及工程师的需求大增。20 世纪美国教育发展的第三个阶段是第二次世界大战后的高等教育大众化。第二次世界大战后罗斯福总统的大力推进，使美国高等教育迅猛发展，到 20 世纪 70 年代美国高等教育入学率已经超过 40%，进入了大众化阶段。按照高尔丁与凯茨的观点，美国高等教育领先全球也是从这一时期开始，美国大学的现代形态也是始于这一时期，在这一时期大学内部的学科高度分化，各种专业大量涌现。高等教育的迅猛发展与美国产业结构的变化密切相关，钢铁、橡胶、化工、制糖、制药、有色金属、石油、电子电器等行业是这一时期快速增长的行业。这些行业的发展对物理、化学等自然科学的需求大增，改变了劳动力市场的技能需求。20 世纪 80 年代以后，美国收入差距开始扩大，橄榄形社会向两极化社会演化，支撑西方社会的中产阶级受到严峻挑战，其中一个重要原因就是新技术的快速发展带来的对高技能人才的需求大增，高技能人才供不应求，高技能人员与低技能人员收入差距扩大。以人工智能、物联网、智能制造等为核心的第四次工业革命将会再次对人类社会提出严峻的挑战，有学者甚至将第四次产业革命的影响与机器大工业对手工劳动替代的影响相提并论。

第一节　人力资本测算方法

众多经济理论表明人力资本对经济增长有积极的促进作用，但实证研究的结果却存在颇多争议，一个重要原因在于没有将人力资本中包含的存量与质量概念予以区分。目前学者们已运用多种方法进行研究，典型的主要有收入法、成本法、教育存量法、多指标综合法，但是这样的分类方法不够全面细致，本书从人力资本的内涵及其经济价值两个角度展开，基于人力资本的经济价值测算，包括从收入、成本、指数构建的方法，基于人力资本内容角度的测算，可以进一步分为数量和质量指标。本研究从人力资本的内涵及其经济价值角度对比分析各种测算方法的理论依据和估算思想，对现有的典型研究作了较为清晰的系统梳理，对比讨论了近年来我国人力资本测度的部分数据，并讨论了改进测量方式将如何影响我们对人力资本和经济增长之间关系的研究结论。

一　基于资本收益的收入法与相关研究

从货币角度度量人力资本的收入法之一即是利用劳动者报酬来体现蕴藏在劳动者身上的人力资本。最早使用收入法来计算人力资本的研究者是有"政治经济学之父"之称的英国统计学家 Petty (1690)，他假定在封闭的经济体中国民总收入等于总支出，而总收入来源于两部分，一部分来源于资本收入，包括土地租金、动产收益等；另一部分则是人力资本，因此他将国民总支出即总收入 4200 万英镑与资产收入 1600 万英镑之差 2600 万英镑作为人力资本，假定固定利率为 5%，最终计算出总人力资本为 52000 万英镑，进一步得到人均人力资本是 80 英镑。Petty 用个人的劳动收入来代表人力资本的测算过程虽然比较粗略，但是开创了从货币收入角度出发计量人力资本的先河。

根据 Kiker (1966) 的论述，与 Petty 有相同兴趣的 Farr (1853) 在其方法上做了适当的修正后，较为科学地使用个人未来净收入的现值来衡量人力资本，即个人未来收入减去所有生活消费支出后的现值，并且根据个人生命表考虑了死亡率因素，得到英国农业劳动力的人均收入和人均生活成本支出分别为 349 英镑 199 英镑，以此计算出的平均人力资本净值为 150 英镑。Farr 开创了人力资本货币价值的测算，后来 Barriol、Huebner、Wickens 等一大批学者沿用了 Farr 的方法，并将其应用于英国、美国、法国、澳大利亚的人力资本测算中。

Barriol（1910）使用类似 Farr 的方法，利用法国人口的年龄分布估计男性劳动力的收入即"社会价值"，与 Farr 不同的是在他并未将成本支出从终身收入中减去，并通过调整后的数据来解释法国与其他国家之间经济发展水平特别是工资水平的差异，以及劳动力参与率的性别差异。由于 Barriol 假定女性与男性具有相同的工资率，因此他对总量人力资本（社会价值）的估算结果偏高。Huebner（1914）基于 Farr 的方法并考虑市场利率及死亡率因素计算出美国在1914年的人力资本存量是一般资本存量的6—8倍。Wickens（1924）用人们的财富价值来衡量一国的人力资本，首先计算了0到104岁的男性和女性拥有的财富价值，然后进一步将人口分为15岁以下的青少年，15—64岁的成年人以及64岁以上的老年人三个群体，分别取得各样本中位数的财富价值，由此测得澳大利亚1915年的人力资本总额为62.11亿英镑，人均人力资本存量为1246英镑（其中男性为1923英镑，女性为928英镑），而且人力资本存量是物质资本存量的三倍。

最为典型的研究是1930年 Dublin 和 Lotka 提出的使用终生收入法来测度人力资本，他们在 Farr 的测算基础上，进一步引入了就业率因素，用个人预期生命期的终生收入的现值来衡量人力资本水平（Dublin & Lotka,1930）。该模型的测算公式如下：

$$V_a = \sum_{t=a}^{\infty} V^{t-a} P(a,t)[Y_t E_t - C_t]$$

$$V^{t-a} = \frac{1}{(1+i)^{t-a}} \quad (3.1)$$

公式表示的含义是可以用某特定年龄 a 岁开始的终生收入（扣除成本支出后）的贴现值来表示人力资本，这也是收入法的核心思想。其中 a 表示年龄，V^{t-a} 表示 $t-a$ 年后1单位货币的现值，贴现率为 i，$P(a,t)$ 表示年龄为 a 的人活到 $a+t$ 岁的概率，Y_t 表示年收入，E_t 表示就业率，C_t 表示成本支出。在此方法的基础上，又有学者进行了完善和修正。

Weisbrod（1961）使用截面数据运用修正后的 Dublin & Lotka（1930）公式对人力资本存量进行估计，

$$V_a = \sum_{t=a}^{74} \frac{P(a,t) Y_t E_t}{(1+i)^{t-a}} \quad (3.2)$$

与前者不同的是，他假定劳动人口的退休年龄为74岁，且退休后不再有工资收入，同时假定不同年份的劳动者收入与年龄是一一对应的，即当年与十年后年龄为30岁的劳动者的收入是一样的，根据收入调整就业率及生存率并且剔除了成本支出，最终使用样本中位数的年收入估计出美国在1950年0—74岁的男性劳动力总人力资本价值分别为13350亿美元（10%贴现率）和27520亿美元（4%贴现率），同时还发现男性人力资本的下限值也要超过非人力资本价值8810亿美元。但是，Weisbrod也指出由于收入分布中中位数通常小于均值，而且截面数据的使用未考虑年龄收入随时间推移可能出现的积极影响，从而导致对实际人力资本价值的低估。

在Weisbrod测算的基础上，Graham & Webb（1979）将经济增长率及教育因素引入到模型中并应用于美国14—75岁的男性样本中，发现人们的终身财富曲线呈抛物线状变化，而且教育与所有年龄段的财富密切相关，特别是高等教育不仅提高了终身财富的增长率，而且延长了财富峰值的达到时间，进而促进财富积累。最终计算1969年美国14—75岁的男性人力资本分别为29100亿美元（假定20%贴现率）和143950亿美元（2.5%贴现率）。虽然Graham和Webb的研究比以前的方法更复杂更全面，但是由于方法的局限，他们的研究样本仅涵盖了美国人口的一半左右。

通过对Graham和Webb方法的进一步完善，Jorgenson & Fraumeni（1989；1992）提出了改进的终生收入法，又称为J-F收入法，使用该方法分别计算了美国不同性别组、61个年龄组与18种受教育程度分组的人力资本现值，最终加总得到全部人口的人力资本价值。该种方法假设某年龄为a的个体其终生收入现值等于其a岁时的收

入与 $a+1$ 岁人的终生收入的现值。即假定个人在 75 岁时退休，则 73 岁个体的终生劳动收入等于其目前的劳动收入与 74 岁个体的终生劳动收入现值之和，计算公式如下：

$$mi_{y,s,a,e} = ymi_{y+1,s,a} + sr_{y,s,a+1} \times mi_{y,s,a+1,e} \times \frac{1+G}{1+r} \quad (3.3)$$

y,s,a,e 分别表示年份、性别、年龄以及受教育程度；mi 代表预期未来终生市场劳动收入；sr 为存活率；ymi 代表该群体该年的年收入；y 年 a 岁的人在 $y+1$ 年即他们 $a+1$ 岁时的人均收入等于 y 年 $a+1$ 岁相应人群即相同的性别和受教育程度的未来终生收入 mi 乘以 $1+G$，G 为实际收入增长率；r 为贴现率。则一个地区总人口的未来终生收入 $MI(y)$ 为个人预期未来收入 $mi_{y,s,a,e}$ 与地区总人口数 $L_{y,s,a,e}$ 的乘积，即 $MI(y) = \sum_s \sum_a \sum_e mi_{y,s,a,e} \cdot L_{y,s,a,e}$。J－F 收入法按照年龄将生命周期划分为不上学也不工作阶段（0—4 岁）、上学阶段（5—13 岁）、可能上学也可能工作阶段（14—34 岁）、完全工作阶段（35—74 岁）、退休阶段（75 岁及以上）共五个阶段，考虑到教育对未来收入的影响，将入学率 $senr$ 加入到第二、三年龄阶段的人口终生收入的计算中，这部分人的终生收入计算公式为：

$$mi_{y,s,a,e} = ymi_{y,s,a,e} + [senr_{y+1,s,a,e} \times sr_{y,s,a+1} \times mi_{y,s,a+1,e+1} + (1 - senr_{y+1,s,a,e}) \times sr_{y,s,a+1} \times mi_{y,s,a+1,e}] \times \frac{1+G}{1+r}$$

同时，Jorgenson 和 Fraumeni 认为人力资本不仅包括市场活动，还应包含非市场经济活动，由此在 1989 年估算出美国在 1949—1984 年间人力资本存量从 92 万亿美元增长到 171 万亿美元。在 1992 年的进一步研究中，考虑入学率后估算结果提高了 20%，得到平均人力资本由 1948 年的 742000 美元上升到 1986 年的 855000 美元。该方法被认为是目前基于收入角度来衡量人力资本的最为全面的研究，在提出后便得到了广泛的应用，成为众多学者测度人力资本的主流方法。

Wei（2001）使用 J－F 收入法对澳大利亚的人力资本进行测算，

与 Jorgenson 和 Fraumeni 不同的是，Wei 根据年龄仅区分了两个生命周期阶段：学习或者工作阶段（25—34 岁）和工作阶段（35 岁及以上），并将劳动人口的受教育程度分为五个等级，另一个角度也反映出他更注重通过学校教育和工作经验形成的人力资本。Wei 在研究中发现，人力资本与教育之间存在很强的积极关系，1981—1996 年间各层次受教育程度的人其终生收入均先上升后下降，同时达到终生收入峰值的年龄也呈上升趋势，最终测得澳大利亚按 1996 年价格估算的人力资本存量由 1.7 万亿元（1981 年）增加到 2.1 万亿元（1996 年）。

国内李海峥等（2014）使用改进的 J－F 估算体系测算了中国 1985—2010 年间总量即城乡人力资本的大小，由于缺乏相关收入数据的统计，李海峥等人使用明瑟方程对国家和省级层面的收入数据进行估算，同时利用普查抽样数据，使用永续盘存法估算分城乡、性别、年龄、受教育程度的缺失年份人口数，由此方法估算中国实际人力资本存量由 1985 年的 28.6 万亿元上升至 2010 年的 168.98 万亿元，增长近 5 倍。进一步在城乡的人力资本测算中，发现随着城镇居民人力资本的上升，城乡间人力资本存量差距呈逐渐拉大趋势，从人均水平看，实际人均人力资本存量在 1985—2010 年间由 2.98 万元增加到 15.02 万元，增长约 4 倍，城乡间人均人力资本的绝对差距也在逐渐扩大。

Mulligan & Sala-I-Martin（1997）认为劳动者收入中包含自身人力资本带来的收入和拥有的物质资本带来的收入，而运用收入法测度人力资本时并未剔除人们拥有的物质资本所带来的收入，因此他们提出了一种新的测度方法（Labour Income-based Human Capital, LIHK 劳动收入法）。首先选取受教育年限为 0 的劳动者作为标准工人，而且假定该标准工人在不同的时间和空间下即使工资水平不同但拥有相同的人力资本，因此用全国劳动力的总收入与标准工人的工资水平之比来测度一国的人力资本，有效剔除了物质资本对测度的影响。一方面 LI-HK 是基于收入法的测算，结果表现为指数形式并不是用货币价格直接呈现,另一方面该方法是基于边际劳动生产率的测算,可以有效反映出教育及工作经验差异对人力资本的影响,但是忽视了非正规教育、在职培训、健康等因素对测度结果的影响。LIHK 测算中,假设其生产函数中仅包含物质资本投入 $K_i(t)$ 和人力资本投入 $H_i(t)$ 两类,$m_i(t)$ 和 $n_i(t)$ 分别表示投入生产的物质资本比例以及人力资本的参与率,$Y_i(t)$ 表示第 i 个经济体在 t 时期的产出,

$$Y_i(t) = F[m_i(t) K_i(t), m_i(t) H_i(t)] \tag{3.4}$$

经过质量调整的人力资本总量计算公式如下:

$$H_i(t) = \int_0^\infty \theta_i(t,s) N_i(t,s) ds \tag{3.5}$$

其中,$\theta_i(t,s)$ 表示经济体 i 时期 t 具有教育水平 s 的劳动力的效率系数,$N_i(t,s)$ 表示经济体 i 时期 t 具有教育水平 s 的劳动力的数量。

t 时期第 i 个经济体的人均人力资本存量为

$$h_i(t) = \int_0^\infty \theta_i(t,s) \mu_i(t,s) ds$$
$$\mu_i(t,s) = N_i(t,s) / N_i(t) \tag{3.6}$$

第 i 个经济体中第 j 个个体在 v 时期人力资本为 $h_{ji}(v,s)$,假定对所有的 v,i 和 j,都有 $h_{ji}(v,0) = h(0)$,也就是说,所有未受过教育的工人在不同地域以及不同时期具有相同的人力资本存量,但是并不代表所有未受过教育的工人的劳动收入都相等,在物质资本、技术存在差别,即使是拥有相同能力和知识的工人,其边际产出也会不同。

我们对经济体中各个教育水平的人力资本进行加总得到总体平均人力资本为

$$h_i(t) = \int_0^\infty h_i(t,s) \mu_i(t,s) ds \tag{3.7}$$

其中

$$h_i(t,s) = \int_{t-T-S}^{t} h_{ji}(v,s) dv$$

T 为经济体中劳动者的最大年龄,即 t 时期具有教育水平 s 的工人是从 $t-T-s$ 期开始工作,也就是说这里的人力资本等同于工人的效率参数,我们使用工人工资的差异反映人力资本的差异,具有 s 年教育水平的劳动者的工资为:

$$w_i(t,s) = \partial Y_i(t) \partial N_i(t,s) = \partial F(K_i,H_i) \partial H_i \cdot \partial H_i \partial N_i(t,s) = F_H \theta_i(t,s)$$

则受教育年限为 s 的劳动力的平均人力资本存量为该劳动力的工资与没有受过教育的劳动力的工资之比,

$$\theta_i(t,s) = h_i(t,s) = \frac{w_i(t,s)}{w_i(t,0)} \quad (3.8)$$

则某地区 i 的平均人力资本存量为

$$h_i(t) = \frac{\int_0^\infty w_i(t,s) u_i(t,s) du}{w_i(t,0)} \quad (3.9)$$

结合美国 1940 年、1950 年、1960 年、1970 年、1980 年以及 1990 年的人口普查数据对各州人力资本进行测算,发现 1940 年美国一个工人的效率相当于 3.7 个简单工人,而在 1990 年则相当于 4.4 个简单工人。

Koman & Marin (1999) 利用该方法对奥地利和德国的人力资本进行测度,为了弥补两国劳动力受教育水平数据的部分缺失,首先使用了永续盘存法估计 t 年年龄为 i 且最高受教育水平为 j 的劳动力数量 $H_{i,j,t}$,其计算公式如下:

$$H_{i,j,t} = H_{i-1,j,t-1} \times (1-\delta_{i,t}) + H_{i,j,t}^+ - H_{i,j,t}^- \quad (3.10)$$

其中,$H_{i,j,t}^+$ 为年龄为 i 且在 t 年达到受教育程度 j 的劳动力数量,$H_{i,j,t}^-$ 表示年龄为 i 且在 t 年前就已完成受教育年限 j 的人数,$1-\delta_{i,t}$ 为在 $t-1$ 年年龄为 $i-1$ 的人到第 t 年的存活率,进一步他们结合 C-D 生产函数计算各级受教育程度的人力资本,随后将其转化为平均受教育年限表现的人力资本:

$$\ln H = \sum_S W_S \ln[\rho(s)L] \quad (3.11)$$

其中

$W_s = e^{\gamma s}L(s) \sum_s e^{\gamma s}L(s)$ 表示受教育年限为 s 的劳动生产率，用其劳动力工资收入与总工资收入之比表示，$\rho(s)$ 为受教育年限为 s 的劳动力数量与总劳动力人数之比，γ 表示受教育年限对工资收入的斜率系数，可以通过明瑟工资方程估计得到。最终测得1960—1997年间奥地利平均人力资本增长了14.8%，而德国的平均人力资本增长了29.1%，几乎为奥地利的2倍。

随后 Laroche & Mérette (2000) 运用 Koman & Marin (1999) 方法测算了工作经验对加拿大人力资本测算结果的影响，研究发现在1976—1996年加拿大的平均受教育年限提高了15%，而根据Koman & Marin (1999) 法测得的平均人力资本在21年间增长超过33%，如果进一步考虑工作经验对劳动者收入的影响，平均人力资本增长率将达到45%。他们发现工作经验的影响转折点出现在1981年，1976—1981年考虑或剔除工作经验因素对人力资本测度结果没有显著影响，而1981年后两种处理的测算结果出现明显差异，这可能与加拿大面临的人口老龄化问题密切相关。

二 基于投资成本的成本法与相关研究

成本法的基本思想，即认为当前人力资本的价值水平等于人们为了提高人力资本而花费在教育、健康、培训等方面的累计投资成本。其假设前提是人们所拥有的知识和能力大小主要取决于劳动者后天为培养这些能力而进行的投资支出。

首先使用成本法测度人力资本的是恩格尔（Engel, 1883），他使用孩子的养育成本来衡量人力资本，将一个人从出生到25岁的成长过程看作是劳动力人力资本的生产过程，认为一个人在26岁时被"完全生产出来"，才具有独立生产和生活能力。恩格尔将总人口划分为高中低三个阶层，每个阶层的人的出生成本和每年的新增成本都是不同的，因此，年龄为 x 的 i 阶层的人力资本计算公式为：

$$c_i(x) = c_{0i} + c_{0i}\left[x + \frac{1}{2}k_i x(x+1)\right] = c_{0i}\left[1 + x + \frac{1}{2}k_i x(x+1)\right],$$
$(x < 26)$ \hfill (3.12)

c_{0i} 为一个人的出生成本，k_i 为每年新增成本的比例。Engel 的测度方法开创了从成本角度考量人力资本水平的先河，对后续研究提供了一定的参考意义和价值，但是他忽视了许多重要变量的影响，如低水平的公共教育、健康服务和较差的家庭背景和环境可能会增加上述成本，而这些因素都未包含在其计算中。甚至还可能得到一个谬论：天生聪颖的孩子比天生愚笨的孩子人力资本水平低，显然要使两者完成同样的职业生涯，前者花费的成本更低。

Schultz（1961）强调人力资本是通过投资而形成的有用能力，而为了获得这种能力，人们必须承担相应的费用支出，因此关键问题在于区分人们的支出活动是属于投资还是消费支出。他首先将支出分为纯投资、纯消费和投资消费混合活动，并从投资活动中选取了健康、正规教育、在职培训、劳动力流动、成人教育，认为这五类活动的支出对人们有用能力提升有重要影响，进一步基于成本法的角度利用投入到这些活动上的资金现值来度量人力资本存量。

Kendrick（1976）将人力资本投资划分为有形和无形投资，前者包括将孩子抚养到 14 岁的养育成本支出，后者是指提高劳动力质量和生产率的成本支出（包括卫生健康、安全，劳动力流动，教育培训，上学的机会成本），据此估算了美国在 1929—1969 年的有形和无形资本中的人力资本和非人力资本存量，发现除了 1929 年和 1956 年以外，人力资本存量均远远超过非人力资本，1969 年美国的非人力资本存量为 32200 亿美元，人力资本为 37000 亿美元，41 年间以不变价计算的人力资本年均增长率为 6.3%，而非人力资本仅为 4.9%，其中教育和培训占人力资本存量的 40%—60%，且该占比呈逐年上升趋势。

不同于 Kendrick，Eisner（1985）将所有人力资本均视为无形资产，而且将 R&D 投入也计入人力资本的投资，这项因素未包含在之前的研究中，基于人力资本投资价值的永续盘存法，得到美国 1981 年总资本存量为 237460 亿美元，人力资本 106760 亿美元。人力资本在 1945—1981 年间年均增长 4.4%，而总资本存量年均增长 3.9%。当用不变价格核算时，他和 Kendrick 的估计结果非常相似。钱雪亚（2008）、焦斌龙（2011）、孙淑军（2012）、孟望生和王询（2014）等均基于成本法下的永续盘存技术估算中国不同时期的人力资本存量。

三 基于人力资本内涵指标的测算

在实证研究中用来间接表示人力资本的最常用的指标就是教育，自人力资本概念提出以来，对教育的投资支出就被视为人力资本的主要内容。同时，教育赋予了劳动者更高的生产能力和资源配置能力，从而促进社会总产出的增加，教育是经济稳定增长的源泉，这为基于教育指标测算人力资本水平提供了理论依据，进一步从教育数量和质量角度进行测算。

（一）数量指标

绝对指标：我们将教育的绝对数指标分为平均指标（平均受教育年限）和总量指标（受教育年限总和）两类。

人力资本水平的总量指标为受教育年限的总和。一般依据一国（或地区）的平均受教育年限 s 与劳动力人口数 L 来计算全体劳动力人口的受教育年限总和 $S = \sum L_i s_i$，与平均受教育年限的思想是一样的，但是两者的趋势由于受到劳动力数量的影响而呈现较大差异，然而不同研究者设置的教育水平的层次及年数或是权重不同，如 Maddison（1999）将教育水平分为初等、中等和高等教育三个层次，分别赋予它们 1，1.4 和 2 的权重，而王金营（2001）将教育水平分为文盲半文盲，小学，初中，高中，大专及以上 5 个等级，并赋予 2，6，9，12 和 15.5 的权重。

人力资本水平的平均指标为平均受教育年限。由于受教育程度是一个存量概念，需要考虑劳动力获得的接受正规教育的总量。因此，平均受教育年限成为最受欢迎的衡量人力资本存量的指标。采用平均受教育年限这一指标的研究很多,依据研究方法进一步分为 PIM(永续盘存法)、PRO(投影法)及 ATT(普查法),本书选取了部分具有代表性的研究:

第一种方法是利用普查和调查中收集的受教育程度的相关数据计算劳动力的平均受教育年限,称为普查法(ATT)。Psacharopoulos & Arriagada(1986)将受教育水平分为未受过教育、完全小学、完全中学、不完全高中、完全高中、大学 6 级,则劳动力的平均受教育年限为:

$$s^{ATT} = \sum_a [n_a(\sum_{i=1}^a D_i)] \quad (3.13)$$

其中 n_a 表示劳动力中最高受教育水平为 a 的人所占的比重,即 $n_a = N_a$,N_a 为最高受教育水平为 a 的劳动力数量,L 为总劳动力人口数,D_a 表示达到受教育程度 a 的持续年数,由于各国的普查数据年份差异较大,而且大多数国家只提供了一次观测值,因此 Psacharopoulos 和 Arriagada 据此得到的跨国数据十分有限。

为了更好地进行跨国数据分析,Barro & Lee(1993)在 Psacharopoulos 和 Arriagada 的研究基础上,用劳动年龄人口数(25 岁以上)替代了劳动力数量,即 $n_a = \dfrac{N_a}{P_{adult}}$,扩大了样本量,获得了 129 个国家在 1960—1985 年间劳动年龄人口的平均受教育年限。他们根据 UNESCO 中国家教育分类标准(International Standard Classification of Education, ISCED),将受教育程度分为未受过教育、不完全初等教育水平、完全初等教育水平、次级水平的第一阶段、次级水平的第二阶段、最高教育水平共 6 个层次。对于在普查和抽样调查中无法得到的数据,他们利用入学率数据和年龄人口数据估计生存率,并利用入学率数据对基期人力资本存量进行调整,使用永续盘存法得到非普查年份缺失的人力资本存量值。

Kyriacou(1991)使用投影法获得从入学率到教育年限的数据,他首先利用 Psacharopoulos & Arriagada(1986)的相关数据,得到了

70年代中期（1974—1977年）劳动力的平均受教育年限数据，然后将受教育程度分为初级、中级和高等教育三个层次，通过引入滞后入学率对 T 年劳动力的平均受教育年限进行计算：

$$s_T^{PRO} = \beta_0 + \beta_1 e_{pri,T-15} + \beta_2 e_{sec,T-5} + \beta_3 e_{hig,T-5} \quad (3.14)$$

其中 $e_{a,t}$ 表示在 t 年受教育程度为 a 的劳动者的入学率，Kyriacou 根据20世纪70年代中期的数据回归估计得到 β_s（如1976年的各级入学率与平均受教育年限的参数可通过 $s_{1976}^{PRO} = \beta_0 + \beta_1 e_{pri,1961} + \beta_2 e_{sec,1971} + \beta_3 e_{hig,1971}$ 估计），对42个国家的跨国回归结果表明20世纪70年代中期，劳动力的平均受教育年限和滞后入学率之间的可决系数 R^2 达到0.82，在该方法中假定这一关系在不同的时间和不同国家之间具有稳定性。但是他将中等和高等教育的滞后期视为相同，对这样的入学率滞后结构的设置并没有给出明确解释。

Nehru, Swanson & Dubey（1995）利用依据入学率数据利用永续盘存法测算劳动力的受教育年限，而PIM的使用要求有较长的时间序列数据作为保障，总受教育年限的计算公式如下：

$$S^{PIM} = \sum_{t=T-A_h+D_0}^{T-A_l+D_0} \sum_g E_{g,t+g-1}(1 - r_g - d) p_{g,t+g-1} \quad (3.15)$$

其中 $E_{g,t}$ 表示 t 时刻 g 年级的总入学率，A_h 表示一个人退出劳动力市场的最大可能年龄，A_l 表示一个人进入劳动力市场的最低可能年龄，假定劳动力年龄为15—64岁，D_0 表示入学年龄（一般情况下为6岁），d 为辍学率（不随时间和年级不同而变化），r_g 为重读率（不随时间变化），$p_{g,t}$ 表示 g 年级的入学者从 t 到 T 的存活率，则劳动力人口 P_w 的平均受教育年限为 $s^{PIM} = S^{PIM} P_w$，据此得到了跨国的平均受教育年限数据，其中美国的 s^{PIM} 为11.6年，位列第二，爱尔兰的平均受教育年限为12.56年，约为美国的1.083倍，位列第一。

相对指标：测算人力资本使用的教育相对指标主要包括成人识字率、学校入学率等。

成人识字率是早期新经济增长实证研究中常用的人力资本代理变量，"识字"通常被定义为阅读、写作及理解能力，成人识字率即为成人（15 岁及以上人口）中识字人数与总成人人口数的比例，Azariadis & Drazen（1990）及 Romer（1990a）均使用成人识字率作为人力资本的衡量指标。但是成人识字率指标忽视了高等教育、计算能力、逻辑分析和推理能力等重要的教育投资，仅仅反映了人力资本投资的最基础部分，使用这一指标代表人力资本具有片面性，意味着假定这些重要的教育投资都不直接作用于劳动生产率的提高，也无法反映这些重要投资在国家或者地区之间的差异性。

学校入学率是指各年龄组学生的入学人数与相应年龄组总人口数的比重，由于该比例是流量指标，因此用它作为人力资本的代理变量具有一定的片面性。因为目前入学的学生尚未成为劳动力的一部分，无法体现教育的生产作用。也就是说，人力资本存量间接地依赖于滞后的入学率，而且教育与未来增加人力资本存量的时间滞后期可能相当长，取决于教育阶段的最长期限。然而，入学率作为流量指标衡量人力资本同样存在几个关键问题：一方面，人力资本存量的变化体现为劳动力的净增加值，即新进入劳动力市场与即将退出劳动力市场的人力资本之差，显然入学率既没有体现当前新劳动者的人力资本存量，又未考虑即将退休者的人力资本部分。另一方面，由于留级或退学现象的存在，学生们毕业后并不一定直接成为劳动力，使得有些教育根本无法转化为劳动力人力资本存量（Hanushek & Kimko，2000）。

（二）质量指标

以上教育指标仅仅反映了教育的数量对人力资本形成的影响，忽视了教育质量差异对人力资本的重要作用，以往研究主要是通过教育投入的质量指标、技能指标以及构建特定的教育收益率实现。

教育投入的质量指标：衡量教育投入的质量指标主要包括教师工资、学校的师生比、高学历教师比例、生均教育经费等，其在增长的回归分析中通常作为一个独立的解释变量来反映人力资本的外部作用。不同的学者根据研究目的的不同选取不同的代理变量，Barro（1991）选取生师比，Barro & Sala-I-Martin（2004）则使用政府教育支出占 GDP 的比重，Barro & Lee（1996）则收集了每个学生的教育支出、生师比、教师工资、学年的长短作为教育质量的代理变量，然而并未考虑这些投入在不同教育体制特征中的有效性差异，比如考试集中制或者自主招生制（Wößmann，2003）。

构建国家层面的教育收益率：Schoellman（2012）利用美国移民学校教育的估计回报来衡量各国的教育质量，假定具体国家的外国教育移民入学回报与其出生国家的学校教育质量有关。他选取130个国家的样本，使用2000年美国人口普查数据，测算平均收益率为11.1%，与世界平均收益率10%非常接近。Hanushek & Wößmann（2012）的研究中使用15岁中学生的国际测试成绩作为衡量其人力资本的代理指标，相较而言，使用15—64岁劳动年龄人口的测试成绩更为合理，但限于数据可得性并不能获取类似的数据。此外，Hanushek 的研究中并未充分考虑受教育类型结构对人力资本差异的影响。如果一个地区只有一小部分青少年完成了中等教育并且取得了不错的测试成绩，但是如果大多数的青少年甚至有人还未完成小学阶段教育，在这种情况下，测试成绩并不能全面地反映劳动力或者在校青少年的认知技能高低，我们需要衡量那些未受过教育、接受过初等教育以及高等教育的人的技能水平。

在全球劳动力市场完全竞争的假设前提下，劳动力在国家间可以充分流动，且雇主完全清楚劳动力的人力资本质量的条件下，劳动力教育质量的差异可以通过教育收益率来体现，每个国家的教育收益率也反映了不同国家间的教育质量差异。因此包含质量的人力资本存量 h_i^r 可表示为：

$$h_i^r = e^{\sum_a r_{ai} s_{ai}} \tag{3.16}$$

其中，s_{ai} 表示 i 国教育水平为 a 的平均受教育年限，r_{ai} 表示 i 国受教育水平为 a 的教育收益率，Wößmann 在考虑各国各级教育水平的收益率 r 的差异时，使用了一种类似内部收益率的更为精确的方法，计算教育成本和教育收益流量相等时的贴现率 r：

$$\sum_{t=1}^{s}(C_{h,t}+W_{l,t})(1+r)^{t}=\sum_{t=s+1}^{A_h}(W_{h,t}-W_{l,t})(1+r)^{-t}$$

(3.17)

其中，C_h 为从低教育水平 l 到获得高教育水平 h 的成本支出，W_l 表示学生在校学习的机会成本，$W_h - W_l$ 表示高低教育水平的收益之差，s 为平均受教育年限，A_h 表示工作年龄的上限值。该指标则考虑了教育收益率递减问题，衡量了不同国家间教育质量的差异，而且将不同工作年龄的收益和学校成本结合起来对教育收益率进行估计，显然优于基于收入法的单一估计。但是由于该方法假定条件的局限性，使得各国现有的特定教育收益率数据并不能很好地反映教育质量的差异。

四 人力资本测算数据比较

人力资本的经济价值：人力资本产出比。由于学者们估算人力资本存量的方法存在较大差异，对各类结果进行简单的横向比较将会存在一定误差，因此我们借鉴张军和章元（2003）检验物质资本存量时，采用物质资本产出比指标进行分析，我们采用类似的人力资本/产出比指标分析其变化规律。考虑各类方法数据的可得性，我们比较部分学者 1995—2011 年间人力资本存量数据的差异与变化。从图 3—1 可以看出，钱雪亚、王秋实、刘辉（2008）的统算结果呈现明显的波动趋势，谭永生（2007）的计算结果显示 1995—2004 年该比例出现大幅度上升，原因是其在计算人口迁移人力资本存量时采用趋势拟合数据，因此在一定程度上高估了人力资本存量。从整体来看，焦斌龙、焦志明（2010）的研究中人力资本产出比均在 0.5 以上，同时呈现小幅度提升趋势，反映出人力资本的产出效率有所下降，根据焦斌龙的结果，1978 年人力资本产出比为 1∶2.73，而 2007 年该比例上升为 1∶1.31。根据新古典经济学的平衡增长路径，1995—2011 年人力资本存量与产出之比处于较平稳状态，人力资本必将成为促进经济转型发展的核心驱动力。

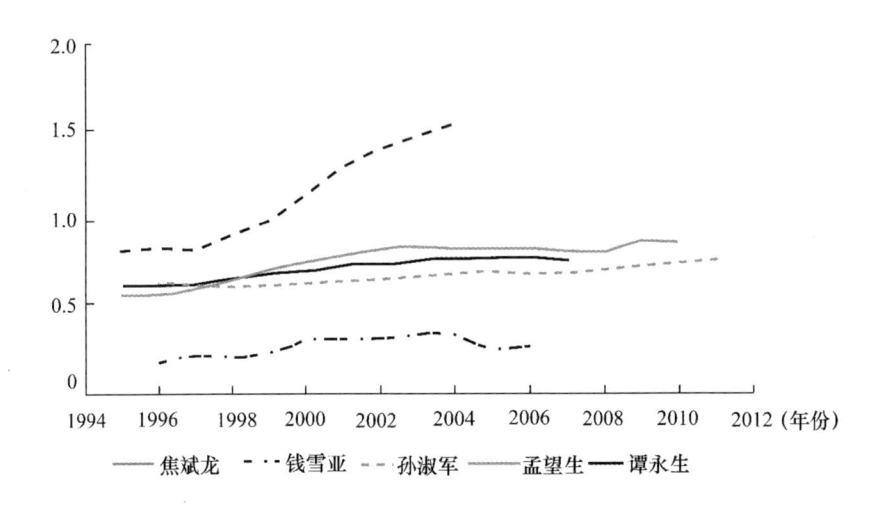

图 3—1 人力资本产出比数据的部分比较

人力资本的内涵：平均人力资本与人均 GDP。进一步，我们使用李海峥（2014）研究团队中分省教育年限的估算数据（李海峥、李波、裴越芳、郭大治、唐棠，2014），得到中国 2014 年各省平均受教育年限与人均 GDP 的散点图如图 3—2 所示，我们发现两者间呈现显著的正相关关系，北京、上海地区较高的平均受教育年限水平也带来了更高水平的人均 GDP，教育对经济增长有明显的促进作用。相反，教育发展相对落后的地区，经济发展也受到限制。河南省作为中原经济区的发展中心，也是中国人口大省，其教育水平处于中等水平，而人口数量的压力导致其人均 GDP 的水平很低。同时我们选取了孙淑军（2012）利用成本法计算的人力资本数据，得到了人均人力资本存量与人均 GDP 的关系如图 3—3 所示，根据整体趋势来看，两者存在正相关，大部分省份变动趋势表现一致，但是用成本法衡量的各省份人均人力资本水平较平均受教育年限表现更为分散。可见不同角度的人力资本测算方式不仅会影响到各省份人力资本存量的差异，也会导致人力资本经济增长贡献率的不同结果。

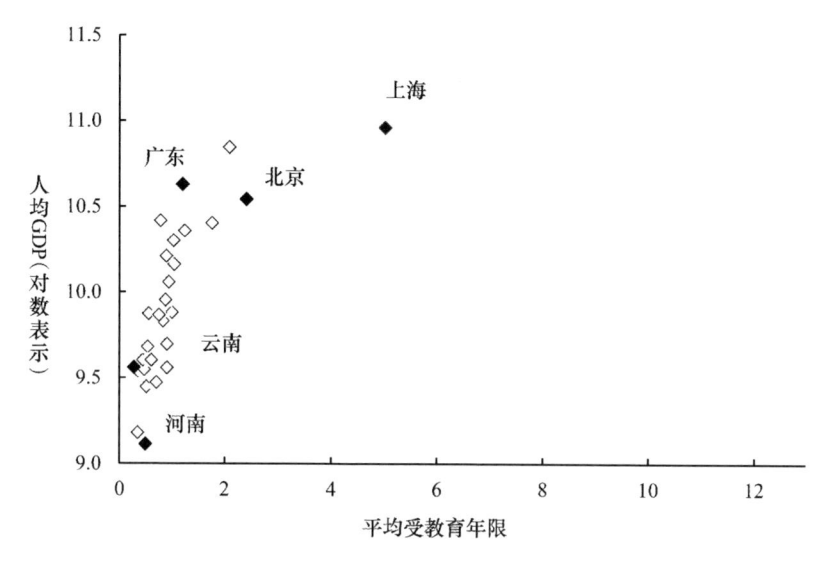

图 3—2　平均受教育年限与人均 GDP（李海峥）

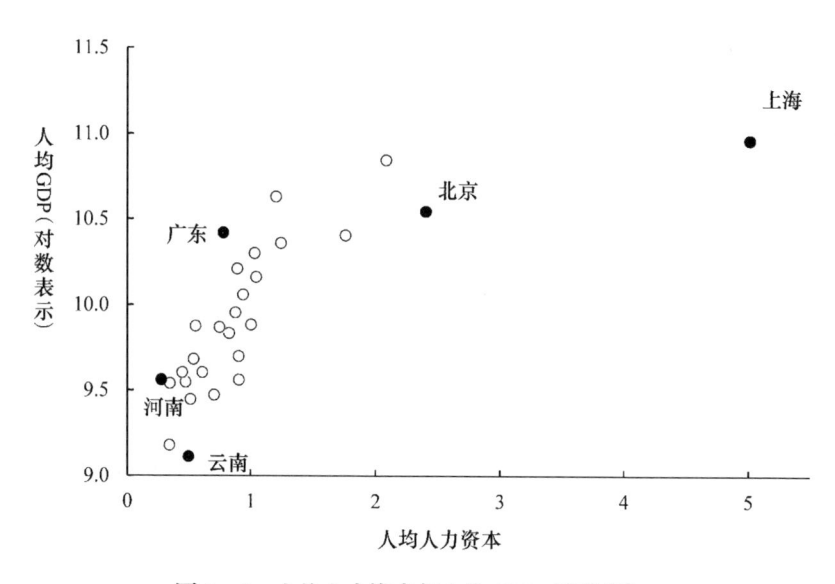

图 3—3　人均人力资本与人均 GDP（孙淑军）

五　小结

迄今为止在计量方法上，并不存在完美的人力资本测算模型。从现有的方法基础看，成本法具有相对充分的理论依据，人们对教育、在职培训等投入的成本越高，则积累的人力资本也就越多。同时成本法与会计核算的基本思想是一致的，可以形成与 SNA 估算物质资本配套的人力资本综合核算体系，有利于实现两者的横向可比。另外与收入法相比，各国关于教育投资、卫生事业支出等基础统计数据相对完备，为成本法的应用提供了良好的数据基础。但是成本法的应用也存在几个关键性问题。首先，人力资本的积累会受到家庭环境、个人禀赋、投资效率等综合因素的影响，仅考虑人力资本投资显然是不合实际的，更可能会得出天生聪颖者的人力资本比天生愚钝者低的谬论。其次，如何处理人力资本积累的时滞问题，因为当期人力资本的投资并不等于实际人力资本的形成，而是需要一定时间后才能转化为个人的技能和知识。同时，如果精确地区分花费在一个人身上的支出，到底应该属于消费支出或是投资支出，也是影响该测算结果准确性的关键。另外，人口的迁移也成为影响一定地区内人力资本存量的重要因素，目前少有研究纳入该因素，而人的依附性是人力资本区别于其他资本的重要特征，将人口迁移因素加入人力资本测算模型，也将推动基于成本法的统计测算日趋完善。

收入法反映了资本的"收益性"特征，即在有效劳动力市场上，劳动者拥有的人力资本越多，他获得的收益也相应越大，十分符合人力资本的内涵，应用收入法能够充分反映影响人力资本的个人努力、能力、人力资本供需状况等劳动力市场等综合因素，具有切实的理论依据，在统计体系相对完备的发达国家得到广泛的应用。但是大部分发展中国家面临着基础数据的缺失问题，这也给收入法的推广应用带来很大的局限，李海峥团队的估算过程也反映了收入法在测算中国人力资本水平时的实践难度。同时，收入法隐含着这样的假设前提：即市场运行完备，劳动力收入的高低能够客观地反映人力资本的边际劳动生产率，这显然不太切合实际，因为完全竞争的市场并不真实存在，但是中国的工资收入更多受到非市场因素的作用，"专业不对口""同工不同酬"扭曲了相对工资的形成方式，用劳动力工资收入测算实际人力资本将存在较大误差。收入法也具有一定的片面性，一个人的收入并不能完全代表其人力资本，一个人的某些才能可能并不能在其工作中表现出来，因此也无法在收入中体现，进而人力资本可能会被低估。另外我们发现研究者们在贴现率、退休年龄、死亡率等数据的选取上具有很强的主观性，这也将直接造成对未来收入估计的较大偏误。

大部分人力资本的测度是从投入角度展开的，主要包括教育经费法，学历指数法和平均受教育年限法。教育是人力资本形成的最主要途径，用受教育年限衡量人力资本存量最具有代表性，而且由于其直观简单，数据获取容易，在国内外得到了广泛应用，特别是在跨国比较研究中。然而学校教育知识是人力资本形成的一部分，如何使教育指标能够反映终身学习人力资本的计量要求是要解决的关键问题之一。其次对于教育相关指标的选取和计算口径并不统一，不同的研究在受教育层次、教育年限及计算对象的划分上存在差异，如在进行教育水平划分时，有部分学者分为初等、中等和高等教育三个层次，有的研究者则将其划分为未上过学、小学、初中、高中、大专及以上5级，也有人划分为更详细的6级、7级等。在计算对象上，有人选择实际从业人员数量，而有人选取劳动年龄人口，使得人力资本水平的指标选取缺乏切实可靠的理论依据。同时受教育年限指标忽视了教育结构的异质性，尤其是忽略教育质量对同一年教育的影响差异，而且没有区分不同受教育程度的人接受同一年教育的差异，同时教育收益递减造成的人力资本积累影响也没有被考虑在内。其中，虽然受教育年限衡量人力资本存量时没有区分各级教育和同级教育对人力资本积累的差异，但是教育是人力资本形成的最主要途径，用平均受教育年限衡量人力资本存量最具有代表性。

人力资本水平的统算至今没有达到一致的认同，各类方法之间理论依据、基本假设、估算误差各异，进行细致的结果比较存在一定困难。人力资本计量方式的存在主要与研究目的密切相关。因此，本书从教育存量法和收入指数法两个方面对人力资本进行测算，并进行人力资本的跨地区比较分析，以期更加准确地回答教育对经济增长的贡献。

第二节　教育与人力资本发展变化趋势与特征

不同的经济增长理论反映了人力资本影响经济增长的不同机制，每个理论的假设条件不同，为了突破要素边际收益递减的约束假定，经济学家们主要沿着两条路线进行改进：一是引入内生化的技术进步，二是引入人力资本。前者的代表人物是 Romer（1986；1990a），后者代表人物是 Lucas Jr. （1988）和 Mankiw, Romer, Weil（1992）。结合蔡昉对中国经济发展阶段的划分，我们看到每种投入要素在经济增长不同历史时期的角色和重要性不同，因此在定量测算教育对中国经济增长的贡献时，必须综合考虑不同层次教育对短期、中期和长期经济增长的贡献，利用状态空间方程估计变系数模型可以更好地解决这一问题。

中国作为后发国家，在短短的 40 年间完成了西方国家近两百年的发展历程，教育发展当然也不会完全依照同样的过程。实际上，中国的各级各类教育是以近乎齐头并进的方式快速发展，完成了中学教育的普及与高等教育的大众化。20 世纪美国教育与经济发展的三个阶段以一种递进的方式呈现，在中国过去的 40 年则以几乎齐头并进的方式迸发。本章我们从教育和人力资本的关系出发，全面分析了基于教育水平、教育结构以及教育质量的人力资本变化趋势与特征和经济增长的变化与特征。

一　教育与人力资本的关系——人力资本生产函数

从经济增长模型中，我们并不能直接看到教育的作用，而往往是将教育看作人力资本的函数，进而探讨人力资本和经济增长的关系，因此，我们首先需要明确教育和人力资本之间的函数形式，即人力资本生产函数。本书从线性关系和非线性关系两方面阐述，从受教育水平、受教育结构以及教育质量角度分别进行分析。首先本书借鉴 Barro（1991）和 Barro & Lee（2015）研究中两者之间的指数函数关系划分为三类人力资本，即通常使用的人力资本、明瑟型人力资本和不完全替代型人力资本（式 3.18—式 3.20）：

$$h_1 = \sum_a \sum_j l_j^a Du\, r_j^a \tag{3.18}$$

$$h_2 = \sum_a \sum_j e^{\theta_j^a du r_j^a} l_j^a \tag{3.19}$$

$$h_3 = (h_s^\rho + h_u^\rho)^{\frac{1}{\rho}} = \left[\left(\sum_a \sum_{j1} e^{\theta_j^a du r_j^a} l_j^a\right)^\rho + \left(\sum_a \sum_{j2} e^{\theta_j^a du r_j^a} l_j^a\right)^\rho\right]^{\frac{1}{\rho}} \tag{3.20}$$

其中，l_j^a 表示年龄为 a 中获得 j 级教育水平的比重（j 表示各级受教育水平），$Du\, r_j^a$ 表示年龄为 a 的 j 级教育水平的受教育年限，式 3.19 中我们使用明瑟收入方程中的半对数形式表示受教育年限和人力资本的关系，$\theta_j^a du\, r_j^a$ 表示受教育水平为 j 的单位劳动力相对于未受教育劳动力的效率，我们假定各地区教育层次的明瑟收益率相同 θ，则式 3.19 变为 $h = e^{\theta E}$。为了简化计算，我们首先假设式 3.18 和式 3.19 中不同层次教育人力资本之间可以完全替代，这样一来会对我们的估计结果产生偏误，如果技能型工人与非技能型工人的替代弹性较高，即两者不容易相互替代时，更多的学校教育导致非技能型工人相对短缺时，非技能型工人的生产率可能会更高，在这种情况下就会造成对实际人力资本地区差异的低估。反之，如果两者的替代弹性较低，那么就可能高估人力资本在解释地区产出差异时的贡献（Goldin & Katz, 2009; Jones, 2014）。但是实际上我们很难估计不同技能工人之间的替代弹性，特别是没有受过初等教育的工人和受过初等教育的工人之间。如果我们考虑总体人力资本和平均水平时，尽管存在这一潜在误差，我们可以利用人力资本对各地区人均产出变化的贡献进行基准估计。同时，我们也考虑另一种 CES 人力资本函数关系式 3.20，我们将受教育程度为高中教育及以上的劳动力视作技能型劳动力 h_s，将受高中教育程度以下的劳动力视为非技能劳动力 h_u，两者之间的替代弹性为

$\frac{1}{1-\rho}$。根据 Jones（2014），通常将这一替代弹性限制在区间 [1,2] 之间，式 3.20 即为当替代弹性为 1 时的特例，因此我们设定式 3.19 中替代弹性为 2（即 $\rho = 1/2$）。在以往的跨国微观研究中，使用 Mincer 收入方程估计各个国家教育收益率结果在 5%—15%，因此许多研究取 θ 为 10% 为世界平均回报水平（Psacharopoulos，1994b）。由于 10% 只是平均水平，并未考虑教育质量的差异，因此可能会高估教育的收益率，不同的国家之间差异也较大（Schoellman，2012）。结合近年来关于中国教育收益率的计算以及各项微观研究的估计结果表明收益率一般在 5%—8% 之间，因此我们取 θ 为 6.5%。

另一方面，我们从教育的分布结构出发，进一步分析了教育离散度对经济增长的影响。如果一国的教育分布离散度较低，比如说政府更加推崇"精英教育"的情况下将会导致人口教育程度的同质性增加（仅有少部分人是精英）；反之，如果一国的教育分布离散度较高，比如说政府更加注重多层次教育人才同时发展的情况下将会导致人口教育程度的异质性增加。

$$h_{it} = \sum_{j=1}^{n_i} s_{ijt} \quad (3.21)$$

$$s_{ijt} = g(e_{ijt}) \quad (3.22)$$

s_{ijt} 代表 i 地区个体 j 在时间 t 的人力资本存量，e_{ijt} 代表其受教育水平，一般研究中都假设 g 为线性函数（以上几种类型的人力资本均在此假设下），也就是说教育回报率是一个常数，但是实际上考虑到各个教育水平上获得的知识不同，因而不同层次的教育程度应该存在一个非线性的回报率。也就是说，如果 g 为凹函数或者凸函数，不同层次教育构成的人力资本离散度就会对经济增长产生正向或者负向的影响。为了探究这种非线性是否存在，我们将函数 g 在 e_{it}（i 地区 t 时刻的平均受教育水平）附近进行泰勒二阶展开，有：

$$g(e_{ijt}) \cong g(e_{it}) + g'(e_{it})(e_{ijt} - e_{it}) + \frac{g''(e_{it})}{2!}(e_{ijt} - e_{it})^2$$

$$(3.23)$$

$$h_{it} = \frac{H_{it}}{L_{it}} \cong \frac{1}{L_{it}} \sum_{j=1}^{n_i} \left[g(e_{it}) + g'(e_{it})(e_{ijt} - e_{it}) + \frac{g''(e_{it})}{2!}(e_{ijt} - e_{it})^2 \right]$$
$$\cong g(e_{it}) + g''(e_{it})\sigma_{it}^2 \qquad (3.24)$$

从人力资本的分布结构来看，影响人力资本积累的不仅有平均受教育水平还有受教育水平的方差。若 g'' 不为 0，则说明教育结构分布的离散程度对经济增长产生影响，$g'' > 0$（g 为凸函数）说明教育回报率上升，教育分布离散度会促进经济增长，$g'' < 0$（g 为凹函数）则说明教育回报率降低，教育分布离散度会阻碍经济增长。

从人力资本的质量来看，我们用收入指数法来进行测算，该方法允许同一受教育程度的劳动力人力资本存在差异。指数法测算人力资本的关键是我们需要预测每个群体的人数以及每个群体的人力资本，最后加总得到整个社会的人力资本。因此根据中国的情况，第一步我们首先需要估算出每年分性别、年龄、城乡和受教育程度的四分人口数据，由于四分人口数据只有在普查年份（1982 年、1990 年、2000 年、2010 年）才能获得，我们借鉴人口学的方法，结合历年各级教育层次的招生人数以及死亡率、生育率数据等预测了每年四分人口数据。

第二步，估算各个群体的收入是使用指数法测算的关键，根据 Mincer 收入方程我们需要知道截距项、教育回报率、经验回报率以及经验平方的回报率。为了充分利用微观数据库中的数据，我们加入省份的宏观数据可以在一定程度上解决数据量不足的缺陷，提高估计的准确性。

$$\ln wage = \alpha + \beta_1 Sch + \beta_2 Exp + \beta_3 Exp^2 + \beta_4 Sch \cdot av g_{GDP} + \beta_5 male + \beta_6 urban + \beta_7 \ln av e_{wage} + \mu \qquad (3.25)$$

其中 $\ln wage$ 为收入的自然对数，Exp 为个体的工作经验，由于本书考虑的是劳动年龄的人口情况（男性 16—60 岁，女性 16—55 岁），对于大于 16 岁的人口，工作经验的设定如下：当 $Sch < 10$ 时，工作经验 $Exp = Age - 16$；当 $Sch > 9$ 时，工作经验 $Exp = Age - Sch - 6$，$av e_{GDP}$ 表示所在省份的人均 GDP，Sch 表示受教育年限，$av e_{wage}$ 表示城镇平均职工工资或者农民人均纯收入，μ 为误差项。

这部分使用的数据来源于中国营养与健康调查（China Health and Nutrition Survey，CHNS，1989—2015）。前者收入包括工资收入、补贴收入及其他收入和农业收入三个部分。CHNS 数据中关于个人及收入变量的说明如下，INDINC 代表个人工资收入与农业收入的加总，个人总收入用 INDINC 与补贴收入及其他收入的总和表示。工资收入分为非退休金和退休金，仅将非退休金计入收入当中。补贴收入中包括家庭和个人的补贴，家庭补助包括独生子女补助、燃气煤气补贴、煤火费、用电补贴、单位发放免费或便宜食品市场折现价格、儿童照料补助；个人补助包括食品、健康、书报、住房、其他补助以及月平均补助。农业收入来源于集体部门以及家庭内部，包括来自蔬菜水果种植、农田种植、家畜养殖、渔业以及小手工业收入五部分。教育变量中各级各类教育程度人口对应的受教育年限设定如下：

表 3—1　　　　　　　　　　受教育年限设定年限

	未上学	小学	初中	高中	大专	本科及以上
1989—1999	0	6	9	12	15	
2000—2016	0	6	9	12	15	17

由此我们得到了已知年份的截距项、Sch、Exp 以及 Exp^2 的系数然后分别作因变量对时间趋势做线性和二次拟合，得到缺失年份的拟合值再分别计算出分性别、年龄、城乡以及受教育程度的个体的人力资本指数，结合前面得到的各群体劳动力人数相乘并加总即得到这部分全体的总人力资本存量指数。由于指数法计算得到的结果并不是劳动力的绝对工资数，而是每个群体的工资跟标准工人工资的比值，本书是将一个未受过教育也没有工作经验的农村女性劳动力作为标准工人，其所具有的人力资本我们视为单位人力资本，因此我们得到的人力资本存量含义是多少倍的简单工人劳动力。

二 人力资本水平——基于受教育水平

本小节首先分析了中国劳动力整体受教育水平的变化趋势和地区差异，在此基础上区分了普通型、明瑟型以及不完全替代型三类人力资本并分区域进行描述。图3—4描述了1982年、1990年、2000年和2010年4年间中国平均受教育水平的分布情况，我们发现4年间平均受教育水平的密度曲线整体向右推移，说明劳动年龄人口平均受教育水平不断提升。1980年中国大部分地区受教育程度较低，平均年限在5年左右，基本完成了小学教育阶段。到2010年中国大部分地区人口接受的教育水平在9年到11年之间，整体水平大幅提升。中国教育发展的地区差距呈现下降趋势，说明发展较落后地区的教育水平逐渐向发达地区的教育水平趋近。

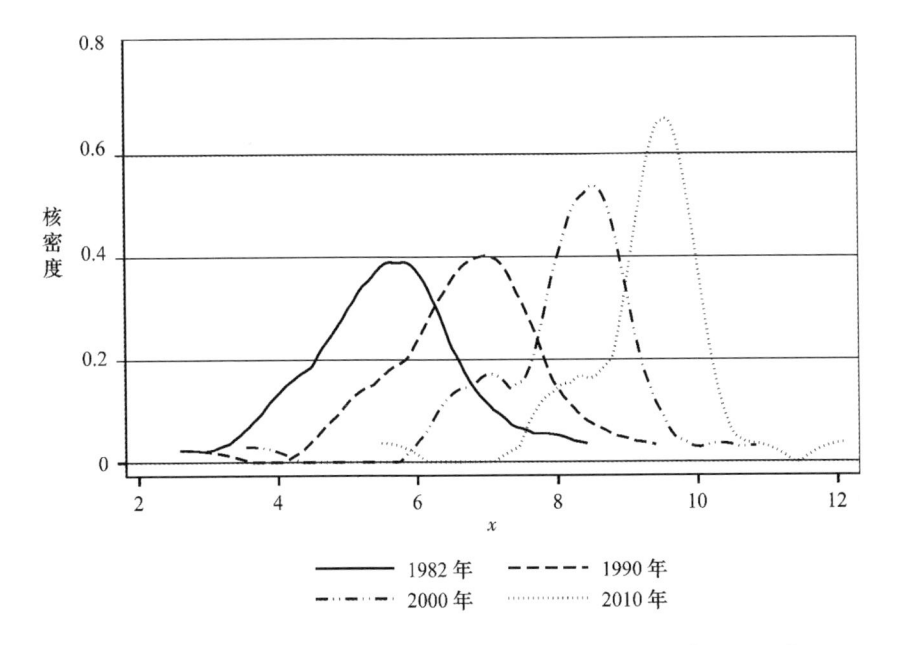

图3—4 受教育年限的分布情况（1982年、1990年、2000年、2010年）

图 3—5 显示了人力资本、明瑟人力资本以及不完全替代人力资本在不同地区间的时间变化趋势，1978 年以来，中国东、中、西部地区人力资本均呈现稳定的增长态势，东部地区人力资本水平略高

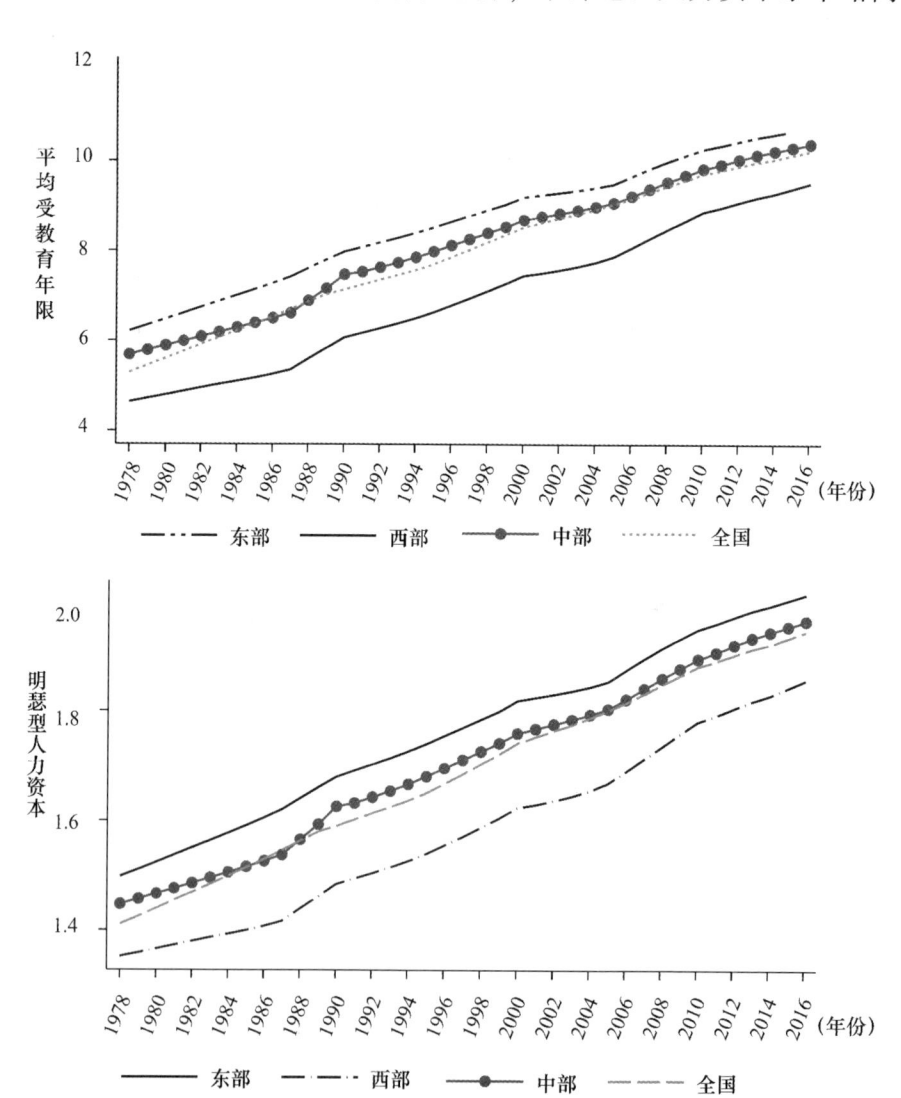

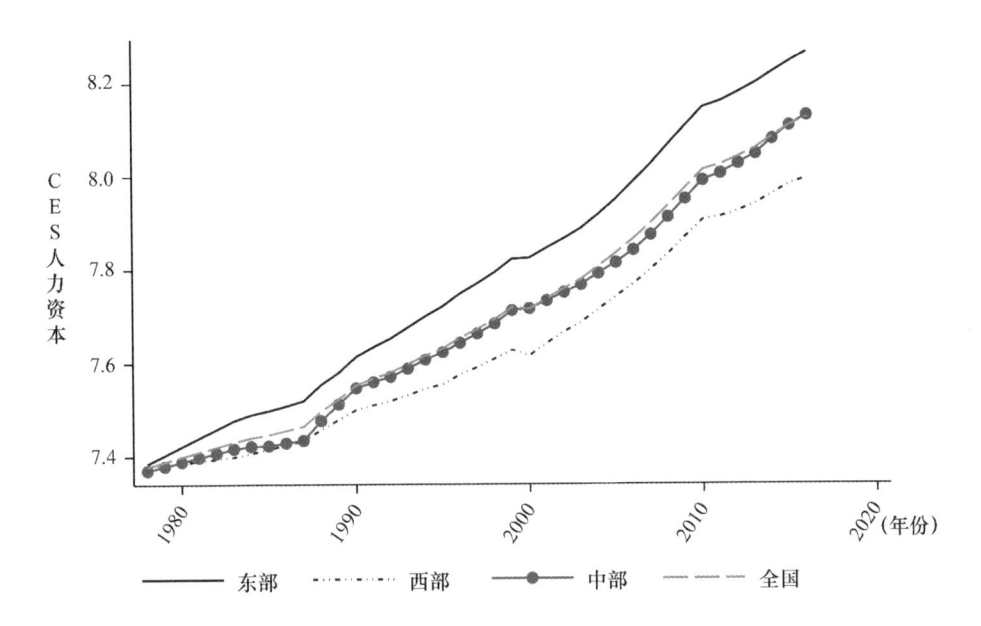

图 3—5　普通人力资本、明瑟人力资本、CES 人力资本变动趋势（1978—2016）

于全国水平，中、西部地区略低于全国平均水平。当技能型工人与非技能型工人的替代弹性较高时（CES 型人力资本，替代弹性为2），就会造成对实际人力资本地区差异的低估，可以看出 CES 型人力资本的地区差异相比明瑟型人力资本要小得多。

三　人力资本结构

以往研究大多只对教育水平进行描述，而教育结构是教育异质性的重要体现，该小节我们从教育的层次分布结构（即初等教育、中等教育和高等教育）、教育的地区分布结构以及教育的产业分布结构出发，描述教育的结构异质性。同时，由于我们测算的数据是基于分年龄、性别、人口、受教育程度四分人口数据估算得到，因此为了统计的一致性，我们在探讨教育层次分布结构时也分析了分性别的教育层次结构差异。

（一）基于教育层次分布结构

图3—6中显示了1982—2016年中国15—64岁劳动年龄人口中受初等教育、中等教育和高等教育的劳动力数量占比的整体变化情况，图3—7进一步显示了地区分布情况。可以看出，中国高等教育的劳动力占比整体呈现上升趋势，初等教育和中等教育劳动力占比呈现先上升后下降趋势。从地区分布可以看出近些年来中国整体平均受教育水平的提升主要来源于中部地区受中等教育劳动力数量以及东部地区受高等教育劳动力数量的快速增加，中部地区受中等教育的劳动力占比与东部地区的差距较小，但是高等教育在中部和东部地区的差距明显增大。而西部地区无论是中等教育还是高等教育劳动力占比均与东部地区存在较大差距，2000年两者中等教育的劳动力占比差距为17%，到2010年降低至12%，高等教育的差距从2000年的2.8%进一步增加到2010年的4.5%。

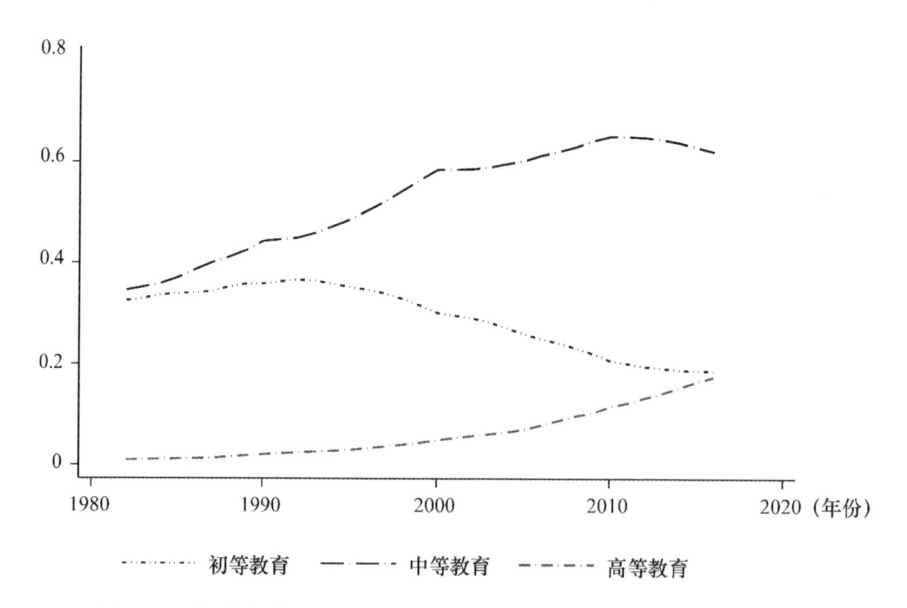

图3—6 初等教育、中等教育和高等教育的变化趋势（1982—2016）①

---

① 由2016年数据计算得到，资料来源《中国劳动统计年鉴（2017）》。

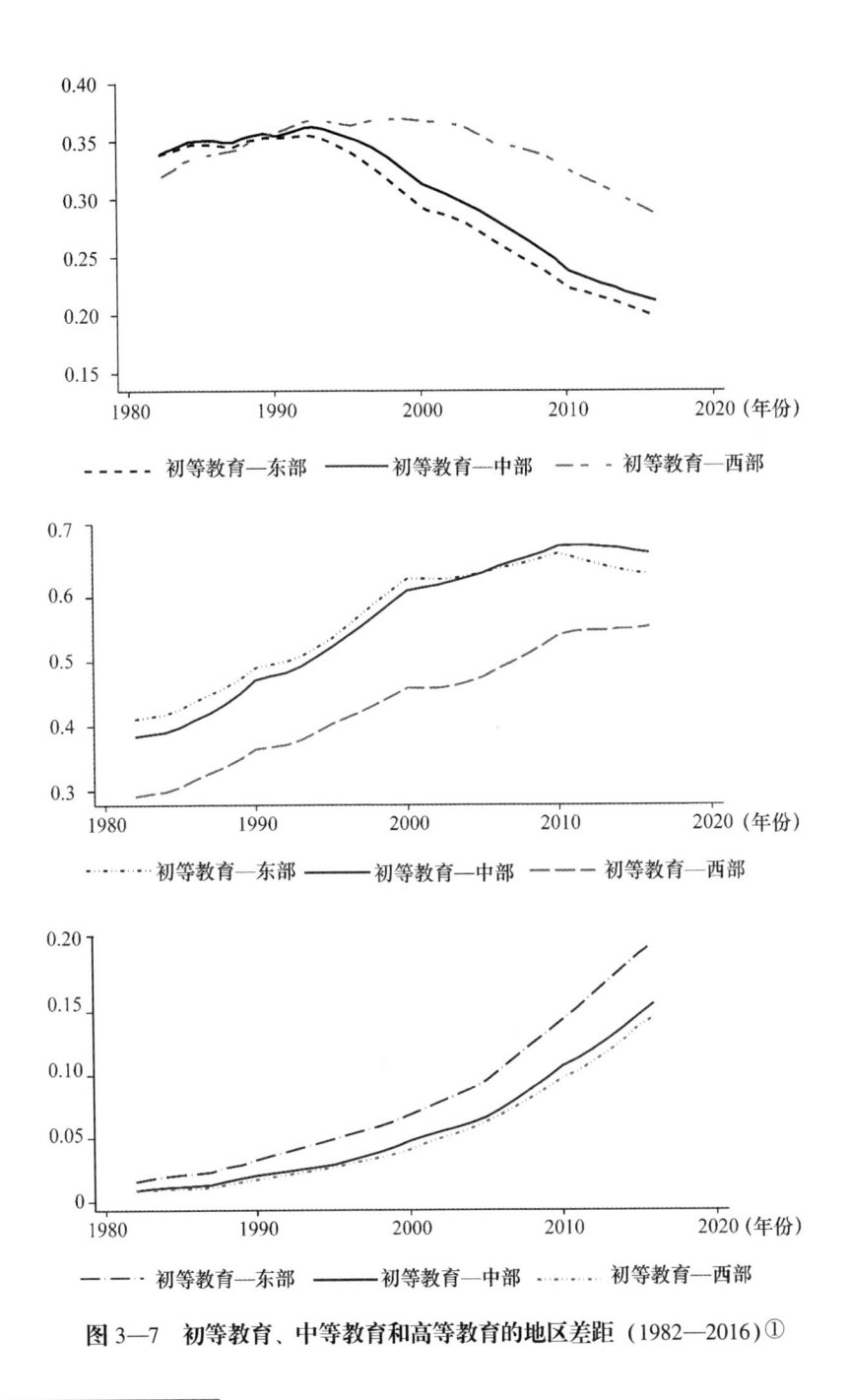

图3—7 初等教育、中等教育和高等教育的地区差距（1982—2016）①

---

① 由2016年数据计算得到，资料来源《中国劳动统计年鉴（2017）》。

图3—8 刻画了初等教育、中等教育和高等教育的性别比例变动趋势,性别比例我们用各受教育层次的女性劳动力与男性劳动力的比值表示。统计发现,初等教育的性别比例呈现先上升后下降的趋势,中等教育的性别比例先增加至 2009 年 0.85 以后基本保持不变态势,整体来看初等和中等教育的性别差异在减小,说明男性和女性在接受初等和中等教育的机会越来越公平,然而高等教育的性别比例呈现不断上升态势,从 1982 年的 0.3 上升到 1.0,说明在高等教育方面仍然存在较大的性别差异。

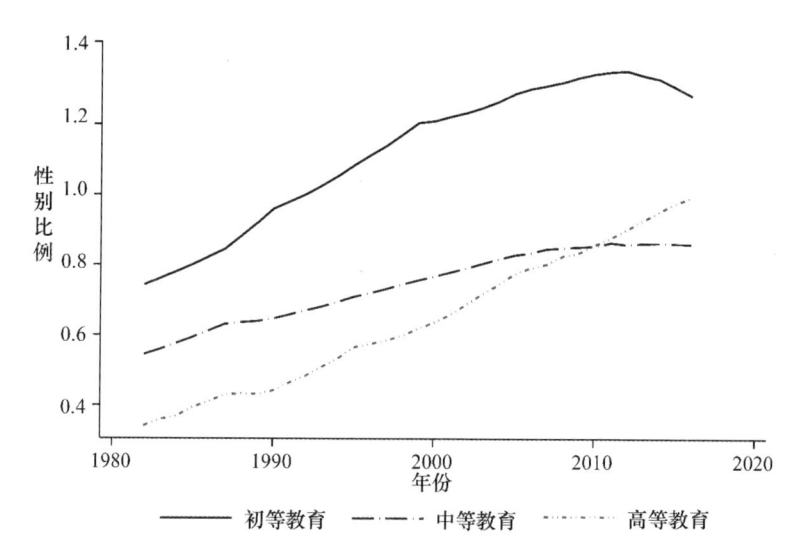

图 3—8 **初等教育、中等教育和高等教育的性别差异**(1982—2016)

(二) 基于教育地区分布结构

从人力资本结构的异质性可以看出,人力资本离散度呈现"双峰"分布,人力资本离散度较高的地区不仅有北京、上海、江苏等发展较快的地区,也有海南、广西、河南等中西部发展较慢地区,所以在分析结构时不单要考虑离散度,还需要结合地区的人力资本平均水平。图 3—9 和图 3—10 显示了人力资本存量较低和较高地区的教育结构分布,纵轴表示受各级各类教育的劳动力人数,横轴表

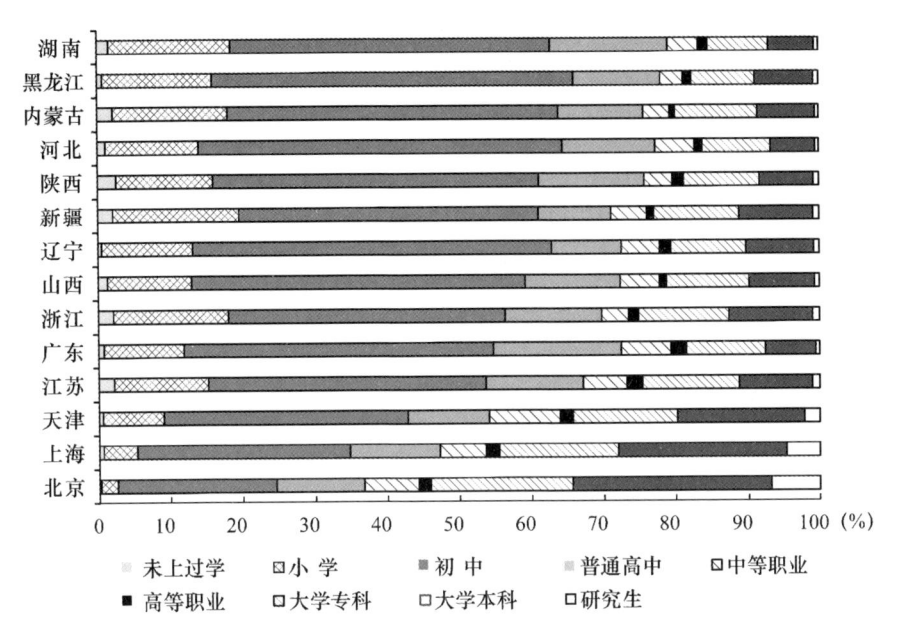

图 3—9 较高人力资本存量地区的人力资本结构分布

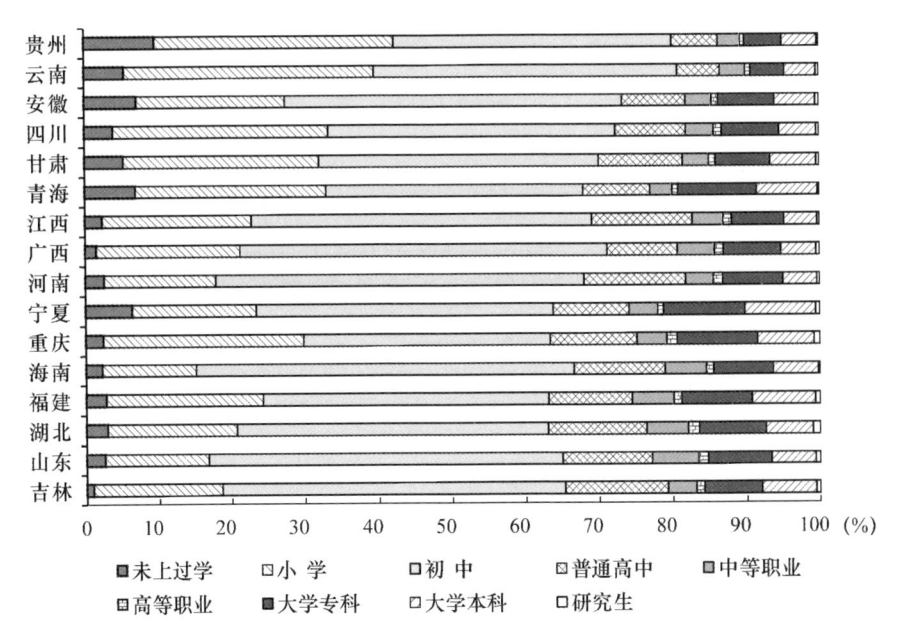

图 3—10 较低人力资本存量地区的人力资本结构分布

示劳动力的受教育类型,分为未上过学、小学、初中、普通高中、中职、高职、大学专科、本科以及研究生。人力资本平均水平较高的地区受高等教育的劳动力人口数接近30%,而低人力资本存量水平的地区该比例在10%左右。

综合人力资本平均水平及其离散度的分布情况,本书将中国30个省份分为"高平均受教育水平高离散度""高平均受教育水平低离散度""低平均受教育水平高离散度""低平均受教育水平低离散度"四类地区(图3—11),"高平均受教育年限高离散度"分布类型中偏向大专及以上受教育程度的人口,后三者偏向初中及以下受教育程度的劳动力。

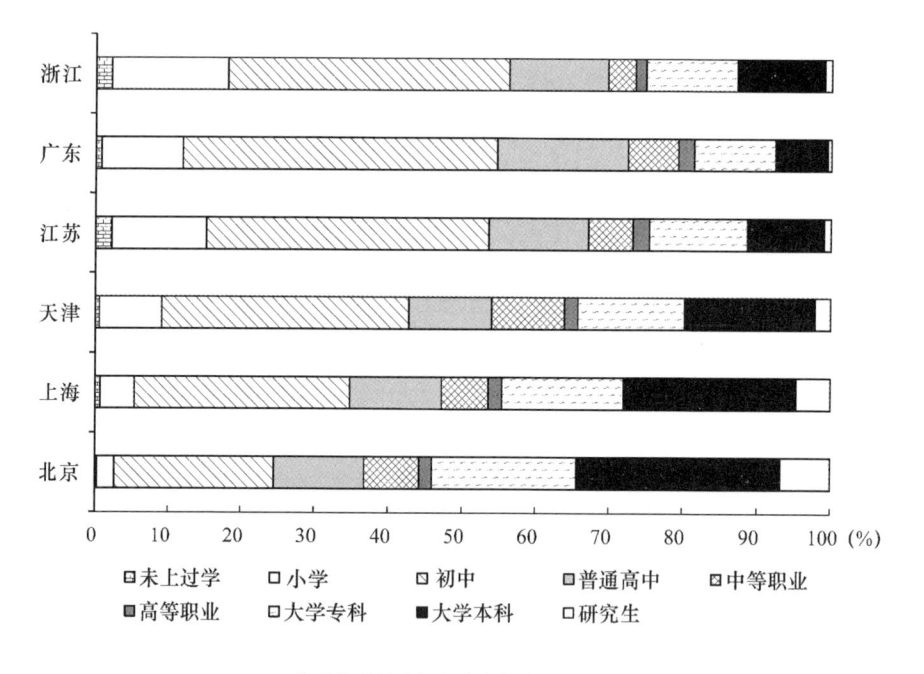

"高平均受教育年限高离散度"分布类型

第三章 中国教育发展和经济发展变化趋势与特征 75

| 0 10 20 30 40 50 60 70 80 90 100 (%) |

内蒙古
河北
陕西
新疆
辽宁
山西

□未上过学　□小 学　■初 中　■普通高中　■中等职业
□高等职业　■大学专科　□大学本科　□研究生

"高平均受教育年限低离散度"分布类型

贵州
云南
安徽
四川
甘肃
青海

| 0 10 20 30 40 50 60 70 80 90 100 (%) |

□未上过学　□小 学　▨初 中　■普通高中　□中等职业
■高等职业　▨大学专科　■大学本科　□研究生

"低平均受教育年限高离散度"分布类型

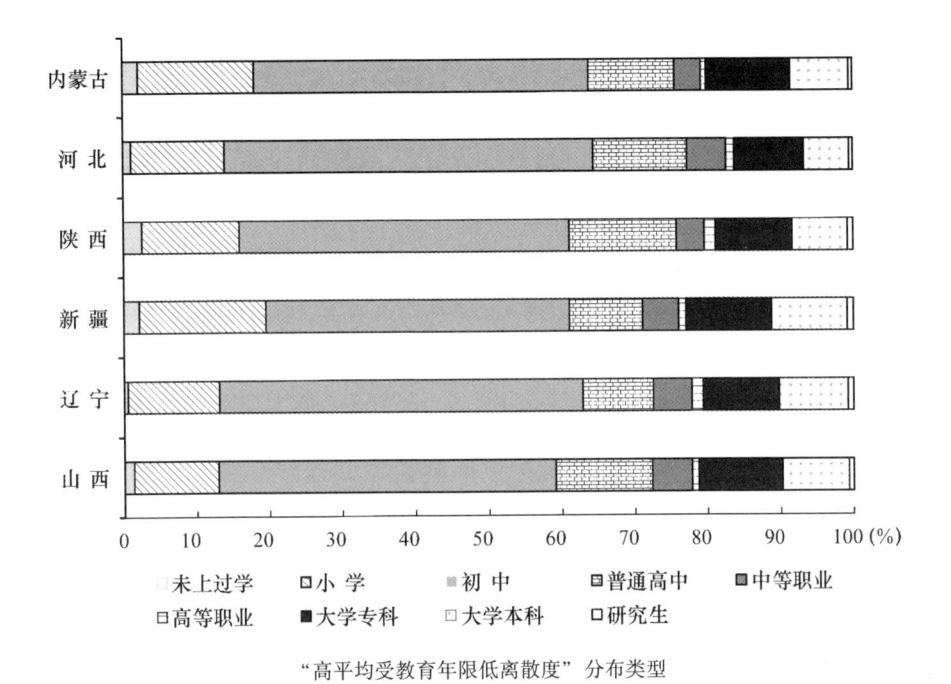

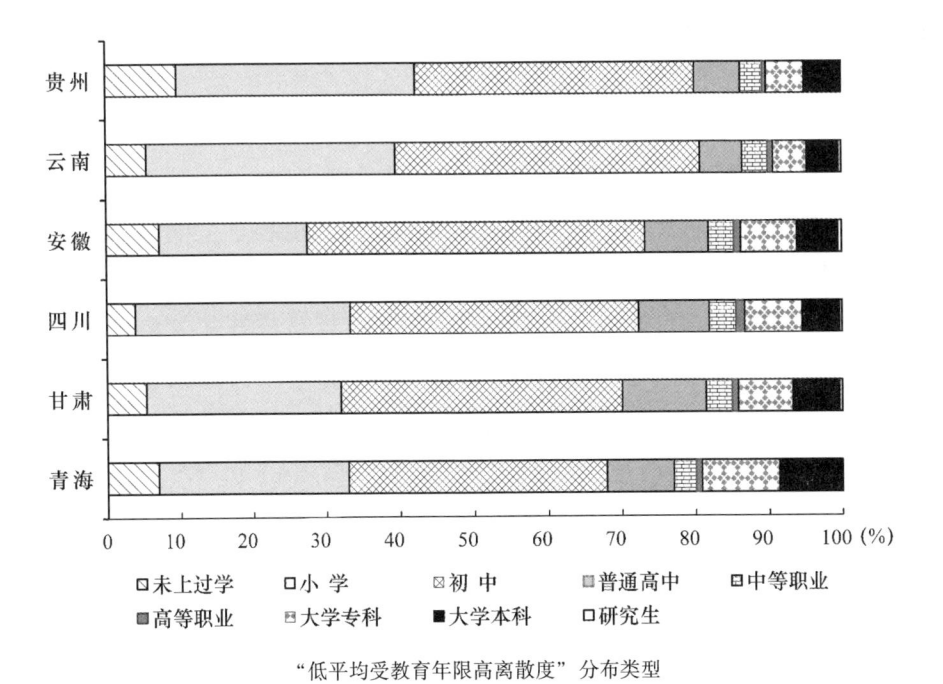

[图表：各省份（江西、广西、河南、宁夏、重庆、海南、福建、湖北、山东、吉林）基于教育结构的人力资本分布堆积条形图，横轴为0—100(%)，图例包括：未上过学、小学、初中、普通高中、中等职业、高等职业、大学专科、大学本科、研究生]

"低平均受教育年限低离散度"分布类型

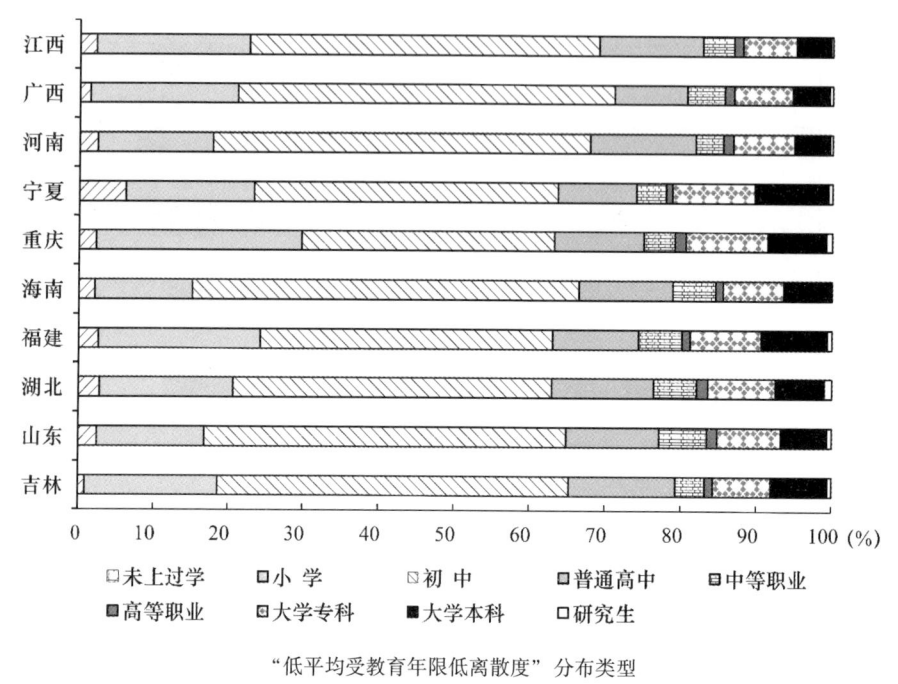

图3—11 四类基于教育结构的人力资本分布

（三）基于教育产业分布结构

本书用教育存量法估算分产业的人力资本存量，用从业人员平均受教育年限表征其人力资本水平。结合王金营和李仁君的线性内插和外推法得到1990—2001年的三次产业从业人员平均受教育年限，2002—2014年的数据是根据历年《中国劳动统计年鉴》分行业人员的平均受教育年限计算得来，分行业人员比例数据来自《中国经济景气月报》整理计算。将就业人口的受教育程度按学历分为未上过学、小学、初中、高中、大学专科、本科及以上六类，则六类学历人口教育年限可表示为一行六列矩阵 $E = \{e_1, e_2, e_3, e_4, e_5, e_6\}$。根据产业统计核算，第一产业主要由农林牧渔这一大行业构成，计算较为简单，该行业从业人员六种学历受教育程度人口所占比重的矩阵为：

$$s = \begin{bmatrix} s_1 \\ s_2 \\ s_3 \\ s_4 \\ s_5 \\ s_6 \end{bmatrix}$$

其中 $s_1 + s_2 + s_3 + s_4 + s_5 + s_6 = 1$，则第一产业从业人员平均每百人的受教育年限可表示为 $h_1 = E(S)$。

同样地，第二产业主要由制造业，采矿业，电力、燃气、水的生产和供应业，建筑业四大行业构成，则第二产业各行业从业人员各级受教育程度人口比重为六行四列矩阵 S，同时设第二产业中各行业就业人口比重矩阵为 P，且 $p_1 + p_2 + p_3 + p_4 = 1$。

$$s = \begin{bmatrix} s_{11} & s_{12} & s_{13} & s_{14} \\ s_{21} & s_{22} & s_{23} & s_{24} \\ s_{31} & s_{32} & s_{33} & s_{34} \\ s_{41} & s_{42} & s_{43} & s_{44} \\ s_{51} & s_{52} & s_{53} & s_{54} \\ s_{61} & s_{62} & s_{63} & s_{64} \end{bmatrix}, p = \begin{bmatrix} p_1 \\ p_2 \\ p_3 \\ p_4 \end{bmatrix}$$

则第二产业从业人员平均每百人的受教育年限可表示为：$h_2 = E(SP)$。

第三产业包括批发和零售业，交通运输、仓储和邮政业，住宿和餐饮业，信息传输、软件和信息技术服务业，金融业，房地产业，租赁和商务服务业，科学研究和技术服务业，水利、环境和公共设施管理业，居民服务、修理和其他服务业，教育，卫生和社会工作，文化、体育和娱乐业，公共管理、社会保障和社会组织，共14个行业，则 S 是由第三产业14个行业从业人员六种学历程度的比重组成的六行14列矩阵，P 是第三产业各行业从业人员占所在产业从业人数的比重：

$$s = \begin{bmatrix} s_{11} & s_{12} & \cdots & s_{114} \\ s_{21} & s_{22} & \cdots & s_{214} \\ s_{31} & s_{32} & \cdots & s_{314} \\ s_{41} & s_{42} & \cdots & s_{414} \\ s_{51} & s_{52} & \cdots & s_{514} \\ s_{61} & s_{62} & \cdots & s_{614} \end{bmatrix} \quad p = \begin{bmatrix} p_1 \\ p_2 \\ \cdots \\ p_{14} \end{bmatrix}$$

则第三产业从业人员平均每百人的受教育年限为 $h_3 = E(SP)$，由此我们得到三次产业人力资本的结构占比情况（如图3—12所示），1990—2002年第一产业人力资本占有绝对优势，2003年之后占比下降到37%，被第三产业超越，2010年又下降至27%水平，被第二产业所超越。无论从总量还是结构占比上看，中国第三产业人力资本的优势越来越凸显，26年间增加了3倍以上，2016年比重达到53%，占全国就业人口人力资本总量的一半以上。第二产业资本存量结构占比一直处在波动之中，但总体来看约占总体的四分之一。

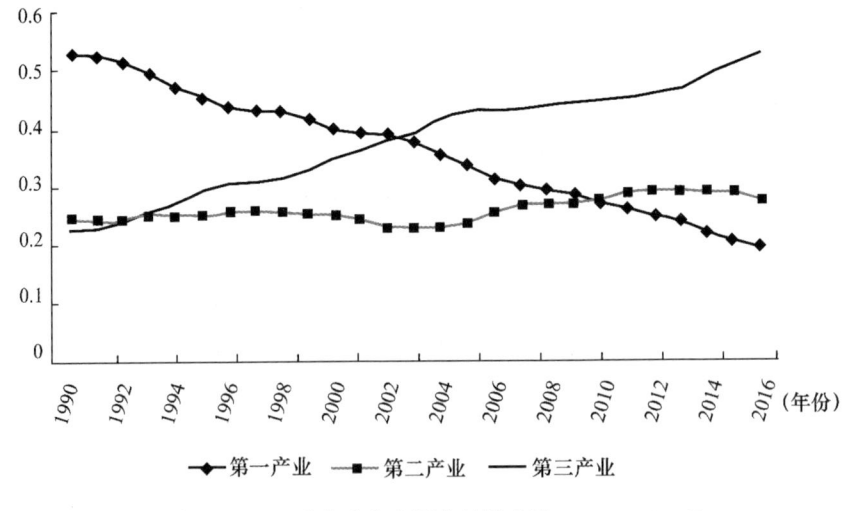

图3—12 三次产业人力资本结构占比（1990—2016）

四 人力资本质量——基于教育质量

基于人口普查数据得到的分年龄、性别、受教育程度以及城乡四分人口数据，结合人力资本决定方程，本书利用 LIHK 方法测算了四分人口（城镇男性、城镇女性、农村男性和农村女性）具有的人力资本整体来看，1989—2016 年，农村男性和农村女性的人力资本处于下降趋势，城镇男性和城镇女性具有的人力资本呈上升趋势，2016 年城镇男性的人力资本存量达到 100826 万标准工人工资，同期的农村女性的人力资本存量仅有 29110 万标准工人工资，两者相差 3 倍之多。从性别差异角度看，男性人力资本普遍高于女性，28 年间男性人力资本从 96935 万标准工人工资增长到 137699 万标准工人工资，年均增长率 1.3%，女性人力资本从 76013 万标准工人工资增加到 111481 万标准工人工资，年均增长率 1.4%，略高于男性增长率。从城乡差异角度看，城乡人力资本差异先减小后增大，28 年间城镇人力资本从 68542 万标准工人工资增长到 183179 万标准工人工资，年均增长率 3.7%，农村人力资本从 104407 万标准工人工资减小到 65984 万标准工人工资。

图 3—13 显示了受教育水平相对于收入法人力资本存量的分布情况，可以看出两种测算方法得到的人力资本存量是呈现正相关关系的，其中北京、上海、天津等地具有较高的平均受教育水平同时也具有较高的收入法人力资本存量，相反，有些地区两者都处于较低水平，包括贵州、甘肃、云南等，可以看出两种测算方法的趋势具有一致性。收入法测算的人力资本不仅反映了受教育水平对人力资本积累的作用，同时也考虑了"干中学"、年龄结构等因素对于人力资本的作用，能够较为全面直接地衡量人力资本的大小。Hanushek（2012）使用 15 岁中学生的国际测试成绩作为衡量其人力资本的代理指标，Schoellman（2012）利用美国移民学校教育的回报来衡量各国的教育质量，但是他们都没有直接衡量劳动年龄人口的教育人力资本，这正体现了本书使用收入法的必要性。

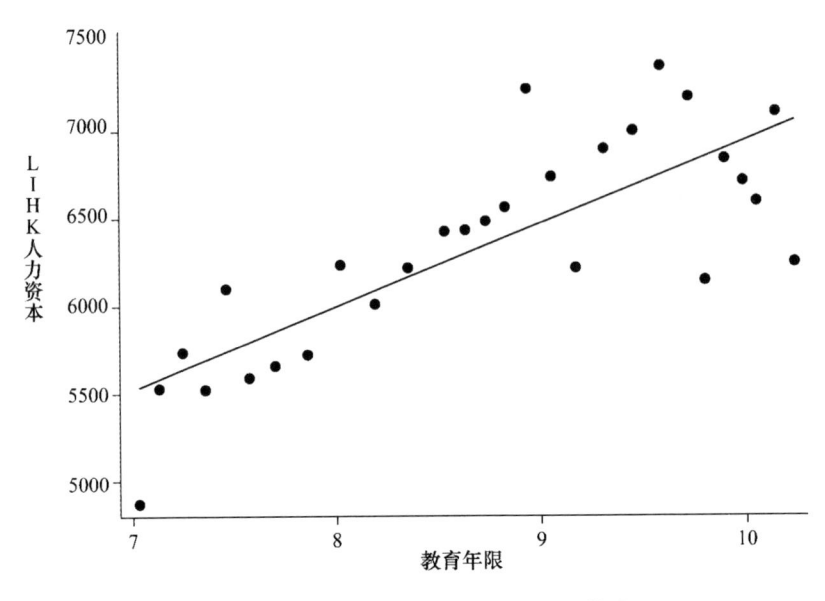

图 3—13 受教育年限 vs. 收入法人力资本

第三节 经济发展变化趋势与特征

一 经济增长总量趋势

改革开放以来，中国经历了 40 多年的经济高速增长，1997 年至今 GDP 年均增速达 9.2%，2009 年中国经济规模超过日本跻身世界第二，2016 年人均 GDP 达 8110 美元，中国俨然成为中等偏上的经济体，对世界经济发展做出了巨大贡献。然而近年来中国经济增速持续放缓，2010 年至今呈现出"L"形增长特征（图 3—14），意味着中国经济进入了新常态发展阶段，同时也面临着诸多新问题和新挑战。

东部地区的人均 GDP 显著高于中西部地区与全国平均 GDP 水平，且差距有逐年拉大趋势，中西部地区人均 GDP 略低于全国水平。从增长速度来看，东部地区保持着较高速增长（如图 3—15 所示）。

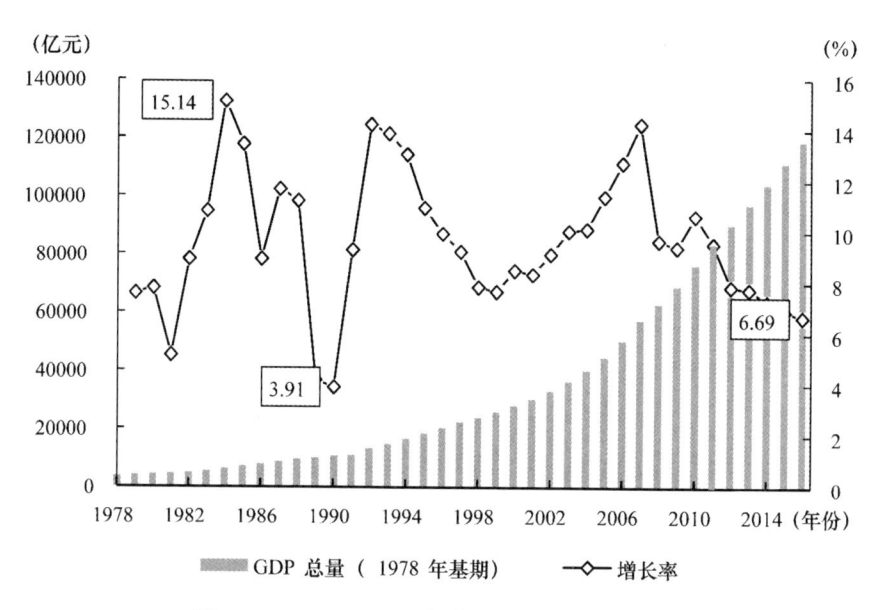

图 3—14　1978—2016 年中国 GDP 总量及增长率

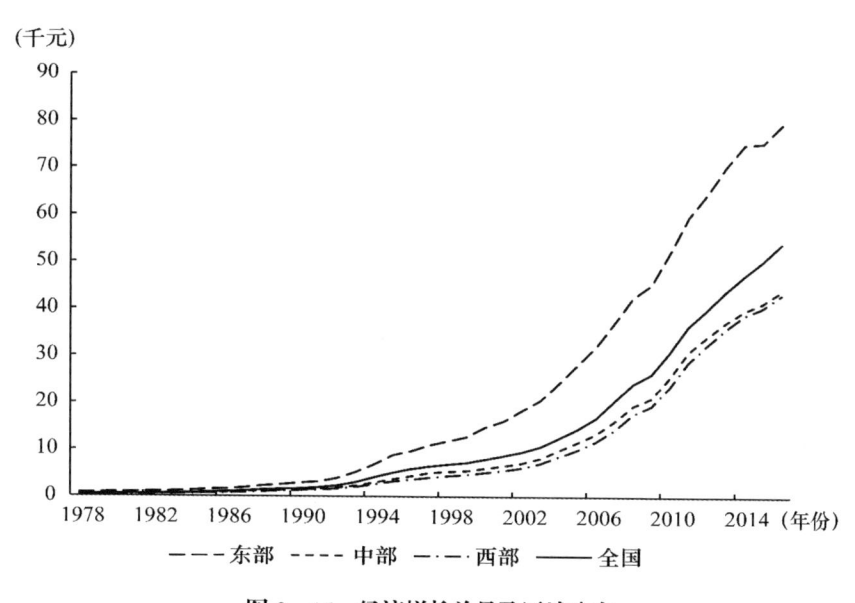

图 3—15　经济增长总量及区域分布

二　经济增长人均分布

长期以来，世界范围贫困地区和富裕地区的人均收入差距是经济学家一直以来关注的问题，关于"经济趋同"的争论集中讨论了各个国家人均收入的差距是否随着时间推移而缩小。从人均水平来看（图3—16），1978年上海市人均GDP达到2498元，约为全国平均水平382元的6.5倍，为最低水平贵州175元的14倍；2016年人均GDP水平最高地区为天津达到115100元，约为全国平均水平54000元的2倍，为最低水平甘肃27500元的4倍，可见，全国各省份间人均

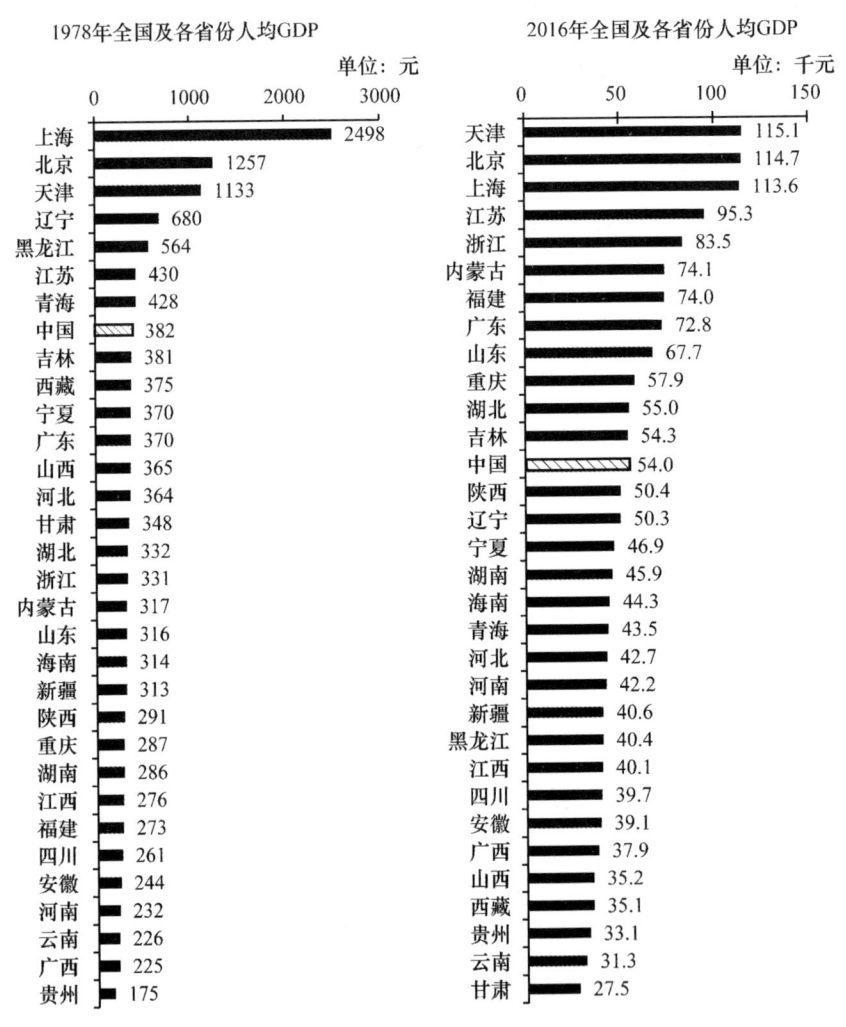

1978年全国及各省份人均GDP 单位：元		2016年全国及各省份人均GDP 单位：千元	
上海	2498	天津	115.1
北京	1257	北京	114.7
天津	1133	上海	113.6
辽宁	680	江苏	95.3
黑龙江	564	浙江	83.5
江苏	430	内蒙古	74.1
青海	428	福建	74.0
中国	382	广东	72.8
吉林	381	山东	67.7
西藏	375	重庆	57.9
宁夏	370	湖北	55.0
广东	370	吉林	54.3
山西	365	中国	54.0
河北	364	陕西	50.4
甘肃	348	辽宁	50.3
湖北	332	宁夏	46.9
浙江	331	湖南	45.9
内蒙古	317	海南	44.3
山东	316	青海	43.5
海南	314	河北	42.7
新疆	313	河南	42.2
陕西	291	新疆	40.6
重庆	287	黑龙江	40.4
湖南	286	江西	40.1
江西	276	四川	39.7
福建	273	安徽	39.1
四川	261	广西	37.9
安徽	244	山西	35.2
河南	232	西藏	35.1
云南	226	贵州	33.1
广西	225	云南	31.3
贵州	175	甘肃	27.5

图3—16　1978年与2016年全国及各省份人均GDP

GDP 水平差距趋于缩小，但是人均水平的地区差异仍然显著。

图 3—17 显示劳动力人均 GDP（以上海数据为基准）的分布变化，样本包含了 1978 年和 2016 年 30 个省（自治区、直辖市），其中重庆的数据并入四川省。地区之间的人均产出水平呈现明显的差异，2016 年云南省的劳均 GDP 只有上海地区的 12%，而 1978 年天津市和广东省的劳均 GDP 就占上海地区的 57% 和 21%，江苏省的增长速度最快，从 1978 年的 22% 增长到 2016 年的 58%，增长了一倍多，部分地区与上海的劳均 GDP 水平差距增大（北京、山西、辽宁、吉林、黑龙江、云南、宁夏、西藏、新疆、甘肃、青海），其余地区与上海的劳均 GDP 水平差距减小。

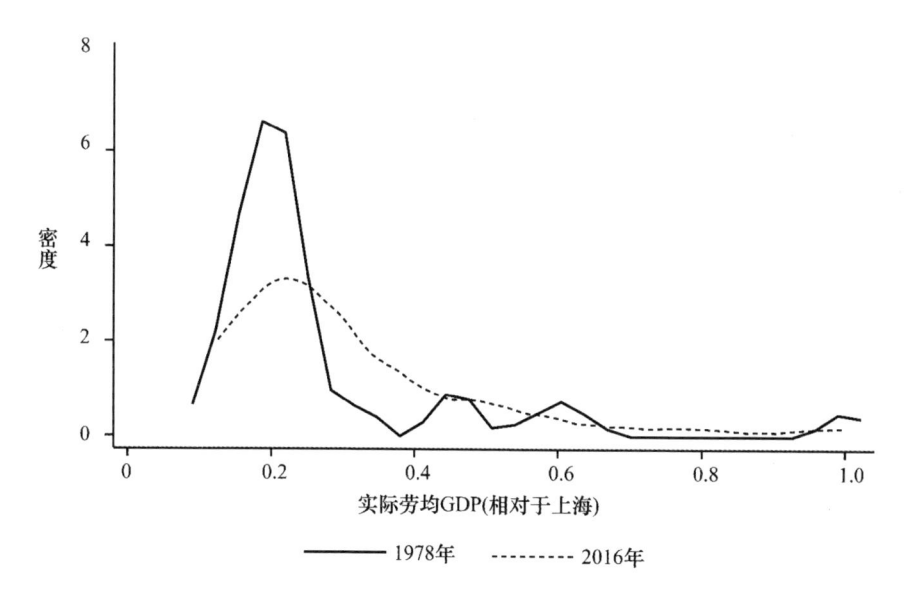

图 3—17 劳动力人均 GDP 的分布密度（1978 年和 2016 年）

第四节 教育发展与地区增长差距

伴随着经济总量 40 多年的高速增长，同其他许多发展中国家一样，中国各地区经济发展存在不均衡现象，东、中、西部增长差距十分显著。从经济总量上看，2001年东部地区生产总值是西部地区的3.36倍，从人均角度看，2015年东部地区人均生产总值是西部的2.34倍，图3—18显示以人均GDP衡量的中国各省份的经济发展水平从1982年到2016年出现差距不断增大的趋势，而且增速也在增加，图3—18显示的平均受教育年限的差距则整体呈现缩小的态势，两者之间大体呈现负向相关性，本部分尝试在增长核算的框架下测量教育和人力资本在解释地区产出差异中的贡献和作用。

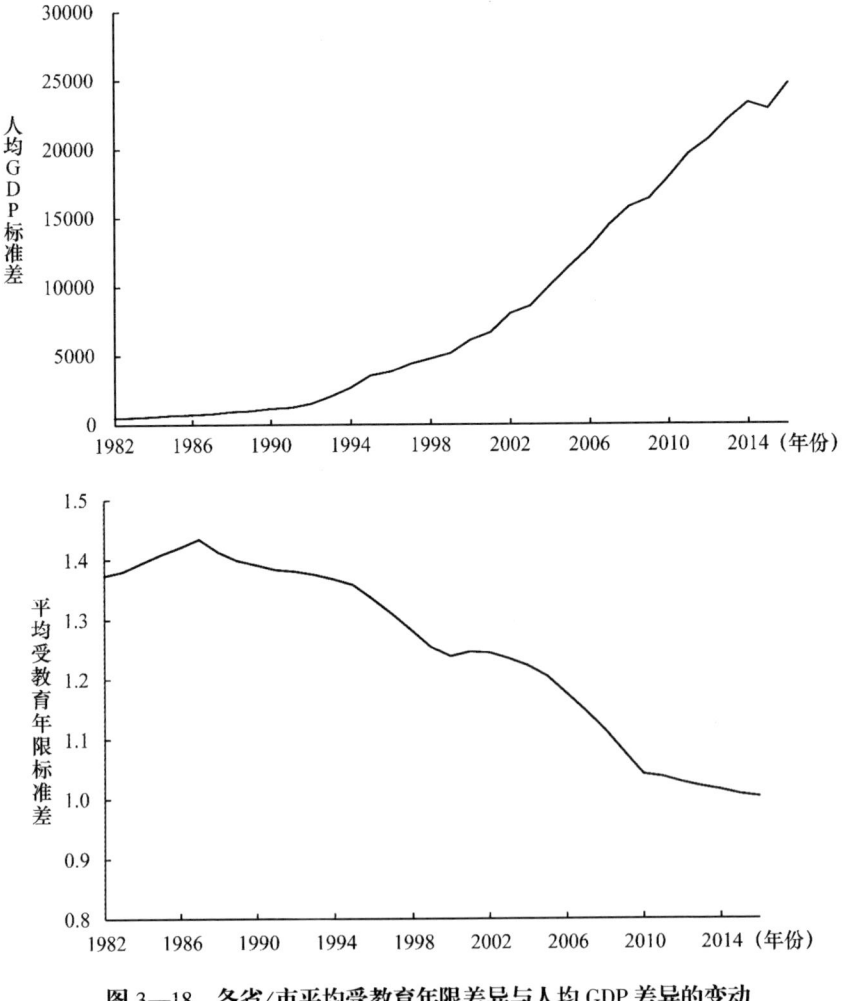

图3—18　各省/市平均受教育年限差异与人均GDP差异的变动

各省份之间劳动力人均 GDP 和劳均物质资本存量存在着明显的正相关趋势，可以说劳均 GDP 高的地区通常伴随着较高的劳均物质资本存量。因此我们引入一个基本的包含人力资本、物质资本因素的增长核算框架，探究人力资本对于解释地区经济增长差异的贡献。

我们运用最基本的增长核算来分析教育对解释中国地区增长差异的贡献（式3.26），其中 Y 是 GDP，K 表示物质资本，L 表示劳动力数量，h 是平均人力资本，A 是全要素生产率，假定劳动力要素份额为 $\alpha = 0.45$，

$$Y = A K^{1-\alpha} (hL)^{\alpha} \tag{3.26}$$

进一步地我们得到人均形式表达式

$$Y = A K^{1-\alpha} h^{\alpha} \tag{3.27}$$

对式3.27两侧同时取对数并利用方差的性质展开，将人均 GDP 的方差分解为人均人力资本的方差、人均物质资本的方差以及 TFP，得

$$Var(\ln y) = Var(\ln \dot{k}) + Var(\ln \dot{h}) + Var(\ln A) + 2\text{cov}(\ln \dot{k}, \ln \dot{h})$$
$$+ 2\text{cov}(\ln \dot{h}, \ln A) + 2\text{cov}(\ln \dot{k}, \ln A) \tag{3.28}$$

其中 $\dot{k} = k^{1-\alpha}$，$\dot{h} = h^{\alpha}$，我们可以使用式3.28计算人均 GDP 的差异中有多少可以被人均人力资本和人均物质资本的差异所解释。我们假定各地区有相同的人均物质资本和 A，则我们认为教育可以解释地区增长差异的：

$$H = \frac{Var(\ln \dot{h})}{Var(\ln y)} \tag{3.29}$$

考虑到人力资本与物质资本的互补性以及内生于技术进步的事实，式3.29的计算结果会造成对人力资本贡献的低估，因此我们借鉴 Barro（2015），加入人力资本、物质资本以及人力资本与 TFP 的协方差，得到式3.30，结果（见表3—3）显示所有省份人均 GDP 对数的方差为0.0025，其中由人均人力资本（平均受教育年限）可以解释的比重分别为32%和36%，明瑟型人力资本可以解

释的比重分别为 15% 和 21%，可见在考虑了人力资本与 A 以及物质资本的相关关系后得到的人力资本贡献值明显增加。

$$\bar{H} = \frac{Var(\ln \dot{h}) + cov(\ln \dot{h}, \ln \dot{k}) + cov(\ln \dot{h}, \ln A)}{Var(\ln y)} \quad (3.30)$$

方差分解方式简单但是受极端值或测量误差的影响很大，容易得到不准确的结果。为此我们使用分位数以及分位数比率来描述分布的不平等程度，分位数本身可以反映收入分布的不同位置，其中中位数可以反映收入分布的中心位置，四分位数则可以反映收入分布的离散程度，其优势在于分位数不受异常值、极值的影响，可以灵活地反映出各个分位点样本收入的差异。我们选用 90% 分位点上收入与 10% 分位点上收入的比值，反映高收入和低收入者之间的收入差距，同时用 90% 分位点上人力资本水平与 10% 分位点上人力资本水平的比值，反映人力资本水平较高和人力资本水平较低者之间的差距，两者的比值表示人力资本的贡献，表呈现了人均 GDP 的 90th—10th 分位点比例为 3.503，三种形式的平均人力资本（平均受教育年限 h_1，明瑟人力资本 h_2 以及收入法劳均人力资本 h_3）的 90th—10th 分位点比例依次为 1.249、1.138 和 1.371，它们对省际人均 GDP 离散程度的解释比例为 32%—39%。即：

$$H1 = \frac{\frac{h^{90}}{h^{10}}}{\frac{y^{90}}{y^{10}}} \quad H2 = \frac{\frac{h^{90}}{h^{50}}}{\frac{y^{90}}{y^{50}}} \quad H3 = \frac{\frac{h^{10}}{h^{50}}}{\frac{y^{10}}{y^{50}}} \quad (3.31)$$

表 3—2　　　　　分位数比例对地区经济发展差距的解释

	分位数比例		人力资本的贡献
	人均 GDP	教育人力资本	
h_1	3.503	1.249	35.6%
h_2	3.503	1.138	32.5%
h_3	3.503	1.371	39.1%

表 3—3　　　　　　　　跨省区人均产出的方差分解结果

	$Var(\ln y)$	$Var(\ln h)$	人力资本的贡献	
			H	$\bar{H}$
h_1	0.0025	0.0008	32%	36%
h_2	0.0025	0.0003	15%	21%

第五节　本章小结

本章首先梳理了人力资本的测算方法及相关研究，包括收入法、成本法和指标法，分析了不同测算方法的基本思路、改进历程和适用范围，结合本书的研究问题确定了后续实证分析的测算方法。进一步，基于中国人口普查数据（1982年、1990年、2000年、2010年）、中国劳动统计年鉴（1990—2017年）、各省份统计年鉴（1985—2017年）、中国健康与营养调查（CHNS）数据，从教育水平、教育结构、教育质量三个方面描述了中国教育发展和经济增长的趋势与特征。本章的数据分析发现，改革开放以来，中国劳动力整体受教育水平不断提高，从基本完成小学教育阶段的5年左右提升到10年以上，平均受教育水平的增长呈现省际"收敛"态势；从教育层次结构来看，中国高等教育劳动力数量占比不断增加，初等教育和中等教育劳动力数量占比先上升后下降，高等教育的地区差异大于中等教育；从教育地区分布结构来看，教育离散度呈现"双峰"分布，教育水平的两极分布差异均较大；从包含教育质量的人力资本结构来看，农村男性和农村女性的人力资本处于下降趋势，城镇男性和城镇女性具有的人力资本呈上升趋势；从性别差异角度看，男性人力资本普遍高于女性，从城乡差异角度看，城乡人力资本差异先减小后增大。这些分析为研究教育在经济增长中的贡献及作用机制问题奠定基础。

第 四 章

教育对中国经济增长影响效应的元分析

戈尔丁（Goldin, C.）和凯兹（Katz, L. F.）将 20 世纪称为美国的世纪，也是"人力资本的世纪"，可以说美国的教育系统是使其成为世界上最富有国家的根本原因（克劳迪娅·戈尔丁，劳伦斯·凯兹，2015）。哈努谢克和沃斯曼因的研究也表明各国经济增长差异的 3/4 可以归结于知识资本（埃里克·哈努谢克，卢德格尔·沃斯曼因，2017）。教育与人力资本是现代经济增长的核心。改革开放 40 多年来，中国经济保持了年均近 10% 的高速增长，也吸引了越来越多学者对中国增长奇迹的研究兴趣，他们从各个视角试图阐释中国持续多年的高速增长，在各种解释因素中，教育和人力资本成为国内研究者的关注重点。一方面，由于模型设定、估计方法、样本数据等方面的差异，教育在中国经济增长中的作用方向及大小尚未达成共识（崔玉平，2007；李忠强，黄治华，高宇宁，2005；王征宇，姜玲，梁涵，2011；于东平，段万春，2011）。大部分研究支持了教育和人力资本能够促进中国经济增长的观点（陈仲常，马红旗，2011；雷鹏，2011；谭永生，2006；薛海平，高翔，杨路波，2021；张爱芹，高春雷，2019），肯定了不同层次教育尤其是研究生教育的驱动作用（黄海军，李立国，2012；李立国，杜帆，2019；罗良清，尹飞霄，

2013),但仍有部分研究发现教育和人力资本对中国经济增长的作用十分有限甚至呈现负向影响(龙翠红,2008;毛盛勇,刘一颖,2010;王爱民,徐翔,2009;王家赠,2002;吴文辉,2010)。另一方面,大部分研究在探讨教育的作用时仅以全阶段的视角,由于中国经济发展具有独特的阶段特征,因此进行实证分析的关键在于是否选择了与中国经济发展阶段需求相匹配的差异化教育发展指标。忽视教育发展的时期异质性,在此基础上构建的回归模型必然存在较大误差。这也表明教育对经济增长的影响可能具有结构效应,因时间、空间、指标选择、控制变量的选择而异。

中国"十四五"规划中明确提出新发展格局,要坚持创新驱动发展,全面塑造发展新优势。强调高质量的教育体系和高技能人才是实现创新驱动型内生增长模式的核心,是实现"双循环"新发展格局的关键。本书试图从结构角度厘清教育与经济增长的关系,为进一步深化供给侧结构性改革以实现经济高质量发展的新发展格局提供有益参考。

第一节 教育对经济增长的结构效应

为了寻找经济增长的源泉,经济学家们主要沿着两条路径进行研究,其一是运用理论模型来识别经济体的运行机制及其对长期经济增长的意义,其二则是利用实证实验,基于观测的结果差异挖掘增长的规律。有时特定的理论模型能够驱动特定的实证研究,但有些实证分析与任何特定模型的关联性都不大,而更多是由数据和统计结果驱动(埃里克·哈努谢克,卢德格尔·沃斯曼因,2017)。现有的理论模型强调了教育影响经济增长的不同机制。在总量生产函数中,经济产出是资本和劳动力(而非人力资本)的直接函数,根据一般的索洛模型,当经济达到稳态时,人均收入将以技术进步率的速度增长,教育对经济增长没有起到解释作用,随后研究者考察技术变化因素来追踪经济的长期趋势。舒尔茨的人力资本理论把"索洛残差"解释成劳动生产率的增长，认为教育通过提高劳动者能力，提高劳动生产率，从而在教育与经济增长之间建立联系。具体来看，在各个经济增长模型中，教育作为人力资本的代名词，其对经济增长的作用包括教育的投资收益、教育的内部和外部效应、教育对技术创新和技术追赶吸收的影响效应以及经济发展的结构效应与制度效应（杜育红，赵冉，2020；刘文革，高伟，张苏，2008）。从现有教育与经济增长关系的实证研究来看，我们还难以得出比较一致的结论，有研究将引起同一主题实证研究结果变化的可能原因总结为统计方法、模型误差偏差与样本数据集等（Bel & Fageda，2009）。

表4—1　　　　　　　　　教育作用于经济增长的理论机制

理论	研究者		理论机制
人力资本理论	舒尔茨	教育的投资收益	教育通过提高劳动者能力，提高劳动生产率，进而提高劳动者的收入，促进经济增长
新经济增长理论	卢卡斯	教育的内部效应和外部效应	内部效应：同舒尔茨，教育提升个体能力直接作用于生产过程；外部效应：人力资本作用于整个社会的综合效应，有边际效益递增的特点
	罗默	教育对技术创新的作用	一方面类似卢卡斯的内部和外部效应；另一方面强调投入于技术创新的人力资本与全社会已有的知识与技术存量，共同决定了技术创新产出
	纳尔逊-菲尔普斯	教育对技术追赶与吸收的作用	体现在追赶型经济对领先型经济技术扩散的吸收能力，这种技术吸收能力与罗默的自主创新不同，更多的是对现有技术的学习与应用
经济发展阶段论（结构效应与制度效应）	罗斯托	主导部门	强调教育的各种作用机制是通过部门经济实现的，增长的主导部门及其背后的技术创新是经济增长的核心
	蔡昉	不同经济发展阶段、不同产业劳动力的作用	劳动力在中国经济的不同发展阶段（L型、M型和T型三个阶段）作用存在差异

在模型设定上，目前在教育对经济增长作用的测算方式上并未达成一致，究竟如何定义教育对经济增长的作用仍存在较大争议。现有研究在模型设定上主要分为两类，一类是研究国民收入水平值与教育投入绝对量或增量之间的关系研究，另一类是国民收入增长率与教育投入增长率之间的增长速度关系分析。两类模型所估计的参数具有不同的经济含义。第一类模型中常使用各地区年人均/劳均国内生产总值的自然对数值作为经济增长代理变量，此时的被估参数具有"弹性"的含义，可以衡量教育每变动1%或1个单位，经济增长变动的百分比（高驰，2006；李勋来，李国平，李福柱，2005；梁双陆，张利军，2016；梁昭，2000；朱健，刘艺晴，陈盼，2020）。第二类模型通常将经过对数差分变形后的人均/劳均GDP增长率作为经济增长的代理变量，此时被估参数具有"增长率"的内涵，差分形式的估计方程通常能够控制不随时间变化的地区固定效应（黄燕萍，刘榆，吴一群，李文溥，2013；赖明勇等，2005；刘智勇，胡永远，易先忠，2008）。在理论模型的讨论中，对于什么是经济增长的最重要的驱动因素仍存在争议，是基本的新古典框架下教育水平的变化，还是以罗默等为代表的内生增长模型下的教育水平？因此教育变量的设定形式通常也分为水平值和增长率两大类，有研究指出基于微观加总的人力资本应该是教育变量的线性形式而非对数形式（Canton, Smid, van der Steeg, Minne & Nieuwenhuis, 2005），也就是说，如果以 *edu* 表示教育水平，其在回归方程中的设定形式应为 *expedu*，此时教育的增长率可表示为 Δedu。

从统计方法上看，早期关于教育与经济增长关系的研究多采用简单相关性分析及普通最小二乘法估计线性回归方程等，然而由于遗漏变量、双向因果、测量误差等带来的内生性问题，使得估计结果并不能反映教育在经济增长中的真正效应量（胡永远，2003；杨晓华，卢永艳，2005；周宏，杨萌萌，王婷婷，2012）。因此，在后期研究中多通过固定效应模型、工具变量法及联立方程模型等，以期更为精准地识别教育与经济增长之间的因果效应（Li & Wang, 2018；

崔巍，2019；刘穷志，何奇，2013；郑鸣，朱怀镇，2007；祝树金，虢娟，2008）。由于单个截面数据回归结果通常存在遗漏变量偏误，面板回归中固定效应可以消除不随时间变化的地区效应，但仍不能排除某些随时间变化的未观测因素可能同时影响教育变化和收入变化（杜育红，赵冉，2018）。而工具变量法可以解决遗漏变量偏误，也可以解决因测量误差导致的趋零偏误。传统的工具变量法为2SLS，部分研究选择经济增长的滞后期为工具变量、也有使用当年高等学校毕业生人数增加值以及工资的部门溢价等作为工具变量（王弟海，陈理子，张晏，2017；钟水映，赵雨，任静儒，2016）。然而2SLS仅在扰动项同方差情况下才最有效率，在过度识别且存在异方差的情况下，最有效率的估计方法是广义矩估计（Generalized Method of Moments，简称"GMM"），在同方差情况下，GMM与2SLS等价（Hansen，1982）。有研究发现，OLS估计下教育变量的估计系数显著为负，然而采用GMM估计后教育对经济增长率的估计系数显著为正（姚先国，张海峰，2008）。还有一些研究发现，在未使用工具变量时教育的估计系数不显著，当使用了工具变量后教育变量的估计系数变为显著为正（王弟海，陈理子，张晏，2017）。工具变量法是单方程估计法，但是在经济系统中，变量间往往存在相互依存、互为因果的关系，此时就需要进行"系统估计"。多方程系统估计主要分为两类：一类是联立方程组，即一个方程的解释变量是另一个方程的被解释变量；另一类是似不相关回归，即各方程变量间没有内在联系，但各方程扰动项之间存在相关性。有研究发现，当使用OLS估计时，中国高校人数比例与经济增长的关系系数在大部分情况下并不显著，然而采用似然不相关回归后，人力资本存量的估计系数变得显著（沈坤荣，耿强，2001）。

此外，教育对经济增长研究的异质性还源于所用数据结构的差异，不同时期不同区域的样本、不同类型（截面、时间序列、面板）数据结构、不同的教育指标都会成为研究结果异质性的来源。早期研究中多使用截面数据或时间序列数据（郭志仪，逯进，2006；李玲，2004；谢承华，2012；叶茂林，郑晓齐，王斌，2003），后期研究中多使用更为丰富的面板数据（陈洪安，李国平，江若尘，2010；高蓓，沈悦，李萍，2009；王志扬，宁琦，2016；张秀武，刘成坤，赵昕东，2018）。面板数据不仅可以获得更多的个体动态信息，更容易避免多重共线性，在一定程度上解决不随时间、体现个体异质性的遗漏变量问题。在教育变量的指标选择上，大多数文献主要采用数量和质量两类指标。数量指标中包括绝对和相对指标两类，一是绝对指标，一般用平均受教育年限或受教育年限总和表示（范柏乃，来雄翔，2005；胡永远，刘智勇，2004；金相郁，段浩，2007；岳蓓，彭宇文，2012）；二是相对指标，一般用各级受教育程度的人口占比以及各级教育入学率表示（方超，罗英姿，2017；解垩，2005；王磊，2011；周晓，朱农，2003）。质量指标则包括教育投入和产出两类，一是基于投入的质量指标，一般用学校生师比、生均教育经费、政府教育支出占 GDP 比重等衡量（郭凤英，2013；刘晔，黄承键，2009；王敏，金春红，张刚，2019；张海峰，姚先国，张俊森，2010；周泽炯，马艳平，2017）；二是基于产出的质量指标，一般用能力指标（通常以数学、科学和阅读等考试成绩作为代理变量）来衡量，有跨国研究表明一旦考虑了以国际测试成绩作为教育质量代理变量时，教育数量的影响变得不显著，而教育质量则对经济增长有很强的正向促进作用（Hanushek & Wößmann，2011）。目前囿于国内关于认知能力追踪数据相对缺乏，还鲜有研究探讨以能力测度的教育质量对中国经济增长的作用。由于中国经济发展具有独特的阶段性特征，因此估计教育在经济增长中作用的关键问题就是选择的教育指标能否实质性地捕捉到各个发展阶段的教育特征变化，只有指标设定正确才能准确地测量中国教育对经济增长的贡献（杜育红，赵冉，2020）。

从现有实证研究结果来看（如表 4—2 所示），大多数实证结果支持了教育促进了中国经济增长这一命题。626 个模型结果中 392 个表现为正向作用、75 个负向效应、159 个不显著。综合现有实证研究，虽然正向效应的结果占有63%的比重，由于各个文献中模型设定、统计方法及样本数据等因素的差异，都会导致研究者得出不一致的结论。因此反映教育影响效应的参数估计值就会出现正值或负值，参数估计值相应的 t 值同样也会出现正值或负值。发表偏误指的是结论为教育具有显著影响效应的论文要比影响效应不显著的论文更容易发表，或权威期刊更倾向于发表得到正向影响效应的论文。针对现有研究中教育对经济增长影响的争议，本书尝试借助 Meta 回归分析方法就教育对经济增长影响的结构效应进行检验，探索不同研究背后隐藏的原因，进而为我们的分析提供一个稳健的结果。

表4—2 中国教育与经济增长关系的实证文献统计

变量		具体衡量指标	正向	负向	不显著	合计
因变量设定	水平值	GDP 水平值	213	41	68	322
	增长率	GDP 增长率	179	34	91	304
教育变量设定	水平值	教育变量水平值	309	64	115	488
	增长率	教育变量增长率	83	11	44	138
教育指标	数量	平均受教育年限	211	17	63	291
		教育入学率	42	6	18	66
		高等教育程度人口或比例	22	0	7	29
	质量	生师比	16	16	20	52
		教育经费	101	36	51	188

第二节 Meta 回归分析：数据、方法与估计

一 一般形式的增长模型

教育对经济增长作用的估计方程大多数基于卢卡斯及曼昆、罗默和韦尔的框架进行变形，形成一般面板数据形式的增长模型，如式4.1所示：

$$\ln y_{it} = \beta_0 + \beta_1 \ln ed\,u_{it} + \beta_2 \ln k_{it} + Z\beta_Z + \eta_i + \mu_t + \varepsilon_{it} \quad (4.1)$$

其中，下标 i 和 t 分别表示地区和时间，y 表示人均产出，edu 表示教育或人力资本，k 表示物质资本，β_1 则表示教育对经济增长的弹性。Z 为一组控制变量，η_i 是不随时间变化的地区非观测效应，μ_t 为时间效应，ε_{it} 为随机扰动项。

在面板数据条件下，由于地区固定效应与其他解释变量之间通常是相关的，一般应用差分固定效应变换来消除式 4.1 中未观测的地区固定效应，如式 4.2 所示：

$$\ln y_{it} = \beta_1 \ln edu_{it} + \beta_2 \ln k_{it} + Z\beta_Z + \mu_t + \varepsilon_{it} \quad (4.2)$$

根据新经济增长理论，教育与全要素生产率都是促进经济可持续增长的重要因素，教育除了直接影响经济增长外，还会通过影响技术进步来促进经济增长，一般地，通过面板数据模型 4.3 探索这一作用机制，其中教育是技术进步 A 的增函数：

$$\ln y_{it} = \ln A(edu_{it}) + \beta_2 \ln k_{it} + Z\beta_Z + \mu_t + \varepsilon_{it} \quad (4.3)$$

假定技术进步以给定的外生增长率 η 变化，方程 4.3 可简化为如下形式：

$$\Delta \ln y_{it} = \eta_i + \beta_1 \ln edu_{it} + \beta_2 \Delta \ln k_{it} + \Delta Z\beta_Z + \mu_t + \Delta \varepsilon_{it} \quad (4.4)$$

二 模型设定、样本与数据

目前国内关于教育与经济增长关系的综述和实证研究非常丰富，但鲜有运用元分析（Meta Analysis）方法对这一研究的实证论文进行数量化的系统研究。Meta 分析的概念是由美国心理学家、统计学家格拉斯（Glass, G. V.）于 1976 年首次提出并正式应用，是对统计结果的再统计（Glass, 1976）。至 20 世纪 90 年代，该方法已经成为人文社科和自然科学领域最先进的文献回顾性分析方法，它克服了传统文献综述的缺陷，可以回答原单个研究未提出的问题，并且有助于甄别在发表过程中可能存在的发表偏误问题以提高研究的精度。Meta 回归分析（Meta-Regression Analysis），也称荟萃分析，是依托具有某一可比特性的实证研究文献探究研究间异质性的来源及大小，可有效度量由于模型设定、统计方法及研究数据集等的特征差异对研究结果不一致的影响程度（Weichselbaumer & Winter-Ebmer, 2005; 刘泽云，刘佳璇，2020；彭俞超，顾雷雷，2014）。Meta 回归运用系统全面的量化方法解释并综合相关文献中的某个参数，还在一定程度上回避了原始文献可能存在的选择性偏误等问题。因此，针对现有研究中教育对经济增长作用方向及大小的争议，本书在比较分析现有实证文献的结果差异，利用 Meta 回归分析方法，探讨中国教育发展与经济增长之间关系的实证研究结果是否受到具体研究特征的影响，并运用漏斗不对称检验法验证发表偏倚的存在性，进而在一定程度上检验实证结果的可靠性与适用性。

一般地，随机效应模型认为实证研究中效应值 β_i 的大小取决于各项研究特征、自身抽样误差以及效应值在不同研究间的随机分布（μ_i），并将误差项的方差分解为研究间和研究内方差，μ_i 的方差 δ_i^2 为研究间方差，而固定效应模型假定不存在研究间方差显然不太符合现实情况，因此本书使用随机效应模型，通常使用 $1/(\hat{\beta}_i^2 + \hat{\delta}_i^2)$ 作为权重并采用约束最大似然估计法对式（4.5）进行估计。

$$\hat{\beta}_i = \beta_0 + \sum_{k=1}^{K} \gamma_k Z_{ik} + \mu_i + \varepsilon_i \quad (4.5)$$

我们选取"中国知网（CNKI）""万方数据""维普期刊资源整合服务平台"作为搜索中国教育和经济增长相关研究文献的数据库，为了更全面地搜集相关文献，根据关键词和主题多次搜索，关键词包括"教育""经济增长""人力资本"，主题包括"教育与经济增长的关系""教育对经济增长的作用""教育对经济增长的影响""教育对经济增长的贡献"等。最终在结果中筛选出纳入教育与经济增长关系元分析的文献共 60 篇，共计 626 个回归方程（如表 4—3 所示），有研究指出环境经济学领域 Meta 分析中平均包含了 92 个研究方程，相比之下我们的样本是比较充足的。具体筛选的标准为：首先，如果研究样本没有基于中国的数据则剔除，纯理论研究或综述类文献予以删除；其次，本书主要研究中国教育与宏观经济增长的关系，不考虑教育与私人收入（个人教育回报率），如果文章是关于私人的教育回报率则剔除；同时，研究中估计结果完整，并且报告了估计系数的标准误，或可转换为标准误的 t 统计量，缺少估计值或标准误（或者 t 统计量）的文献予以剔除。最后，剔除掉部分质量较低的文献。626 个方程中教育的影响效应估计值的算术平均值为 0.263，但不同文献之间的平均值差异较大，存在明显的异质性。

表4—3　教育对中国经济增长影响效应的元分析文献基本情况

文献	方程数	平均值	文献	方程数	平均值
胡永远（2003）	11	-0.013	陈仲常、马红旗（2011）	3	2.550
周晓等（2003）	8	0.418	毛盛勇、刘一颖（2010）	2	0.018
胡永远等（2004）	1	0.204	谭永生（2006）	1	0.426
李玲（2004）	2	0.356	罗良清、尹飞霄（2013）	3	0.289
范柏乃、来雄翔（2005）	4	0.278	郑鸣、朱怀镇（2007）	91	0.168
胡永远、刘智勇（2004）	28	0.514	龙翠红（2008）	2	0.049
解垩（2005）	14	0.094	刘智勇等（2008）	8	0.115
梁昭（2000）	1	0.156	于东平、段万春（2011）	4	-2.600
郭志仪、逯进（2006）	8	0.407	崔巍（2019）	8	-0.093
姚先国、张海峰（2008）	13	0.013	王敏等（2019）	1	0.142
王家赠（2002）	3	-0.002	张爱芹、高春雷（2019）	3	0.258
祝树金、虢娟（2008）	34	0.384	李立国（2019）	6	0.387
刘穷志、何奇（2013）	22	0.594	黄海军（2012）	4	0.182
金相郁、段浩（2007）	3	0.037	雷鹏（2011）	2	0.161
黄燕萍等（2013）	59	0.283	薛海平等（2021）	12	0.132
赖明勇等（2005）	12	0.592	崔玉平（2007）	2	-0.257
刘文革等（2008）	1	0.296	高驰（2006）	4	0.437
李勋来等（2005）	3	0.391	杨晓华、卢永艳（2005）	2	0.220
王弟海等（2017）	52	0	叶茂林等（2003）	2	0.170
周宏等（2012）	4	0.158	高蓓等（2009）	4	0.084
岳蓓、彭宇文（2012）	1	2.316	王志扬、宁琦（2016）	4	0.464
谢承华（2012）	1	0.312	朱健（2020）	1	0.746

续表

文献	方程数	平均值	文献	方程数	平均值
王磊（2011）	33	0.108	吴文辉（2010）	1	0.087
陈洪安等（2010）	3	1.068	张海峰等（2010）	20	0.037
梁双陆、张利军（2016）	4	0.165	Li, T. 等（2016）	64	0.116
郭凤英（2013）	1	0.625	杜育红、赵冉（2018）	16	0.148
方超、罗英姿（2017）	2	0.115	王征宇（2011）	5	0.069
周泽炯、马艳平（2017）	5	0.104	刘晔、黄承键（2009）	6	0.389
王爱民、徐翔（2009）	1	0.084	钟水映等（2016）	4	-0.029
李忠强（2005）	5	0.234	张秀武等（2018）	2	0.116
总计	626	0.263			

根据本书研究目的，我们还选择了以下三个因变量：显著性、正向显著性和负向显著性。用于元分析的因变量值由 t 统计量判断实证研究文献中变量间的显著性关系后赋值。

（1）显著性。当教育对中国经济增长有显著性影响时赋值为1，其余赋值为0。

（2）正向显著性。当教育对中国经济增长有正向显著影响时赋值为1，其余赋值为0。

（3）负向显著性。当教育对中国经济增长有负向显著影响时赋值为1，其余赋值为0。

在调节变量方面，我们选取以下变量作为 Meta 回归分析的调节变量。

第一，从样本上看，用样本的起止年份衡量时间这一变量的影响，选择模型中中国分省数据涉及的省份数量衡量区域因素的影响。由于同一篇实证论文中往往会采用不同的模型对相似或者相同变量进行回归估计，同时同一篇文献的研究特征大部分相同，因此可能造成数据间的不独立问题，我们参考魏克塞尔鲍默的方式（Weichselbaumer & Winter-Ebmer, 2005）利用文献模型数量权重处理可能产生的误差问题。

第二，从变量设定形式上看，用虚拟变量 Gr_y 表示被解释变量使用增长率形式，用虚拟变量 $level_y$ 表示被解释变量使用水平值形式；用虚拟变量 Gr_x 表示教育变量使用增长率形式，用虚拟变量 $level_x$ 表示教育变量使用水平值形式。

第三，从教育指标选择上看，用虚拟变量 Enroll 表示使用入学率作为教育的代理变量，用虚拟变量 Sch 表示使用受教育年限，用虚拟变量 St 表示使用生师比，用虚拟变量 Expen 表示使用教育经费，用虚拟变量 Ter 表示使用受高等教育人口或占比作为教育代理变量。

第四，从估计方法上看，用虚拟变量 Iv 表示研究中使用的方法，取值为 1 表示使用工具变量方法，取值为 0 表示未使用工具变量法。

第五，从数据结构上看，用虚拟变量 Panel 表示使用面板数据，用虚拟变量 Time 表示使用时间序列数据。

第六，从控制变量上看，用虚拟变量 open 表示模型解释变量考虑中国对外开放程度的影响，用虚拟变量 Gov 表示模型解释变量考虑政府支出的影响。

表4—4显示了用于本书元分析的变量与数据基本信息。

表4—4　　　　　　　　　　元分析使用的变量列表

变量名	变量定义	均值	样本数
因变量			
显著性 Sig	1＝教育对中国经济增长有显著性影响	0.746	626
正向显著 Pos	1＝教育对中国经济增长有正向的显著性影响	0.626	626
负向显著 Neg	1＝教育对中国经济增长有负向的显著性影响	0.118	626
调节变量			
样本信息			
区域 Region	模型中所研究的中国分省数据涉及的省份数量	22.917	626
起始年份 Start	文献模型搜集数据的起始年份	1993.9	626
终止年份 End	文献模型搜集数据的终止年份	2007.2	626
权重 Weight	每篇文献中模型数量的倒数	0.095	626

续表

变量名	变量定义	均值	样本数
因变量形式 Specification			
经济增长率 Gr_y	1 = 模型的被解释变量使用增长率形式	0.486	626
经济增长自然对数 $level_y$	1 = 模型的被解释变量使用对数线性形式	0.514	626
教育变量形式 form			
教育水平值 $level_x$	1 = 模型使用教育变量水平值形式	0.78	626
教育的增长率 Gr_x	1 = 模型使用教育变量增长率形式	0.22	626
教育变量测量指标 Edu			
各级教育入学率 Enroll	1 = 使用入学率作为教育的代理变量数量	0.105	626
受教育年限 Sch	1 = 使用受教育年限作为教育的代理变量数量	0.465	626
高等教育程度人口/占比 Ter	1 = 使用高等教育人口/占比作为教育代理变量数量	0.046	626
生师比 Student-teacher	1 = 使用生师比作为教育的代理变量质量	0.083	626
教育经费 Expen	1 = 使用教育经费作为教育的代理变量质量	0.301	626
数据结构 Data			
时间序列 Time-series	1 = 使用时间序列数据	0.125	626
面板数据 Panel	1 = 使用面板数据	0.875	626
估计方法 Method			
IV	1 = 研究采用工具变量法控制内生性	0.211	626
控制变量 Control			
Open	1 = 当模型考虑对外开放水平	0.173	626
Gov	1 = 当模型考虑政府财政的能力	0.187	626

根据 Meta 回归方程的一般形式，我们构建了以下估计方程：

$$Significance = F\begin{pmatrix} Specification, Form, Edu, Method, Data \\ Weight, Region, Start, End, Open, Gov \end{pmatrix} \quad (4.6)$$

$$Positive = \begin{pmatrix} Specification, Form, Edu, Method, Data \\ Weight, Region, Start, End, Open, Gov \end{pmatrix} \quad (4.7)$$

$$Negative = F\begin{pmatrix} Specification, Form, Edu, Method, Data \\ Weight, Region, Start, End, Open, Gov \end{pmatrix} \quad (4.8)$$

由于因变量是二分虚拟变量，因此我们运用 Probit 模型分别对方程4.6—方程4.8）进行 Meta 回归分析。

三 Meta 回归估计结果

首先，我们以教育对经济增长作用的估计值为因变量，基于式4.5使用随机效应模型进行 Meta 回归，回归结果如表4—5所示。其中 I_{res}^2 统计量在模型4.1—4.5中均在98.6%左右，意味着在残差的变异中有约98.6%可归因于研究之间的变异，反映出不同研究之间的异质性很强。整体来看，第一，研究使用的数据类型对教育在经济增长中估计的效应值存在显著影响，即使用时间序列数据估计的效应值要高于面板数据。第二，样本初始时间越靠后，教育在经济增长中作用的效应值越大。第三，研究中被解释变量的类型对估计效应值存在显著影响，即使用经济增长率形式估计的效应值低于经济增长水平值形式。第四，研究使用的教育指标对估计结果有显著影响，如使用受教育年限数据估计的效应值显著高于使用其他指标，使用教育经费数据得到的效应值显著低于使用其他指标。第五，考虑政府支出变量的估计效应值高于未加入该控制变量时的估计结果。进一步我们分析不同显著性下研究特征对教育在经济增长中作用估计的影响。

表 4—5　　　　中国教育对经济增长的 Meta 回归估计结果

调节变量	（1）	（2）	（3）	（4）	（5）
Iv	-0.0091	-0.0090	-0.0089	-0.0098	-0.0083
	(0.0266)	(0.0266)	(0.0267)	(0.0268)	(0.0265)
Data	-0.1322***	-0.1218**	-0.1352***	-0.1330***	-0.1135**
	(0.0486)	(0.0486)	(0.0483)	(0.0483)	(0.0497)
Start	0.0051***	0.0040***	0.0046***	0.0047***	0.0046***
	(0.0016)	(0.0014)	(0.0013)	(0.0013)	(0.0013)
End	0.0010	0.0017	0.0016	0.0016	0.0011
	(0.0021)	(0.0016)	(0.0016)	(0.0016)	(0.0017)

续表

调节变量	（1）	（2）	（3）	（4）	（5）
form	0.0149	0.0175	0.0146	0.0160	0.0173
	(0.0208)	(0.0209)	(0.0209)	(0.0210)	(0.0208)
Specification	-0.1142***	-0.1361***	-0.1150***	-0.1159***	-0.1382***
	(0.0201)	(0.0229)	(0.0202)	(0.0202)	(0.0240)
Region	-0.0096***	-0.0093***	-0.0095***	-0.0095***	-0.0096***
	(0.0015)	(0.0015)	(0.0015)	(0.0015)	(0.0014)
Open	0.0198	0.0218	0.0202	0.0170	0.0201
	(0.0198)	(0.0196)	(0.0201)	(0.0196)	(0.0194)
Gov	0.0630*	0.0848**	0.0705**	0.0723**	0.0761**
	(0.0357)	(0.0335)	(0.0330)	(0.0329)	(0.0327)
Weight	-0.0058	-0.0204	-0.0160	0.0023	-0.0254
	(0.0622)	(0.0611)	(0.0614)	(0.0644)	(0.0613)
Enroll	0.0251				
	(0.0416)				
Sch		0.0321*			
		(0.0167)			
St			-0.0125		
			(0.0253)		
Ter				-0.0269	
				(0.0337)	
Expen					-0.0379*
					(0.0210)
I_{res}^2	98.62%	98.65%	98.66%	98.66%	98.60%
Adjusted R^2	0.368	0.351	0.345	0.344	0.373
N	626	626	626	626	626

以"教育对中国经济增长有显著影响"为因变量的回归结果呈现在表4—6中，其中，调节变量"估计方法、起始年份、教育变量和被解释变量的设定形式、区域和政府支出控制变量"的影响系数具有不同水平的显著性，表明它们对实证结果有显著影响。使用工

具变量、区域变量、使用因变量和教育变量增长率形式在显著性水平上负向影响了实证研究结果，说明使用因变量和教育变量增长率形式会显著降低显著性效应的概率，选取样本区域覆盖面越小，显著效应越可能出现，通过提早样本起始年份扩大样本事件范围的模型可能得到教育与经济增长的显著影响关系，同时运用工具变量法估计也会显著降低显著性效应的概率，这也反映出在后续研究中要注重多种估计方法的使用对研究结论的影响。政府支出的系数显著为正，说明增加政府支出变量会显著增加研究中显著性效果的结果，说明政府支出对经济增长的重要贡献，遗漏该变量可能会扭曲实证研究结果。从教育变量的指标测量上看，使用入学率和教育经费数据会显著降低显著性效应的概率，使用受教育年限数据会显著增加显著性效应的概率，使用生师比或高等教育人口比重等变量的系数都不显著，表明他们并未显著影响实证研究结果。

表4—6　中国教育对经济增长有显著影响的 Meta 回归估计结果

调节变量	(1)	(2)	(3)	(4)	(5)
Iv	−0.5267**	−0.6438***	−0.6151***	−0.6175***	−0.6228***
	(0.2401)	(0.2428)	(0.2336)	(0.2333)	(0.2336)
Data	0.3253	0.5049	0.3137	0.3373	0.3829
	(0.3197)	(0.3275)	(0.3164)	(0.3185)	(0.3193)
Start	−0.0446***	−0.0227**	−0.0166*	−0.0161*	−0.0139
	(0.0124)	(0.0098)	(0.0095)	(0.0094)	(0.0094)
End	0.0561***	0.0093	0.0074	0.0079	0.0044
	(0.0193)	(0.0157)	(0.0148)	(0.0148)	(0.0150)
form	−0.3798**	−0.3773**	−0.3158*	−0.3187*	−0.3214*
	(0.1707)	(0.1677)	(0.1663)	(0.1665)	(0.1658)
Specification	−0.4970**	−0.6236***	−0.3379*	−0.3389*	−0.4588**
	(0.1983)	(0.2044)	(0.1897)	(0.1896)	(0.1994)
Region	−0.0265***	−0.0182**	−0.0221**	−0.0235***	−0.0229***
	(0.0087)	(0.0087)	(0.0088)	(0.0087)	(0.0086)

续表

调节变量	(1)	(2)	(3)	(4)	(5)
Open	-0.1094	-0.0684	0.0392	0.0224	0.0097
	(0.1885)	(0.1868)	(0.1820)	(0.1822)	(0.1813)
Gov	1.7483***	1.3512***	1.0740***	1.0985***	1.1438***
	(0.3114)	(0.2703)	(0.2483)	(0.2459)	(0.2482)
Weight	-0.1925	0.2355	0.2509	0.3439	0.2812
	(0.4872)	(0.4690)	(0.4711)	(0.4939)	(0.4659)
Enroll	-1.6454***				
	(0.3896)				
Sch		0.6064***			
		(0.1483)			
St			-0.1528		
			(0.2024)		
Ter				-0.0947	
				(0.2757)	
Expen					-0.2756*
					(0.1465)
对数伪似然值	-319.6	-320.4	-329.0	-329.2	-327.5
χ^2（联合显著性）	70.26***	68.63***	51.56***	51.11***	54.52***
N	626	626	626	626	626

表4—7是以"教育对中国经济增长有正向显著影响"为因变量的回归结果，从教育变量的测量上看，使用入学率、生师比和教育经费数据会显著降低正向显著性效应的概率，使用受教育年限数据会显著增加正向显著性效应的概率，且使用受教育年限指标的情况下，运用面板数据会显著提升正向显著性效应的概率。调节变量"使用工具变量法，起始年份，教育变量的形式"系数都不显著，表明它们并未显著影响实证研究结果。被解释变量使用经济增长率形式会显著降低正向显著性效应的概率，说明使用GDP绝对数作为因变量来衡量教育对经济增长的影响时，更可能得到显著的正向影响结果。

表 4—7 　中国教育对经济增长有显著正向影响的 Meta 回归估计结果

调节变量	(1)	(2)	(3)	(4)	(5)
Iv	-0.2746	-0.3523	-0.3390	-0.3257	-0.3638
	(0.2250)	(0.2313)	(0.2251)	(0.2225)	(0.2246)
Data	0.3535	0.5311*	0.2923	0.2984	0.4276
	(0.3084)	(0.3193)	(0.3078)	(0.3086)	(0.3135)
Start	-0.0079	-0.0051	0.0021	0.0022	0.0050
	(0.0099)	(0.0087)	(0.0084)	(0.0084)	(0.0084)
End	0.0422**	0.0269*	0.0193	0.0240*	0.0161
	(0.0165)	(0.0141)	(0.0134)	(0.0133)	(0.0136)
form	0.0160	-0.0540	0.0406	0.0490	0.0112
	(0.1607)	(0.1602)	(0.1594)	(0.1596)	(0.1586)
Specification	-0.6823***	-0.9436***	-0.6111***	-0.6296***	-0.8043***
	(0.1855)	(0.1944)	(0.1820)	(0.1823)	(0.1897)
Region	-0.0440***	-0.0364***	-0.0379***	-0.0424***	-0.0415***
	(0.0086)	(0.0086)	(0.0087)	(0.0085)	(0.0085)
Open	0.3177*	0.2047	0.4000**	0.4005**	0.3244*
	(0.1812)	(0.1836)	(0.1792)	(0.1791)	(0.1779)
Gov	1.3232***	1.3439***	1.0080***	1.0888***	1.1443***
	(0.2567)	(0.2451)	(0.2311)	(0.2269)	(0.2307)
weight	0.8580*	0.9221*	0.8684*	0.8572*	0.9650**
	(0.4972)	(0.4803)	(0.4824)	(0.5022)	(0.4792)
Enroll	-0.6778**				
	(0.3252)				
Sch		0.7495***			
		(0.1392)			
St			-0.5393***		
			(0.2033)		
Ter				0.3359	
				(0.2743)	
Expen					-0.4904***
					(0.1362)

续表

调节变量	(1)	(2)	(3)	(4)	(5)
对数伪似然值	-372.9	-359.8	-371.5	-374.3	-368.6
χ^2（联合显著性）	81.73***	108.0***	84.58***	78.88***	90.29***
N	626	626	626	626	626

表4—8是以"教育对中国经济增长有负向显著影响"为因变量的回归结果，其中调节变量"起始年份、结束年份、教育变量和被解释变量的设定形式、区域、对外开放控制变量和模型权重变量"的影响系数具有不同水平的显著性，表明它们对负向实证结果有显著影响。从教育变量的测量上看，使用生师比和教育经费数据会显著增强负向显著性效应的概率，使用受教育年限和入学率数据会显著降低负向显著性效应的概率。被解释变量使用经济增长率形式会显著增强负向显著性效应的概率，说明使用GDP增长率作为因变量来衡量教育对经济增长的影响时，更可能得到显著的负向影响结果。

表4—8 中国教育对经济增长有显著负向影响的Meta回归估计结果

调节变量	(1)	(2)	(3)	(4)
Iv	-0.3641	-0.4308	-0.4785	-0.4088
	(0.3157)	(0.3277)	(0.3228)	(0.3232)
Data	-0.1403	-0.1998	-0.1252	-0.2060
	(0.5969)	(0.5811)	(0.5750)	(0.5936)
Start	-0.0517***	-0.0313***	-0.0351***	-0.0379***
	(0.0135)	(0.0119)	(0.0115)	(0.0118)
End	-0.0082	-0.0461**	-0.0370*	-0.0358*
	(0.0228)	(0.0198)	(0.0190)	(0.0193)
form	-0.8856***	-0.7797***	-0.8856***	-0.7520***
	(0.2617)	(0.2561)	(0.2598)	(0.2556)
Specification	0.7250***	0.9869***	0.8163***	0.9622***
	(0.2567)	(0.2641)	(0.2520)	(0.2613)

续表

调节变量	(1)	(2)	(3)	(4)
Region	0.0562***	0.0509***	0.0501***	0.0573***
	(0.0175)	(0.0169)	(0.0171)	(0.0173)
Open	-1.1102***	-0.9224***	-1.0933***	-0.9371***
	(0.3119)	(0.3156)	(0.3123)	(0.3138)
Gov	0.0168	-0.4200	-0.2038	-0.3709
	(0.3307)	(0.3213)	(0.3151)	(0.3131)
weight	-4.2463***	-3.1406**	-3.0559**	-3.3029**
	(1.3684)	(1.2338)	(1.2543)	(1.2883)
Enroll	-1.0681**			
	(0.4498)			
Sch		-0.4193**		
		(0.1884)		
St			0.4808**	
			(0.2216)	
Expen				0.4116**
				(0.1813)
对数伪似然值	-190.5	-190.8	-191.1	-190.8
χ^2（联合显著性）	77.89***	77.24***	76.81***	77.40***
N	626	626	626	626

*** 由于29个使用高等教育人口或占比指标的模型均表现为非负向显著性，无法对是否采用高等教育人口或占比指标的影响进行拟合，因此模型中剔除 Ter 变量。

综上可知，教育对中国经济增长的不同实证研究结果受到不同研究特征的影响，这也要求我们在进行实证研究时要注意相关因素的考虑。以上结论表明，教育测量指标的选择会显著影响教育与经济增长关系的研究结论，而无论使用哪种教育测量指标，因模型设定带来的估计偏误均会显著影响教育和经济增长之间关系的确定。这也反映了一个问题，教育和经济增长的正向作用关系是否稳健？教育通过何种机制作用于经济增长以及选择何种理论模型？增长率和绝对数哪一个才是合适的因变量，这也是后续研究应从理论和技术层面进行考虑的关键。

第三节 发表偏误估计

从发表角度来说，一般来说能够得出显著性的实证研究结果更容易被发表，也就是说可能存在发表偏误（publication bias）问题，而发表偏误较大则会影响 Meta 分析的可靠性，对于小样本的元分析而言，发表偏误会导致元分析效应合并值的高估。因此，对发表偏误进行检验可以发现已发表相关研究结论中对研究结果造成影响的因素及其可能影响路径，为后续教育与经济增长领域研究更好地避免发表偏误提供依据。

目前对发表偏倚估计的常用识别方法有漏斗图、线性回归分析等方法。漏斗图是以纳入元分析中的文献效应值为横坐标，以标准误差为纵坐标绘制而成的散点图，根据图中散点的对称性可以判断纳入元分析的文献是否存在发表偏倚。如果不存在发表偏倚，则漏斗图中的点会以真实值为轴对称分布，对称的程度越高，发表偏倚就越小。如图4—1 至图4—6 所示，纳入元分析的整体研究以及在使用入学率、受教育年限、高等教育人数/占比教育指标的情况下，研究数主要集中在效应点的右侧，而使用生师比和教育经费数据情况下，研究数主要集中在效应点的左侧，可见教育与经济增长研究可能存在发表偏误问题。此外，基于线性回归的漏斗不对称检验（Funnel Asymmetry Tests，FAT）的识别结果显示存在显著的正向偏倚，即实证结果显著为正的文献被发表的可能性更高，也意味着现有实证研究结果可能没有反映真实的经验效应。由于高等教育人数占比指标数据的样本量过低，我们需要谨慎对待这一结果。

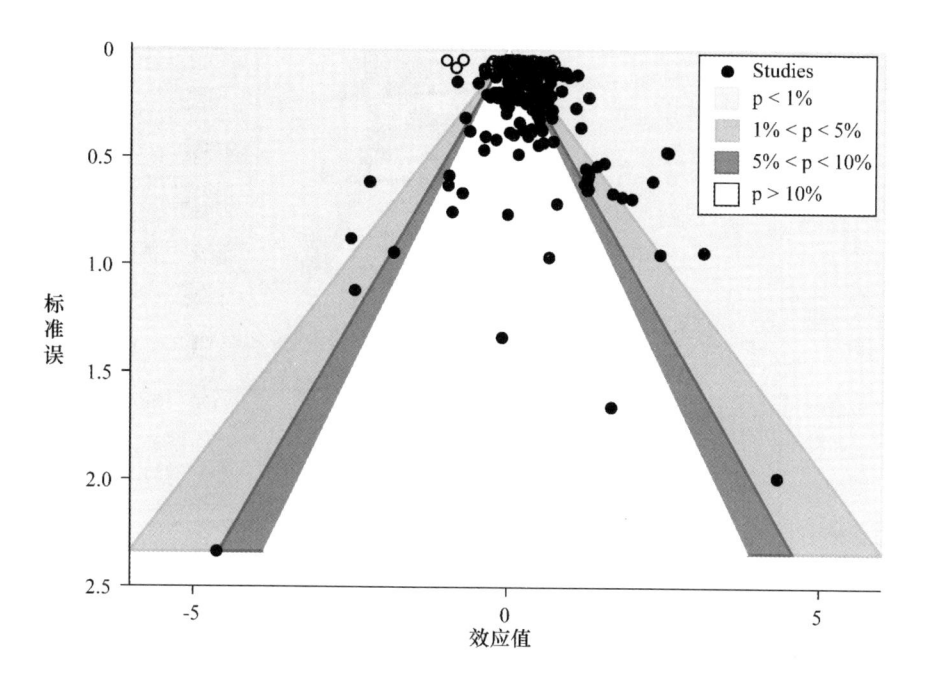

第四章　教育对中国经济增长影响效应的元分析　　109

图 4—1　整体漏斗

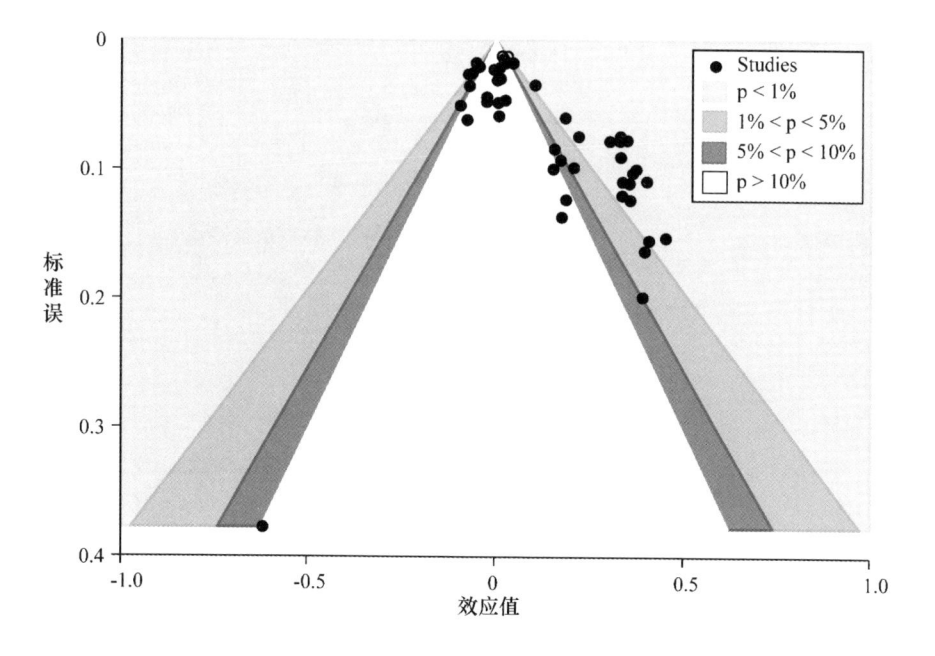

图 4—2　使用入学率数据漏斗

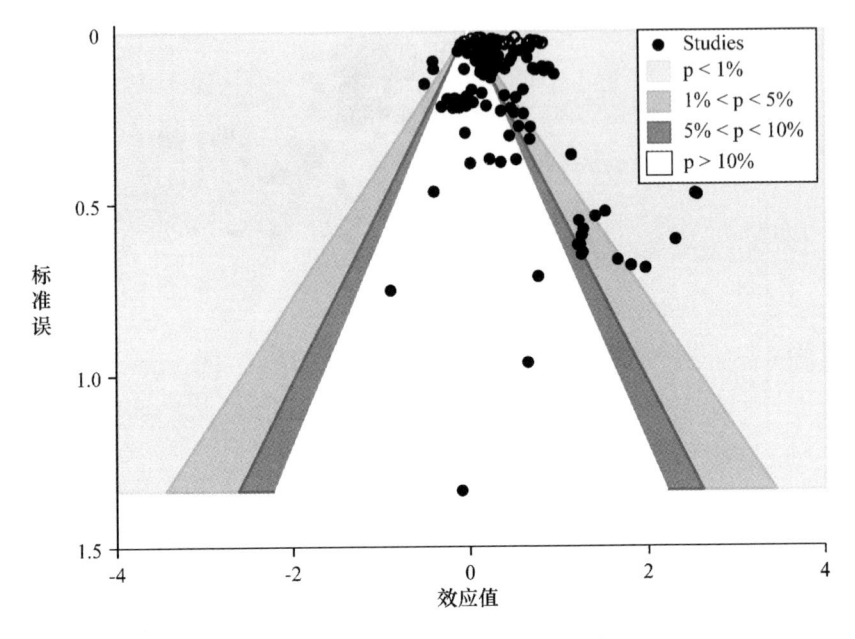

图 4—3　使用受教育年限数据漏斗

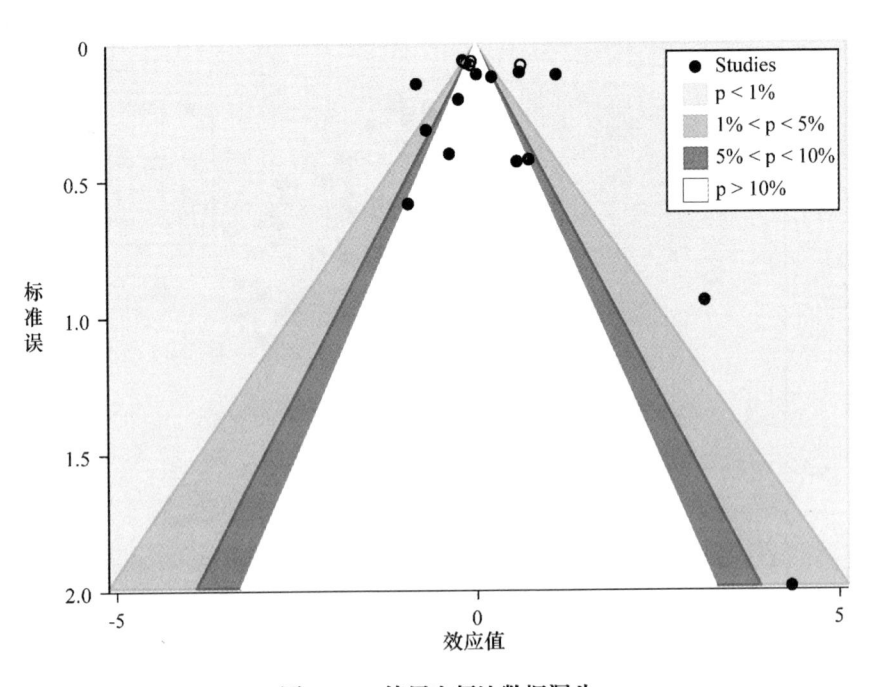

图 4—4　使用生师比数据漏斗

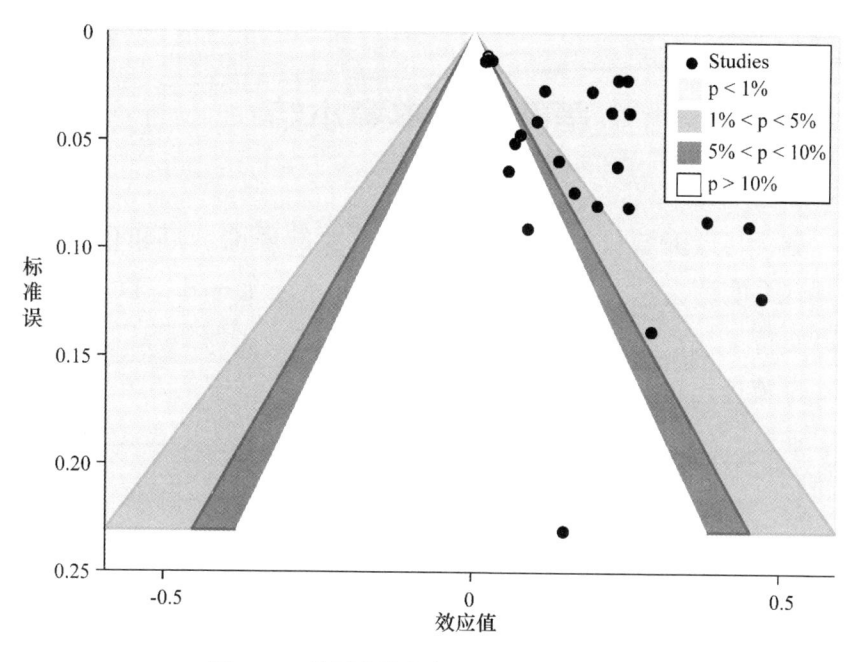

图4—5 使用高等教育人数/占比数据漏斗

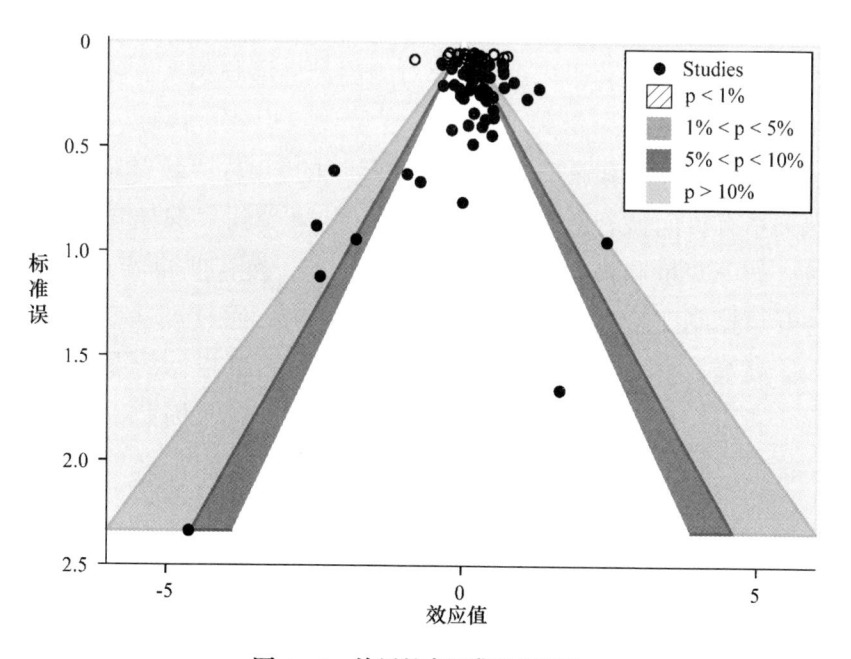

图4—6 使用教育经费数据漏斗

第四节　本章小结

教育与经济增长的关系研究具有重要的理论价值和现实意义。纵观现有实证文献，我们发现研究结论并不完全一致，仅有63%的文献支持了教育在经济增长中的正向效应这一主流观点。因此，本书通过梳理比较60篇基于中国数据的实证文献中的626个研究结果，通过元分析和发表偏误分析，对既有实证结果的稳健性和偏倚性进行检验，克服了以往文献未考虑研究的异质性和发表偏误的缺陷。元分析的结果表明，教育在经济增长中作用的估计结果在不同研究之间存在明显的异质性，而且受到估计方法、模型设定、数据结构等一系列研究特征的影响。其中"教育对中国经济增长关系有显著性效应"的实证研究结果受到调节变量"估计方法、起始年份、教育变量和被解释变量的设定形式、教育测量指标、区域和政府支出控制变量"的显著影响；"教育对中国经济增长关系有正向显著效应"的实证研究结果受到"被解释变量设定形式、区域、教育测量指标以及对外开放和政府支出控制变量"的影响；"教育对中国经济增长关系有负向显著效应"的实证研究结果受到"起始年份、结束年份、教育变量和被解释变量的设定形式、教育测量指标、区域、对外开放控制变量和模型权重变量"的影响。通过入学率、受教育年限、高等教育人数或占比、教育经费不同测量指标的漏斗不对称检验，我们发现在样本文献中存在发表偏误问题。因此，无论从研究特征的影响还是发表偏误检验的结果来看，我们都必须谨慎对待现有的实证研究结果。

在本章内容的基础上，我们进一步总结了教育与中国经济增长关系研究中的关键问题，并提出了未来的改进策略：

第一，教育与经济增长关系的研究目的是如何识别增长模型中的因果效应，从而能够为政策实践提供更直接的支撑，而经济增长对教育的反向因果关系在已有研究中反映出值得关注的质疑。从估计方法上看，目前已经有一些研究运用工具变量、矩估计等方法，但是大部分研究仍基于OLS估计教育和经济增长之间的相关关系而非因果关系。基于研究结论中工具变量法估计会影响教育对中国经济增长关系有显著性效应的结论，解决由测量问题、遗漏变量、反向因果等带来的内生性问题以精确识别教育和经济增长之间的因果关系方面仍需要方法上的新尝试，通过借鉴教育经济学领域的最新理论和方法，以及更严谨的研究设计准确地估计教育对中国经济增长的贡献。

第二，从增长理论上看，中国作为一个后发追赶型的二元经济，用40多年的时间走了西方200多年的工业化过程，这40多年的发展很难用西方经济学的某一理论解释。因此寻求教育在中国经济实现快速增长的作用，不从产业和部门的发展来看，一定是不科学的。而国内关于教育对经济增长作用的研究很多运用了索洛的要素分析法进行总量生产函数分析，忽略了中国经济是在劳动力无限剩余型的二元经济上逐步发展起来的现实，直接使用这一方法将存在较大的估计偏误（杜育红、赵冉，2020）。从模型设定上看，部分研究基于卢卡斯的内生增长理论，把人力资本的外部性作为独立的要素纳入经济增长模型，但是大多数研究却采用了线性模型形式估计教育在经济增长中的作用。根据卢卡斯的理论，他将人力资本的影响效应分为内部效应与外部效应，其中内部效应像物力资本一样会出现边际收益递减的问题，而卢卡斯更强调的是人力资本的外部效应，即人力资本促进各种生产要素相互作用的综合效应，以及这种效应对整个社会人力资本水平的影响，但是线性模型的设定方式无法估计出教育和人力资本的外部效应和收益递增的贡献，未来研究可以将非线性关系纳入增长模型，同时结合中国经济发展的阶段特征，分行业和部门讨论教育的贡献，全面估计教育对中国经济增长的作用。同时，到底如何定义教育对经济增长的贡献或作用，增长率和绝对数哪一个是更为合适的因变量。这也是从技术层面要进行考虑的关键，本书在计算时也进行了一定的合并，如将 GDP 增长率和人均 GDP 增长率统一划分为经济增长率，后续研究可以在此基础上做进一步划分，进一步探究由于模型设定带来的估计偏误。

第三，现有研究中最为广泛应用的是以受教育年限衡量教育对经济增长的影响效应，从教育指标的选择上看，数量化指标仅为对人力资本水平的片面化测量，无法衡量教育质量在省际的变化，并且缺乏可比性。目前虽有一些研究开始关注以认知技能水平等测量的教育质量，但囿于国内教育质量数据的局限性，现有指标能否实质性地反映教育数量和质量的变化，应引起更多的关注。中国已经进入高质量发展阶段，在坚持把高质量作为教育改革发展核心的现实背景下，积极开展对教育发展的质量监测，精确估计教育质量对经济增长的作用，有助于全面准确地认识教育的社会收益和外部效应，更好地为高质量教育体系的建设提供科学的理论支持，为新发展格局的构建提供决策参考。

在新一轮技术革命和产业变革的关键时期，在新发展格局下应继续坚持教育优先发展，进一步提高教育和人力资本存量水平，以科技创新催生新发展动能，充分发挥教育的外部效应，依托创新驱动中国经济实现可持续的高质量发展，最终跨越中等收入陷阱。

第 五 章

教育对经济增长的贡献测算

许多古典经济学家都讨论了关于教育或人力资本作为国家财富的重要组成部分,以及教育或人力资本对经济增长的作用及贡献。国内许多学者在分析了国外关于教育对经济增长作用的研究的基础上,考察了中国改革开放40多年来,甚至更早时期教育对经济增长的贡献。但是我们经常看到一些非常重要,但又相互矛盾的观点。一方面一些研究认为改革开放40多年中国经济发展的最重要的一个优势就是人口红利;另一方面,各种关于教育对经济增长贡献的测算发现教育的作用十分有限。近些年来,像深圳、东莞、苏州、杭州、青岛等发展比较快的地区大力引进高水平研究型大学,更多的城市深刻意识到大学对于城市创新发展的核心驱动作用。究竟教育对经济增长的贡献有多大?经济增长更多地来源于要素积累还是效率提升?根据蔡昉的经济增长阶段理论,在不同的经济发展时期,要素作用和效率作用的贡献也处在动态变化之中,教育和人力资本是否具有外部性作用?

本章结构安排如下,首先以蔡昉的经济增长阶段理论为基础,通过全周期和分段估计的方法阐释了中国经济增长的阶段特征,并将这种特征与特定的经济增长模型相结合。依据新古典模型、有效劳动模型和人力资本外部性模型并结合统计数据进行实证研究,在一定程度上为分析中国不同阶段经济增长采用适宜的理论模型提供了选择依据;第二部分运用了状态空间的方法测算了不同时期教育对经济增长的贡献变化;第三部分对比了相近制度以及相近教育水平省份之间教育对经济增长贡献的差异。

第一节 教育对经济增长的贡献测算研究回顾

一 教育对经济增长贡献的文献梳理

衡量教育在经济增长中的作用,其核心问题是计算教育的贡献率,就是要在众多影响经济增长的因素中,将教育的作用分离出来给以定量估计。目前使用增长核算方法计算教育贡献率主要包括5种类型:(1)教育对国民收入的贡献;(2)教育对新增国民收入额的贡献;(3)教育对国民收入增长速度的贡献;(4)教育对新增劳动生产率的贡献;(5)教育对劳动生产率增长速度的贡献。基于不同的理论框架和方法得到的结果差异较大。

在计算教育对经济增长的贡献时有三个关键问题:(1)建立什么样的计量模型;(2)指标形式的确定;(3)如何估计模型中的参数。本书通过对相关文献的梳理回答这三个问题。在产出增长型生产函数的基础上,教育对经济增长作用的模型可以分为两类:一类是产出与各投入的增长率之间关系的增长速度方程、经济增长的因素分析;另一类是具体生产函数形式的衡量产出与各要素投入的绝对量间的关系模型,有一般线性函数和 C-D 函数、CES 函数形式等。其中较为常用的是增长速度方程:

根据产出增长型生产函数的变形 $Y = A_t f(K, L, E)$,对其两端求全导数,则

$$\frac{dY}{dt} = \frac{dA}{dt} f(K, L, E) + \frac{\partial Y}{\partial K}\frac{dK}{dt} + \frac{\partial Y}{\partial L}\frac{dL}{dt} + \frac{\partial Y}{\partial E}\frac{dE}{dt} \quad (5.1)$$

进一步变形,可以得到

$$\frac{\frac{dY}{dt}}{Y} = \frac{\frac{dA}{dt}}{A} + \alpha \frac{\frac{dK}{dt}}{K} + \beta \frac{\frac{dL}{dt}}{L} + \gamma \frac{\frac{dE}{dt}}{E} \qquad (5.2)$$

$$\dot{Y} = \dot{A} + \alpha \dot{K} + \beta \dot{L} + \gamma \dot{E} \qquad (5.3)$$

增长速度方程是在中性技术进步的假设前提下推导得来，其意义是产出的增长由资本和人力资本两要素的增加以及技术进步带来的，同时由于增长速度方程并未确定函数 $f(K,L,E)$ 的具体形式，在应用中具有普遍性，国内外的大量研究均使用该方程进行对比。近年来教育对经济增长的贡献估算主要基于两个角度：一类是国民收入与教育投入绝对量或增量之间的关系研究，另一类是国民收入与教育投入增长率之间的增长速度关系分析。前者包括教育对国民收入的贡献、教育对新增国民收入额的贡献以及教育对新增劳动生产率（人均国民收入）的贡献，主要代表有舒尔茨的"投资增量分析法"。舒尔茨依据各级教育投资的比率计算出美国教育投资的平均社会收益率为 17.3%，按照这一收益率，在 2860 亿美元的教育投资增量中，教育的经济收益为 495 亿美元，它占 1929—1957 年美国新增国民收入 1520 亿美元的 32.6%，因此舒尔茨得到美国教育投资对新增国民收入的贡献为 32.6%。后者包括教育对国民收入增长速度的贡献以及教育对劳动生产率（人均国民收入）增长速度的贡献。这部分研究方法主要集中在以 C-D 生产函数为核心，再利用增长因素分析和回归模型予以扩展计算一些国家和地区教育对经济增长的贡献。许多国外学者利用增长核算进行跨国分析的结果表明教育对经济增长有积极的贡献，其中丹尼森使用经济增长的"因素分析法"将影响经济增长的因素分为生产要素的投入和要素生产率两大类。

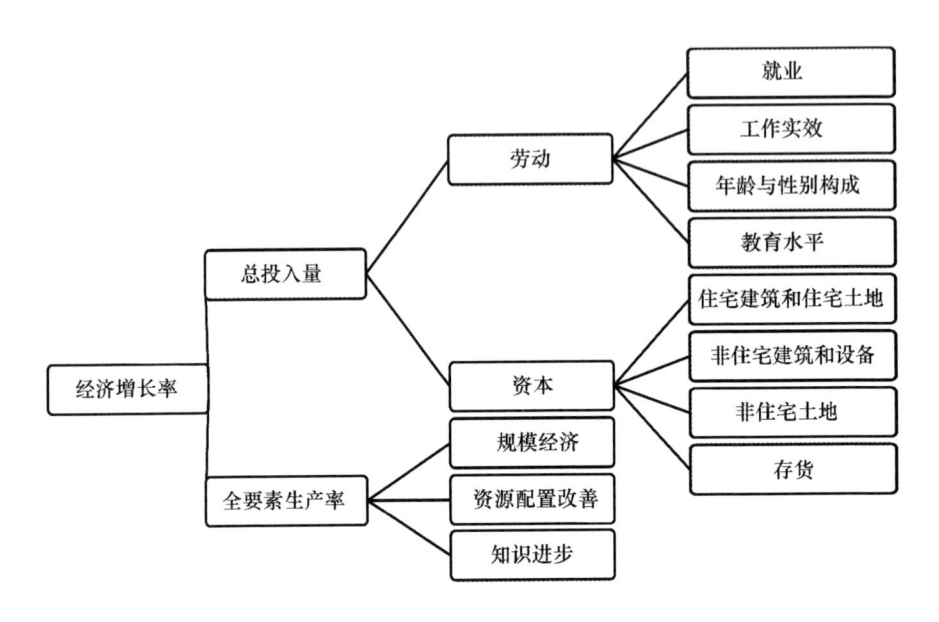

图 5—1　丹尼森的因素分析法

Denison 的基本模型为：

$$\dot{Y} = \sum_{i=1}^{p} w_i x_i + \sum_{j=1}^{q} b_j + a \tag{5.4}$$

其中 $\dot{Y}$ 是国民收入的增长率，x_i 表示第 i 个影响因素的增长率，w_i 表示因素 i 的权重，b_j 表示各不均衡要素（规模经济、部门间资源配置、贸易壁垒、气候对生产的影响等）的增长速度，a 为除 x_i、b_j 因素外的技术进步的速度（Denison，1962）。对美国 1950—1962 年的核算结果显示，要素投入对经济增长的贡献为 60%，技术进步的贡献为 40%。其中乔根森和弗米罗尼（Jorgenson & Fraumeni，1992）核算出 1948—1986 年间影响美国经济增长的因素中人力资本对经济增长的贡献率为 26%，巴罗和李（Barro & Lee，1998）对 100 个国家 1965—1990 年人均产出增长差异的研究表明，25 岁及以上男性中学及以上平均受教育年限每增加一年，促使人均 GDP 增长率提升 1.2%。巴尔达奇等人（Baldacci, Cui, Clements & Gupta, 2004）对 1975—2000 年间 120 个发展中国家的产出水平的跨国研究表明教育支出占 GDP 的比重每提高一个百分点，将促进经济增长率提高 1.4%。Englander & Gurney（1994）利用跨国数据研究 G7 国家中等教育入学率与产出增长率的关系，并通过核算得出中等教育入学率对产出增长的弹性系数为 1.5；Young（1995）运用中国台湾、中国香港、新加坡、韩国四地数据考察受教育年限、有效劳动投入与产出之间的关系，发现技术进步对经济增长的贡献较小，新加坡技术进步对经济增长的贡献仅为 2%，韩国为 17%，中国台湾和中国香港地区分别为 28% 和 30%，同时他还得出劳动力受教育年限每提高一个百分点，将促使有效劳动力投入提升约一个百分点的结论。Griliches（1997）的核算结果显示美国战后经济增长中教育对生产力余值（全要素生产率）的贡献率约为 33%，印证了教育对增长的积极作用。

国内对教育在经济增长中的贡献测算相对起步较晚，部分学者曾经采用舒尔茨的教育投资收益法对中国教育贡献率进行测算，计算教育收益的模型方法主要有劳动系数简化法、基于生产函数与丹尼森因素分析法的结合、菲德模型以及明瑟收入方程四类。国内学者主要测算了不同时期人力资本对中国经济增长的贡献，崔岫和姜照华（2011）依据经济增长分配理论测得 1978—2007 年人力资本对中国经济增长的平均贡献为 22%，这一作用呈现递减趋势，从 1978—2002 年的 27.3% 下降至 1993—2007 的 16.2%。郑世林、张宇和曹晓（2015）利用生产函数与因素分析法测算了中国 1953—2013 年经济增长的源泉，研究发现 1953 年以来要素积累对经济增长的贡献巨大，其中资本积累对经济增长的年均贡献为 70.97%，劳动力和人力资本积累对经济增长的贡献为 13.54% 和 15.3%，改革开放之后技术进步对经济增长的贡献率达到 24.46%，2008 年国际金融危机后这一贡献逐渐下降。梁军（2016）运用向量自回归的方法验证了教育和 GDP 之间存在着长期稳定的均衡关系，从长期来看，教育发展水平每提高一个百分点，GDP 平均提高 0.23 个百分点。

Wang & Zhou（2016）建立了以下增长模型分析了投入要素和全要素生产率对中国经济增长的贡献率，类似于蔡昉的分析，他们将

TFP（全要素生产率）进一步分解为技术进步和资源配置效应（allocative effect）（式5.5所示），其中 Y 表示 GDP，K 为固定资本，H 表示人力资本，H_a 表示人力资本的外部性，R 表示研究与发展（R&D）资本存量，$f(x)$ 表示一系列结构因素（包括私有经济比例，城镇化率，外商直接投资，外贸依存度，政府预算支出，负债率，消费比例），函数形式为5.6所示。

$$Y = A K^{\alpha_1} H^{\alpha_2} H_a^{\alpha_3} R^{\alpha_4} e^{f(x)} \tag{5.5}$$

$$f(x) = \alpha_5 m + \alpha_6 u + \alpha_7 i + \alpha_8 d + \alpha_9 g + \alpha_{10} l + \alpha_{11} c + \alpha_{12} c^2 + \alpha_{13} T \tag{5.6}$$

根据增长核算的结果，他们得到资本仍然在经济增长中发挥着最为重要的推动作用，资本贡献率超过了50%，人力资本的直接贡献下降，这与劳动力增速的下降密切相关，全要素生产率的贡献在改革开放以后逐渐上升。

王弟海、陈理子和张晏（2017）认为以往关于中国教育水平与经济增长关系的研究中往往由于没有考虑人力资本在公私部门之间的配置结构而得到人力资本对经济增长没有促进作用甚至是负向作用的悖论，他们认为公共部门（政府、国有企业、事业单位等）的人力资本提高并不能直接创造经济价值，进而不会对经济增长产生直接明显的增长效应，只有直接进入生产部门的人力资本才会显著提高经济增长。因此虽然整个社会的教育水平在提升，但是提高的这部分人力资本并没有真正地进入生产领域，那么在这种情况下教育水平的提高可能无助于经济增长，甚至有可能产生消极影响（Romer，1990a）。从这个角度出发，在一系列假设条件下，他们选取公共部门的工资溢价作为影响这一效应的代理变量来估计教育年限提高对经济增长的贡献，得到2000—2010年中国生产部门中人均受教育年限每提高1年，人均产出会提高0.8—1.7个百分点的结论。

参数估计的方法主要有回归法、GDP 测算法、经验比值法等，目前使用变参数估计的方法包括 CES 弹性系数法以及状态空间方程估计法，这部分内容将在方法综述部分详细论述。

表 5—1　　　　　　　　　教育对经济增长的贡献测算

指标类型	研究者	样本	变量与结果
$\dfrac{\Delta Y_e}{\Delta Y}$	Schultz(1962)	1929—1957，美国	$\dfrac{\text{教育资本存量增长额}(2960亿美元) \times \text{教育投资平均收益率}(17.3\%)}{1929—1957 年美国实际国民收入增长额 (1520亿美元)} = 33\%$
$\dfrac{\dot{Y}_e}{\dot{Y}}$	Denison(1962)	1929—1957，美国	$\dfrac{\text{教育指数年均增长率}(0.93\%) \times \text{劳动力的产出弹性系数}(73\%)}{1929—1957 年美国国民收入年增长率 (2.93\%)}$ + 知识增长和应用对国民收入的作用 $(0.59\%) \times \dfrac{\text{知识增长中教育的份额}(3/5)}{} = 23\% + 12\% = 25\%$
$\dfrac{\dot{Y}_e}{\dot{Y}}$	崔玉平(2001)	1982—1990，中国	$\dfrac{\text{教育综合指数年平均增长率}(1.21\%) \times \text{教育产出弹性系数}(0.7)}{1982—1990 年中国 GNP 年增长率} = 8.84\%$
$\dfrac{\dot{Y}_e}{\dot{Y}}$	李雯、查奇芬(2006)	1990—2000，中国	$\dfrac{\text{教育综合指数年均增长率}(1.37\%) \times \text{折算系数}(0.6) \times \text{劳动产出弹性系数}(0.7)}{1990—2000 年中国实际 GDP 年增长率 (10.12\%)} = 5.69\%$
$\dfrac{\dot{Y}_e}{\dot{Y}}$	范柏乃、来雄翔(2005)	1952—2003，中国	$\dfrac{\text{教育投资的年增速} \times \text{教育产出弹性系数}(0.244)}{1952—2003 年中国 GDP 年均增速} = 24.4\%$
$\dfrac{\dot{Y}_e}{\dot{Y}}$	Bosworth & Collins(2008)	1978—2004，中国	$\dfrac{\text{平均受教育程度增速} \times \text{教育产出弹性系数}(0.4)}{1978—2004 年中国人均 GDP 年均增速} = 4.1\%$
$\dfrac{\dot{Y}_e}{\dot{Y}}$	崔岫、姜照华(2011)	1978—2007，中国	$\dfrac{\text{人力资本边际收益}}{Y} \times \dfrac{\text{人力资本增长率}}{\text{GDP 增长率}} = 22\%$
$\dfrac{\dot{Y}_e}{\dot{Y}}$	郑世林、张宇、曹晓(2015)	1952—2013，中国	$\dfrac{\text{劳动年龄人口平均受教育年限增长速度} \times \text{教育产出弹性系数}(0.5)}{1952—2003 年中国 GDP 年均增速} = 15.3\%$
$\dfrac{\dot{Y}_e}{\dot{Y}}$	陈彦斌、刘哲希(2016)	1979—2015，中国	$\dfrac{\text{劳动力人均受教育年限增长速度}(1.62\%) \times \text{教育产出弹性系数}(可变系数)}{1979—2015 年中国 GDP 年均增速 (9.66)} = 10.23\%$

二　教育对经济增长贡献的研究方法

(一) 增长核算

增长核算的思想核心是将产出的增长归因于要素投入和余值变

化两部分，余值主要反映了技术的变化。该方法最早由 Solow（1957）提出，经历了 Denison（1962）及 Jorgenson & Griliches（1967）发展而来，其核心是将产出的增长分解为要素投入的增加（通常包括资本积累、劳动力增加和人力资本的增加）和余值变化两部分，余值主要反映了技术进步（包括资源配置效率的提升、规模经济、知识积累等），并借助所估计的生产函数形式对各要素的经济增长贡献率进行测算。该方法已成为当前国际货币基金组织（IMF）和经合组织（OECD）分析各国经济增长源泉和预测未来经济增长的基准模型。根据这一框架，教育投入可以带来产出增加，即可以测算出由于受教育程度增加引起的产出增加比例。

（二）核算中存在的主要问题与修正

在实际的测算中，增长核算的应用难点在于资本产出弹性系数和劳动产出弹性系数的确定，最常用的方法有三类：

（1）回归法：通常在生产函数模型中加以规模报酬不变的约束条件，然后利用数据采用 OLS 等估计方法得到弹性系数，但是 OLS 回归估计方式的最大问题就是忽视了残差项（技术进步）与自变量资本之间的相关性，因为投资带来资本积累的同时往往也伴随着技术进步，资本积累同时也包含技术进步，导致技术进步对经济增长贡献率的低估，这也是一些研究发现资本积累对经济增长贡献率接近 100% 而其他要素的贡献为零甚至是负值的原因。尤其是对于后发国家或地区而言，它们的经济增长更多地表现在投资增长上，因此相较于发达国家，使用增长核算更加低估了技术进步的贡献，从而高估了投入要素的贡献。因此有学者运用资本密度法估计要素的产出弹性，用资本产出比替换原来的资本变量，用单位有效劳动产出替换原来的总产出，更为准确地测算出中国 1979—2015 年人力资本对经济增长的贡献率为 10%，技术进步的贡献率为 15%，资本和劳动力贡献约为 64% 和 9%（陈彦斌，刘哲希，2016）。

（2）经验比值法：结合各国要素投入份额的卡尔多典型事实，例如有的学者认为美国 1850—1952 年劳动收入份额稳定在 65% 左右，因此将劳动力产出弹性设定为 2/3，但是随着 20 世纪 90 年代以来中国劳动收入份额的下降，使用经验比值逐渐失去了其应有前提。

（3）收入法 GDP 测算法：在完全竞争的市场条件假设下，资本产出弹性和劳动产出弹性分别对应于资本要素收入和劳动要素收入在国民收入中所占份额，在假定仅存在资本和劳动两种投入要素时计算劳动收入份额同样可以反映资本要素的分配情况，常用的劳动收入份额测算思路是：劳动收入份额 = 劳动者报酬/增加值，但是使用该方法在指标界定上存在诸多问题，首先是劳动者报酬的统计口径选择问题，其次是选择什么样的增加值指标（总增加值或净增加值）等，有学者给出相应的修正方法，得到劳动收入份额为：劳动收入份额 = GDP 中无疑属于劳动收入的部分/（GDP 中无疑属于劳动收入的部分 + GDP 中无疑属于资本收入的部分）。

从计量关系上看，增长核算研究的是增长本身而非增长的原因，不能认定是因果关系，核算只是表明增长的直接贡献要素，并不能解释增长的持续性。从应用角度看，利用增长核算方法测算教育对产出的贡献时通常要受到经济理论一系列假设及生产函数设定的限制，采用增长回归分析在一定程度上克服了这种缺陷，为测算各种要素投入特别是教育投入对经济增长的贡献提供了一种更直接有效的方法，应用更加广泛，在实证研究中通常将两种方法结合起来。

（三）状态空间方程

考虑到改革开放以来中国政策变化等因素的影响，经济结构也发生持续变化，要素的产出弹性系数也相应地不断改变，而采用 OLS 等固定参数模型表现不出这种经济结构的变化，因此需要采用变参数模型（Time-varying Parameter Model），可以利用状态空间模型来构造变参数模型。

常用的测算各要素贡献的模型形式是扩展的索洛模型 $Y_t = A_t K_t^{\alpha_t} L_t^{\beta_t} E_t^{\beta_t}$，假设生产函数具有规模报酬不变的特征，即 $\alpha_t + \beta_t = 1$，结合状态空间模型对产出弹性进行动态估计：

$$\ln\left(\frac{Y_t}{L_t E_t}\right) = c + t + \lambda_t \ln\left(\frac{K_t}{Y_t}\right) + u_t \qquad (5.7)$$

$$\lambda_t = a + \delta \lambda_{t-1} + v_t \qquad (5.8)$$

$$(u_t, v_t)' \sim N\left[\begin{bmatrix}0\\0\end{bmatrix}, \begin{bmatrix}\sigma^2 & 0\\0 & Q\end{bmatrix}\right], t = 1, \cdots, T \qquad (5.9)$$

其中，式 5.7 为量测方程，反映资本产出弹性与产出之间的关系，状态向量 λ_t 是可变参数，且随时间变化而变化，它反映了各个时间点上资本产出弹性对经济增长的影响，c 为常数。式 5.8 称为状态方程，用来描述变量 λ_t 的生成过程，它既可以表示成马尔可夫过程又可以写成递归形式，考虑到经济问题中存在一定的滞后性，所以本书假定状态方程为 AR（1）模型，且随机扰动向量 μ_t，v_t 相互独立并服从均值为零、方差为固定常数 σ^2 和协方差矩阵为 Q 的正态分布。采用 Kalman 滤波对状态空间模型中的参数和未知变量进行估计，即可得到资本产出弹性和附加教育的劳动产出弹性，然后代入增长率形式的生产函数中，进一步得到各要素对产出的贡献率。当然，由于状态空间模型与 OLS 方法一样，不能忽略全要素生产率 TFP 与资本存量之间的内生性问题，所以在使用时还需要采用各要素产出比进行指标替换。

三 小结

根据现有文献中估计的其他国家教育回报率大约为：人均受教育年限每增加一年，人均 GDP 增长率平均提高 0.7%—1.4%，与采用此方法的一些国内研究结论相比（如：王弟海等人的研究结果表明：人均受教育年限每提高一年，中国人均 GDP 增长率平均提高 0.8%—1.7%），中国教育对经济增长的贡献并不算低。由于不同方法得到的结果相差很大，这也使得方法的推广具有局限性，定量测算贡献缺乏一个统一的理论框架。国内增长核算的教育对中国经济增长的贡献不是很大（有学者提出可能与中国目前测算人力资本的数据质量有关），因此诸多学者在进行分析前先利用各类方法对数据进行处理，处理方式的不一致也导致了研究结果之间的差异，如何更加准确地测算人力资本是准确测算其贡献的前提，这也是本书要解决的问题之一。

第二节 经济增长的阶段划分与模型选择

根据第二章对增长理论的梳理，以及第三章对中国经济增长特征和趋势的分析，我们关注到在不同的历史时期，中国的经济增长模型必须与相应的增长阶段相适应，考虑到经济增长是一个长期过程，本节我们结合已有研究的数据建立了1952—2016年的全国长期增长数据，从更完整的时间维度探讨了不同阶段中国经济增长的特征与模型选择，这也为下文更加准确地测算分阶段教育对经济增长的贡献提供依据。

一 数据来源与统计描述

划分中国经济增长的阶段的基础数据包括全国 GDP 年度数据、物质资本存量数据、全国从业人员数据以及平均受教育年限数据。

（一）全国 GDP 年度数据

1978 年以后 GDP 数据的修订结果来源于《中国统计年鉴（2017）》，1952—1977 年的数据修订是在 1988—1997 年间进行的，数据来源于《中国国内生产总值核算历史资料（1952—1995）》。本章利用国内生产总值指数（GDP 指数）换算为 1952 年不变价格生产总值。

（二）物质资本存量数据

由于目前相关学者使用的估算方法和价格平减指数不尽相同，已有文献中对 1952 年物质资本存量的估计也存在较大差异，整体来看 1952 年资本存量估计基本在 230 亿—1750 亿元之间，本部分的物质资本存量数据来自 Holz 和 Sun 的测算（Holz & Yue，2018），他们的估算结果与现有国内外文献相比，其计算的 1952 年资本存量 419 亿元应在合理区间。

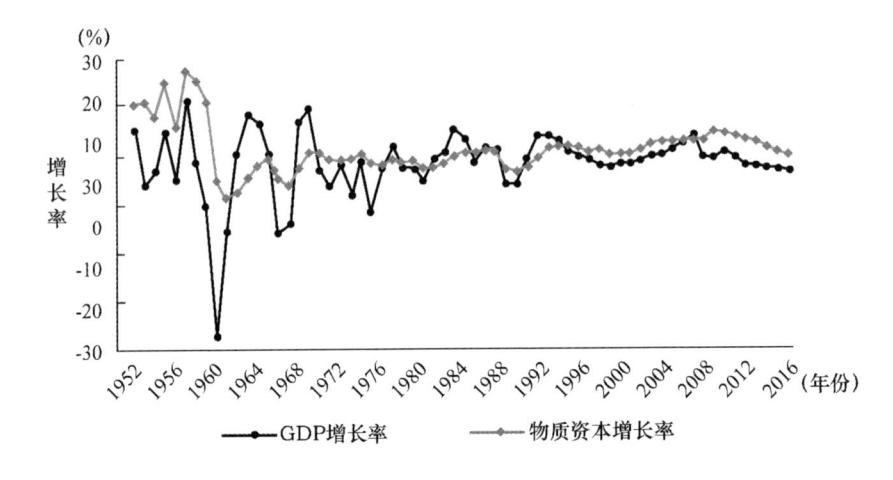

图 5—2 中国经济增长率和物质资本增长率（1952—2016）

数据显示，1952—2016 年不变价 GDP 的均值为 19529 亿元，最小值为 1952 年的 692 亿元，最大值为 2016 年的 105233 亿元，从增长率角度看，GDP 的年均增长率为 8.42%，1961 年的同比增长率最低为 27.3%，1958 年的同比增速最高为 21.3%，这与该时期发生的三年自然灾害以及"大跃进"的影响紧密相连。1978 年以后 GDP 实现了较平稳的快速增长。

物质资本存量年平均增长率达 11.3%，高于 GDP 的年平均增长率，其中 1962 年同比增长率最低为 1.32%，1958 年同比增长率最高，达到 27.7%，与 GDP 的变动趋势基本一致。1952—1961 年是中国资本存量增长最快的时期，平均增速在 20% 以上，1962 年经历一个低潮期后逐渐恢复增长，在 1968 年前后再次进入一个低谷期，改革开放以后资本存量增长率逐渐上升，1990 年前后出现投资回落，之后又保持了平稳增长，2008 年国际金融危机物质资本增长率下降。

（三）全国从业人员数据

根据《中国统计年鉴（2016）》，就业人员是指 16 岁以上从事一定社会劳动并获得劳动报酬或经营收入的人员，以获得劳动收入为统计口径，不包括经济活动人口中的失业人口，这个指标就是众多文献中经常涉及的从业人员。从统计局的原始数据来看，1990年中国从业人员数量较1989年增长了9420万人，根据统计年鉴中的说明这主要是由于统计口径变化引起的，1990年以前国家统计主要按照传统方法进行计算，将城镇单位就业人员、城镇个体就业人员和农村就业人员三部分汇总相加，而城镇单位的频繁变动以及农村劳动力的流动都使得这一统计误差逐渐增大。以往大部分学者忽视了这一变动，少部分学者运用各类统计方法进行了数据处理（谭永生，2007；唐家龙，2011；王小鲁，2000）。

本书采用趋势离差法对1978—1990年的从业人口进行调整，使用该方法又便于后续研究的衔接，1978年以前和1990年以后的数据都可以与估算数据衔接起来。图5—3显示，修正后的全国从业人口数量不断增加，从1952年的20729万人上升到2016年的77603万人，年均增长2.1%，其中1978年从业人员40152万，比1952上升近6个百分点，1952—1978年均增长2.6%，1978—2016年均增长1.7%，1990年以后从业人员的增速下降。

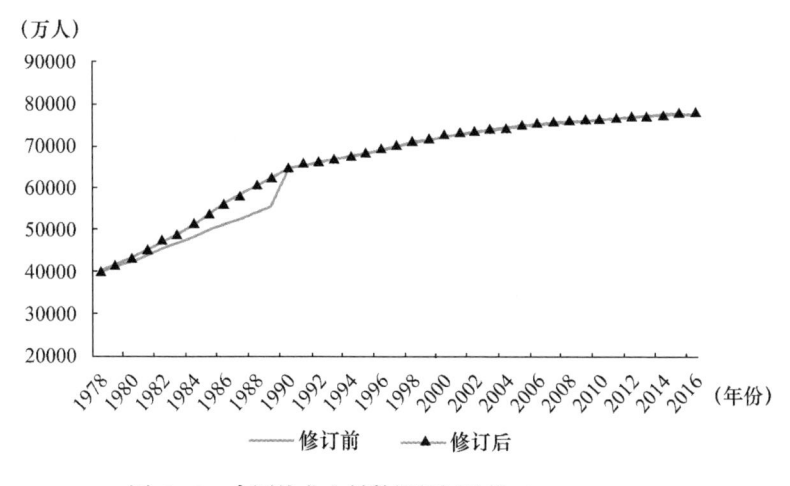

图5—3 中国从业人员数据修订结果（1978—2016）

图 5—4　中国劳动力增长率（1952—2016）

1952—2016 年中国从业人员数量的均值为 51337 万人，年均增长率 2.1%，远远低于同期 GDP 和物质资本的增长水平。1958 年劳动力数量同比增长 12%，是中国历史上从业人员增长最快的时期，随后三年劳动力出现负增长，1961 年之后逐渐恢复增长，1972 年后开始出现下滑，然后保持低速增长至 1978 年。通过对改革开放以后从业人员的数据调整，1978—1990 年劳动力平均增长率在 4% 左右，1990—2016 年年均增速保持在 1% 左右。

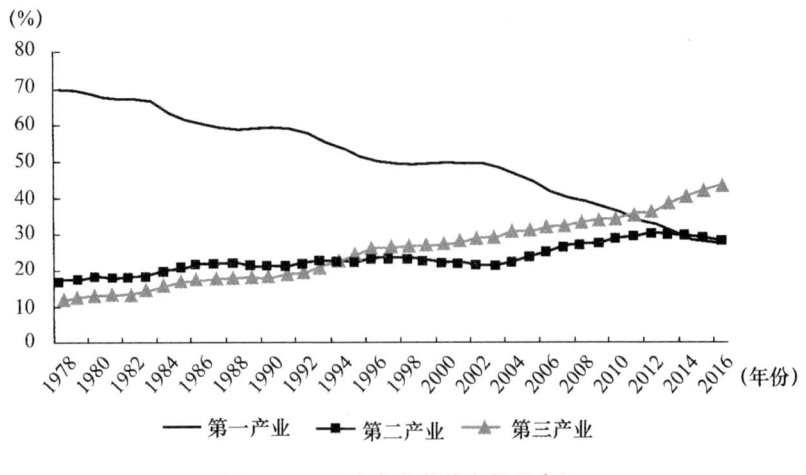

图 5—5　三次产业劳动力数量占比

(四) 人力资本代理变量：平均受教育年限

本部分使用平均受教育年限作为人力资本的代理变量，在以往的文献中，王小鲁（2000）运用永续盘存法估算了1952—1999年平均受教育年限以及人力资本存量，唐家龙（2011）借鉴他们的方法同时利用2000年五普数据估算了1990—2007年的人力资本存量和平均受教育年限数据，他利用6岁以上人口的受教育程度估算15—60岁人口的受教育年限分布，并假定这部分人口的受教育年限分布与从业人员分布一致，考虑到数据可得性和一致性，本书将利用《中国劳动统计年鉴（1996—2017）》中分年龄和性别的就业人员受教育程度构成将这一数据拓展至2016年。

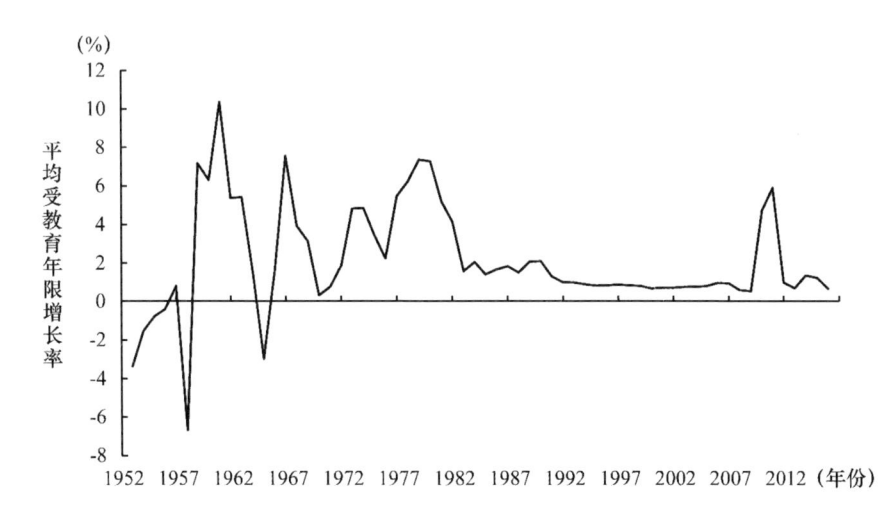

图5—6　从业人员平均受教育年限增长率（1952—2016）

1952—2016年人力资本的平均增长率为2.14%，1952—1966年教育事业发展的恢复期间受教育年限出现了负增长，"文化大革命"期间受教育年限的波动较大，1978年以后各级教育逐渐调整恢复，1979年受教育年限同比增长7.36%，也是中国历史上增速最快的时期，1982年以后受教育年限逐年稳定增长，1978—2016年平均增长率为1.94%。

二 模型设定与数据处理

（一）模型设定

我们在规模报酬不变的假设下考虑新古典增长模型、有效劳动增长模型和人力资本外部性模型，仅将物质资本和有效劳动（普通劳动）作为影响规模报酬的因素，而人力资本实际上相当于压缩了全要素生产率的作用，我们可以通过比较不同模型设定下的 A_t 估计值的大小判断人力资本的外部效应（表5—2）。

表 5—2　　　　　　规模报酬约束下 TFP 计算公式

模型分类	TFP 增长的计算公式	主要区别
新古典增长模型	$\frac{\Delta A_t}{A_t} = \frac{\Delta Y_t}{Y_t} - \alpha_t \frac{\Delta K_t}{K_t} - (1-\alpha_t)\frac{\Delta L_t}{L_t}$	只包含普通劳动力
有效劳动增长模型	$\frac{\Delta A_t}{A_t} = \frac{\Delta Y_t}{Y_t} - \alpha_t \frac{\Delta K_t}{K_t} - (1-\alpha_t)\frac{\Delta h_t L_t}{h_t L_t}$	包含有效劳动：普通劳动力和人力资本的乘积
人力资本外部性增长模型	$\frac{\Delta A_t}{A_t} = \frac{\Delta Y_t}{Y_t} - \alpha_t \frac{\Delta K_t}{K_t} - (1-\alpha_t)\frac{\Delta h_t L_t}{h_t L_t} - \beta_t \frac{\Delta h_t}{h_t}$	同时引入有效劳动和人力资本变量

1952—2016 年 60 余年的历史时期中，如果我们采用单一形式的生产函数是否合理？根据蔡昉的分析，中国经济增长具有阶段性特征，不同时期的增长理论模型可能不同，因此不同要素的作用也可能存在阶段性特征。对人力资本而言，它既可能是作为要素积累的内部影响效应，也有可能是外部影响效应，包括与物质资本的互补作用以及促进技术进步的效率提升作用。从生产函数曲线来看，人力资本的外部效应表现为将生产函数曲线向外推移，即提升了所有生产要素的边际产品，但是有研究指出人力资本的效率提升作用可能在其存量达到一定程度时才会实现。

以往研究多采用单一的模型，只引入新古典模型或者新经济增长模型，忽略了增长理论、生产函数和经济增长阶段的关系，所以本书在前人基础上采用分段函数，为中国不同阶段经济增长寻找适宜的理论模型。特别是考虑到改革开放等重要事件对经济动态的影响，有必要进一步区分不同时期进行分类分析。

(二) 数据处理

全样本模型筛选。在要素规模报酬不变的假定下分别估计新古典模型、有效劳动模型以及人力资本外部性模型。本书根据 GDP 增长在 1960 年，1978 年和 1992 年前后均发生了较大的变动，为了充分考虑经济增长的阶段性特征，我们引入三个时间虚拟变量 T_1、T_2 和 T_3。其中 T_1 是为了考察改革开放前后生产函数是否存在着结构变化，因此设定 1952—1977 年 $T_1 = 0$，1978—2016 年 $T_1 = 1$；虚拟变量 T_2 和 T_3 则分别考察 1961 年和 1992 年前后生产函数的结构变化，设定虚拟变量 T_2 在 1961—1977 年等于 1，其余时间为 0；虚拟变量 T_3 在 1992—2016 年等于 1，其余时间为 0。

根据表 5—3 的结果，我们发现 6 个模型拟合较好，调整可决系数均在 0.98 左右，根据模型拟合的评价指标，综合考虑系数的显著性和标准赤池信息准则（AIC 统计量越小表明该模型对数据拟合更好）以及 RMSE 值，我们发现模型 1 是最合适的拟合模型，1952—2016 年中国经济增长符合新古典理论模型，即

$$Y_t = A_t K_t^{0.7841} L^{0.2159}$$

对于人力资本外部性模型 5 和模型 6，我们发现模型 6 中的虚拟变量 T_1 显著为正，也就是说改革开放前后，全要素生产率的估计值有显著变化，"人力资本"的外部性作用被激活了，但受教育年限的估计量显著下降，说明人力资本的外部效应降低了。

表 5—3　　　　　引入 T_1 的回归结果比较（1952—2016）

自变量	新古典模型		有效劳动模型		人力资本外部性模型	
	m1	m2	m3	m4	m5	m6
ln$K$	0.7841***	0.7748***	0.7053***	0.7470***	0.8520***	0.9236***
	(0.0191)	(0.0308)	(0.0292)	(0.0392)	(0.0501)	(0.0530)

续表

自变量	新古典模型		有效劳动模型		人力资本外部性模型	
	m1	m2	m3	m4	m5	m6
$\ln L$	0.2159***	0.2252***				
	(0.0191)	(0.0308)				
$\ln Lh$			0.2947***	0.2530***	0.1480***	0.0764
			(0.0292)	(0.0392)	(0.0501)	(0.0530)
$\ln h$					−0.3693***	−0.9121***
					(0.1064)	(0.2077)
T_1		0.0337		−0.1233		0.4258***
		(0.0875)		(0.0783)		(0.1427)
_cons	−0.9498***	−0.9816***	−1.5516***	−1.3541***	−0.4870	0.3961
	(0.0358)	(0.0901)	(0.0910)	(0.1543)	(0.3179)	(0.4210)
$Adj\ R^2$	0.9804	0.9802	0.9774	0.9779	0.9808	0.9829
AIC	−0.2108	−0.1824	−0.0672	−0.0756	−0.2141	−0.3195
RMSE	0.2111	0.2109	0.2269	0.2225	0.2076	0.1939
Observations	65	65	65	65	65	65

我们选用有新古典模型对1952—2016年的GDP增长进行拟合（图5—7），并与实际GDP对数进行比较，发现其拟合的效果有待提升，尤其是1961年以前和1978—1992年之间的数据，拟合效果并不很理想。因此我们进一步引入虚拟变量T_2和T_3，得到回归结果如表5—4所示。

引入虚拟变量T_2和T_3以后，所有模型的可决系数都提高了，引入T_3后我们发现，资本的产出弹性下降，劳动（有效劳动）的产出弹性上升。我们仍然根据可决系数，AIC以及RMSE和系数显著性对模型进行筛选，我们发现模型6无论是在可决系数还是AIC和RMSE指标上都是最优的，但是人力资本水平$\ln h$的系数在0.05的统计水平上表现不显著，因此模型6转化为模型4，因此有效劳动模型对1952—2016年间经济增长的拟合效果最优（图5—8），资本的

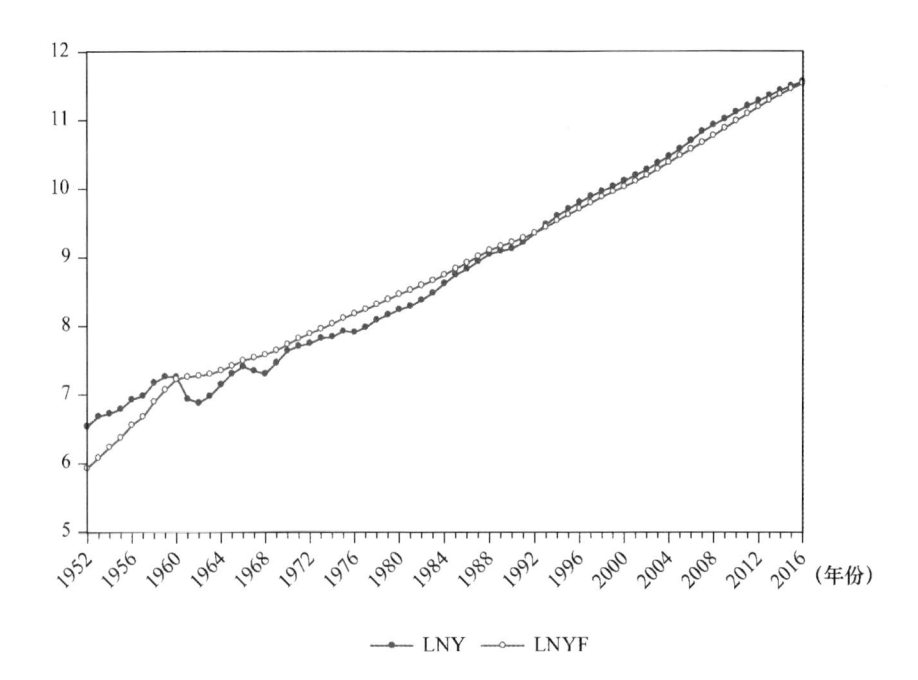

图 5—7　新古典模型拟合 GDP 结果（1952—2016）

产出弹性为 0.7241，有效劳动的产出弹性为 0.2759，其对应的生产函数形式为：

$$Y_t = A_t K_t^{0.7241} (L_t h_t)^{0.2759}$$

表 5—4　　加入 T_2 和 T_3 以后的回归结果比较（1952—2016）

自变量	新古典模型		有效劳动模型		人力资本外部性模型	
	m1	m2	m3	m4	m5	m6
lnK	0.8542***	0.7657***	0.8235***	0.7241***	0.7642***	0.7007***
	(0.0171)	(0.0213)	(0.0192)	(0.0225)	(0.0298)	(0.0271)
lnL	0.1458***	0.2343***				
	(0.0171)	(0.0213)				
lnH			0.1765***	0.2759***	0.2358***	0.2993***
			(0.0192)	(0.0225)	(0.0298)	(0.0271)

续表

自变量	新古典模型		有效劳动模型		人力资本外部性模型	
	m1	m2	m3	m4	m5	m6
ln$h$					0.3652**	0.1862
					(0.1445)	(0.1233)
T_1	-0.5628***	-0.4722***	-0.6707***	-0.6562***	-0.9725***	-0.8111***
	(0.0646)	(0.0554)	(0.0522)	(0.0417)	(0.1295)	(0.1106)
T_2	-0.6431***	-0.5520***	-0.6791***	-0.6149***	-0.7808***	-0.6712***
	(0.0495)	(0.0438)	(0.0459)	(0.0381)	(0.0596)	(0.0530)
T_3		0.2577***		0.2526***		0.2352***
		(0.0625)		(0.0581)		(0.0551)
_cons	-0.3562***	-0.6442***	-0.6219***	-1.0385***	-1.2130***	-1.3112***
	(0.0671)	(0.0756)	(0.0879)	(0.0986)	(0.2486)	(0.2053)
$Adj\ R^2$	0.9946	0.9964	0.9951	0.9968	0.9955	0.9969
AIC	-1.4785	-1.8622	-1.5687	-2.0084	-1.6391	-2.0154
RMSE	0.1086	0.0883	0.1038	0.0821	0.0987	0.0805
N	65	65	65	65	65	65

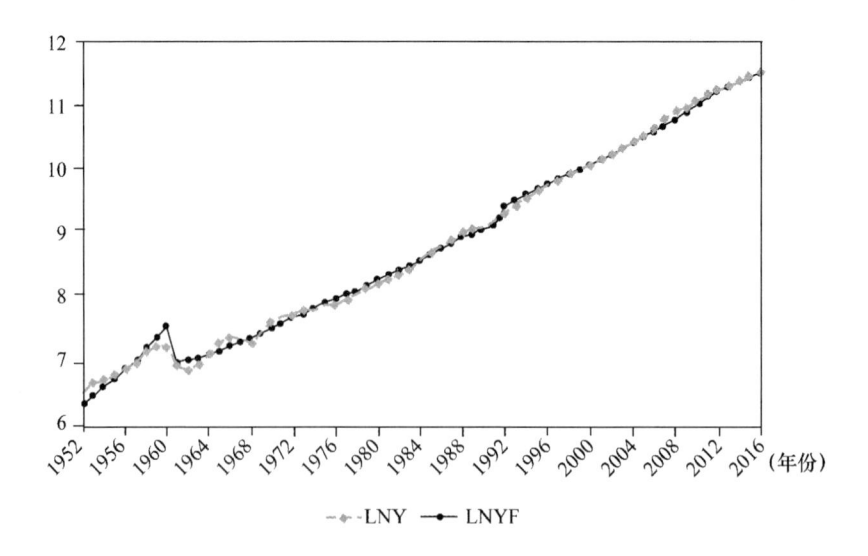

图 5—8 有效劳动模型拟合 GDP 结果（1952—2016）

数据处理：分时期模型筛选。考虑到改革开放前后中国经济增长率和物质资本增长率的变动情况，我们将样本划分为1952—1977年和1978—2016年两个子样本，然后对子样本1952—1977年引入虚拟变量T_2。考虑到1978—2016年时期较长，我们引入T_3和T_4两个虚拟变量，2009—2016年$T_4=1$，其余时间为0，以此寻找最适宜模拟中国经济增长的分阶段模型，结果如表5—5所示。

从1952—2016年样本来看，对比模型2，模型4和模型6的估计结果我们发现，引入人力资本变量后，资本的产出弹性明显下降，当引入人力资本的要素作用后，资本产出弹性从0.5396下降到0.4119，当引入人力资本外部性作用时，资本的产出弹性又下降到0.4015，可见在不考虑人力资本外部性的情况下，物质资本对经济增长的作用中也包含了一部分人力资本的作用。综合比较拟合优度以及AIC指标和系数显著性，我们发现模型4是最合适的模型，说明1952—1977年中国经济增长的模式以有效劳动模型最为符合，模型6中人力资本的外部性系数并不显著，说明在这个阶段人力资本主要体现为类似物质资本的要素积累作用，其外部性作用并未显现出来。

$$Y_t = A_t K_t^{0.4119}(L_t h_t)^{0.5881}$$

表5—5　　　　　　　　分样本回归结果：1952—1977

自变量	新古典模型		有效劳动模型		人力资本外部性模型	
	m1	m2	m3	m4	m5	m6
$\ln K$	0.3206***	0.5396***	0.0527	0.4119***	0.2517**	0.4015***
	(0.0452)	(0.0656)	(0.0746)	(0.0572)	(0.0925)	(0.0592)
$\ln L$	0.6794***	0.4604***				
	(0.0452)	(0.0656)				
$\ln Lh$			0.9473***	0.5881***	0.7483***	0.5985***
			(0.0746)	(0.0572)	(0.0925)	(0.0592)
$\ln h$					−0.5327***	0.1138
					(0.1771)	(0.1432)
T_2		−0.3192***		−0.4132***		−0.4501***
		(0.0804)		(0.0493)		(0.0680)

续表

自变量	新古典模型		有效劳动模型		人力资本外部性模型	
	m1	m2	m3	m4	m5	m6
_cons	-2.1531***	-1.3797***	-3.9707***	-2.3467***	-2.5875***	-2.4973***
	(0.1195)	(0.2162)	(0.2829)	(0.2413)	(0.5210)	(0.3084)
$Adj\ R^2$	0.9003	0.9383	0.8654	0.9653	0.8992	0.9647
AIC	-1.1033	-1.5486	-0.8031	-2.1247	-1.0578	-2.0761
RMSE	0.9213	0.3859	0.8359	0.3074	0.9129	0.3002
N	26	26	26	26	26	26

同样地对 1978—2016 年样本数据引入虚拟变量 T_3 和 T_4，结果如表 5—6 所示。结果表明，从模型 1、模型 3 和模型 5 来看引入了人力资本以后，资本的产出弹性由 0.8021 下降至 0.7720，引入人力资本外部性后，进一步下降至 0.7479。综合各项指标来看，模型 6 的可决系数最高而且 AIC 准则最小，各项回归系数显著，优于其他模型的拟合效果，因此我们认为 1978—2016 年中国经济增长符合人力资本外部性模型，即

$$Y_t = A_t K_t^{0.7973} (L_t h_t)^{0.2027} h_t^{0.2061}$$

表 5—6 　　　　　　　　分样本回归结果：1978—2016

自变量	新古典模型		有效劳动模型		人力资本外部性模型	
	m1	m2	m3	m4	m5	m6
$\ln K$	0.8021***	0.8520***	0.7720***	0.8220***	0.7479***	0.7973***
	(0.0129)	(0.0206)	(0.0132)	(0.0212)	(0.0199)	(0.0239)
$\ln L$	0.1979***	0.1480***				
	(0.0129)	(0.0206)				
$\ln Lh$			0.2280***	0.1780***	0.2521***	0.2027***
			(0.0132)	(0.0212)	(0.0199)	(0.0239)
$\ln h$					0.1843	0.2061*
					(0.1154)	(0.1036)
T_3	0.1979***	0.1496***	0.1867***	0.1475***	0.1708***	0.1279***
	(0.0272)	(0.0297)	(0.0239)	(0.0258)	(0.0254)	(0.0266)

续表

自变量	新古典模型		有效劳动模型		人力资本外部性模型	
	m1	m2	m3	m4	m5	m6
T_4		-0.1041***		-0.0919***		-0.0960***
		(0.0354)		(0.0322)		(0.0310)
_cons	-1.0649***	-0.9943***	-1.5366***	-1.3719***	-1.9630***	-1.8412***
	(0.0228)	(0.0317)	(0.0452)	(0.0709)	(0.2705)	(0.2455)
$Adj\ R^2$	0.9977	0.9981	0.9981	0.9984	0.9982	0.9986
AIC	-3.0168	-3.1864	-3.2215	-3.3797	-3.2406	-3.4387
RMSE	0.2216	0.2533	0.2751	0.2930	0.3002	0.3635
N	39	39	39	39	39	39

根据以上分析,我们得到联合分段生产函数,可见改革开放以前,物质资本的产出弹性较低为 0.4119,与沈坤荣等设定的 0.33—0.4 基本一致:

$$Y_t = \begin{cases} A_t K_t^{0.4119} (L_t h_t)^{0.5881}, 1952 \leq t \leq 1977 \\ A_t K_t^{0.7973} (L_t h_t)^{0.2027} h_t^{0.2061}, 1978 \leq t \leq 2016 \end{cases}$$

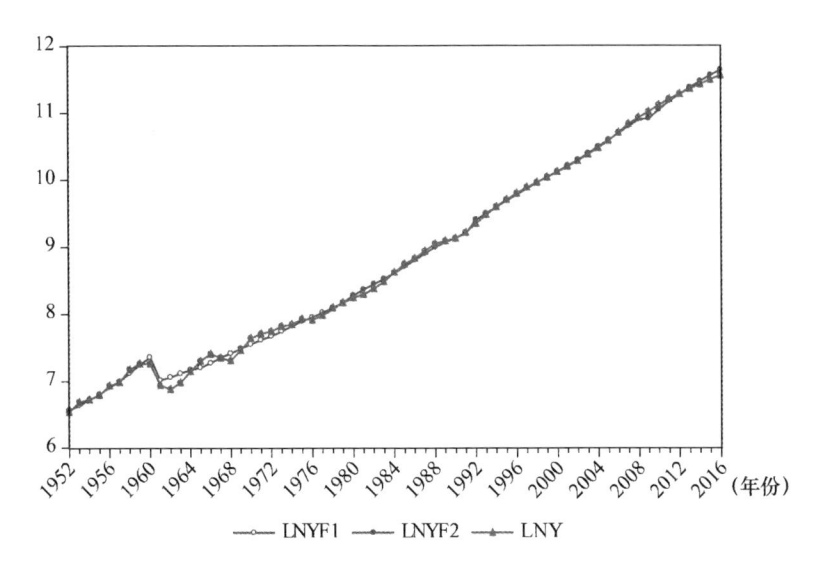

图 5—9 联合分段函数拟合中国经济增长

第三节 教育在经济增长中的贡献测算

一 模型设定

基于 C-D 生产函数模型的估计是一种常弹性系数估计,单一的 C-D 生产函数模型考察的是教育对经济增长的直接贡献,因此我们结合有效劳动模型和人力资本外部性模型共同测算教育的直接和间接作用。同时为了克服常弹性系数这一弊端,我们用状态空间方程对参数估计过程进行改进,得到变弹性系数,使其计算结果更加具有现实意义和可比性。

根据前文的分析,教育人力资本不仅内生于劳动力投入的有效劳动,同时还与物质资本投入、技术进步、配置效率等因素有着内生关系,可以将其统一称为教育人力资本的"外部性作用"。因此仅仅将教育人力资本内生化为生产函数模型中的有效劳动力并不能反映教育人力资本的真实作用,忽视其外部作用将会低估教育人力资本在经济增长中的贡献。为此我们将教育人力资本作为生产要素直接促进生产的功能作为直接贡献,将教育人力资本通过影响其他要素间接影响产出的作用称为间接贡献。人力资本的直接贡献我们可以用改进的卢卡斯人力资本外部性模型估计得到,而人力资本的间接贡献无法直接利用单一模型估计得到。

对于以下的简单模型中我们仅考虑教育人力资本内生化于劳动力的作用,而不考虑外部性作用,因此,该方程得到的物质资本和技术进步对经济增长的贡献要大于其实际的贡献。以一个简单模型 $Y_t = A_t K_t^\alpha H_t^\beta$ 中资本对经济增长的贡献为例,假设物质资本对经济增长的贡献中包含真正的物质资本本身的贡献 K_{kt} 和人力资本外部性带来的间接贡献 K_{ht},即 $K_t = K_{kt} + K_{ht}$,则资本产出弹性为

$$\alpha = \frac{\partial Y_k}{\partial K_t}\frac{K_t}{Y} = \frac{\partial Y_k}{\partial K_t}\frac{K_{kt}+K_{ht}}{Y} = \frac{\partial Y_{kt}}{\partial K_{kt}}\frac{K_{kt}}{Y} + \frac{\partial Y_{ht}}{\partial K_{ht}}\frac{K_{kt}}{Y} +$$

$$\frac{\partial Y_{kt}}{\partial K_{kt}}\frac{K_{ht}}{Y} + \frac{\partial Y_{ht}}{\partial K_{ht}}\frac{K_{ht}}{Y} = \alpha_{kk} + \alpha_{kh}\frac{K_{kt}}{K_{ht}} + \alpha_{k}\frac{K_{ht}}{K_{kt}} + \alpha_{ht} > \alpha_{kk}$$

(5.10)

可见由此估计出来的产出弹性包括物质资本自身的实际产出弹性、资本与人力资本交互的产出弹性以及由于人力资本外部性提高的产出弹性,因此如果不考虑教育人力资本的外部性直接估计得到的资本产出弹性要大于其真实的产出弹性。因此我们基于有效劳动模型和人力资本外部性模型考察教育和人力资本对经济增长的贡献。

$$\frac{dY_t}{Y_t} = \frac{dA_t}{A_t} + \alpha_1 \frac{dK_t}{K_t} + \alpha_2 \frac{dL_t}{L_t} + \alpha_2 \frac{dh_t}{h_t} \quad (5.11)$$

$$\frac{dY_t}{Y_t} = \frac{dA_{tt}}{A_{tt}} + \beta_1 \frac{dK_t}{K_t} + \beta_2 \frac{dL_t}{L_t} + (\beta_2 + \beta_3)\frac{dh_t}{h_t}, 其中\beta_2 = 1 - \beta_1$$

(5.12)

根据以上分析,$\frac{dA_t}{A_t} + \alpha_1 \frac{dK_t}{K_t} + \alpha_2 \frac{dL_t}{L_t}$ 中包含了教育的外部性作用,$\frac{dA_{tt}}{A_{tt}} + \beta_1 \frac{dK_t}{K_t} + (1 - \beta_1)\frac{dL_t}{L_t}$ 反映了非教育的真实作用,因此教育对经济增长的间接贡献为:

$$\left[\frac{dA_t}{A_t} + \alpha_1 \frac{dK_t}{K_t} + \alpha_2 \frac{dL_t}{L_t}\right] - \left[\frac{A_{tt}}{A_{tt}} + \beta_1 \frac{dK_t}{K_t} + (1 - \beta_1)\frac{dL_t}{L_t}\right]$$

(5.13)

从研究方法上看,大部分研究构建的计量模型都是基于 C-D 生产函数的适当变形,但是该函数估计得到的是不变要素产出弹性系数,考虑到改革开放以来中国经济结构持续发生变化,要素的产出弹性也不断改变,因此本书采用状态空间方法对要素的产出弹性作出估计。

与陈彦斌等人的研究一致,我们将总量生产函数设定为卢卡斯附加人力资本外部性的 C-D 函数形式,并以有效劳动模型5.15 作为参照分析:

$$Y_t = A_t K_t^\alpha H_t^{1-\alpha} h_t^\beta = A_t K_t^\alpha (L_t h_t)^{1-\alpha} h_t^\beta \quad (5.14)$$

$$Y_t = A_t K_t^\alpha H_t^{1-\alpha} = A_t K_t^\alpha (L_t h_t)^{1-\alpha} \quad (5.15)$$

Y 表示产出，K 表示资本，H 表示附加人力资本的劳动，L 表示劳动力投入，h 表示人力资本水平，A 表示技术进步率或全要素生产率，α，β 表示资本和人力资本水平的产出弹性。考虑到资本和残差项的相关性，我们借鉴 Hall & Jones (1999) 的资本密度法对生产函数进行调整，用资本产出比替换原来的资本变量，用单位有效劳动产出替代原有的总产出水平，进而得到增长函数的状态空间模型。

量测方程 1：$\ln\left\{\dfrac{Y_t}{H_t}\right\} = c + t + \gamma_t \ln\left\{\dfrac{K_t}{Y_t}\right\} + \varepsilon_t$，其中 $\gamma_t = \dfrac{\alpha_t}{1-\alpha_t}$

(5.16)

状态方程 1：$\gamma_t = b + \theta \gamma_{t-1} + v_t$ (5.17)

量测方程 2：$\ln\left\{\dfrac{Y_t}{H_t}\right\} = c + t + \eta_t \ln\left\{\dfrac{K_t}{Y_t}\right\} + \psi_t \ln\{h_t\} + \varepsilon_t$，$\eta_t = \dfrac{\alpha_t}{1} - \alpha_t$，

$\psi_t = \dfrac{\beta_t}{1} - \alpha_t$ (5.18)

状态方程 2：$\eta_t = w + \varphi \eta_{t-1} + \xi_t$ (5.19)

$$\psi_t = \lambda + \tau \psi_{t-1} + \sigma_t \quad (5.20)$$

其中，c，b，w 和 λ 表示截距项，t 为时间趋势项，γ_t，η_t，ψ_t 为状态变量，一般地我们假设状态向量均服从一阶马尔科夫过程，θ，φ，τ 为自回归系数，ε_t，v_t，σ_t，ξ_t 为独立并服从正态分布的随机扰动项，运用 Kalman 滤波对状态空间模型进行实证分析，可以得到模型 1 和模型 2 中物质资本和附加人力资本劳动力的变化参数（如图 5—10 所示）。

得到动态变化的要素产出弹性后，我们将式 5.14 转化为增长率形式，由此可得式 5.21，通过该式我们可以计算出各投入要素对经济增长的贡献率，即将各个要素的增长率乘以相应的要素产出弹性，再除以实际产出的增长率便得到各个要素对经济增长的贡献。人力资本的直接贡献率可以通过式 5.21 直接计算得到，其间接贡献可以

通过式 5.22 得到。

$$\frac{\Delta Y_t}{Y_t} = \frac{\Delta A_t}{A_t} + \alpha_t \frac{\Delta K_t}{K_t} + (1-\alpha_t)\frac{\Delta L_{2t}}{L_{2t}} + (1-\alpha_t+\beta_t)\frac{\Delta h_t}{h_t}$$
(5.21)

$$间接贡献 = \frac{\Delta A_{1t}}{A_{1t}} + \alpha_{1t}\frac{\Delta K_{1t}}{K_{1t}} + (1-\alpha_{1t})\frac{\Delta L_{1t}}{L_{1t}} - \left[\frac{\Delta A_{2t}}{A_{2t}} + \alpha_{2t}\frac{\Delta K_{2t}}{K_{2t}} + (1-\alpha_{2t})\frac{\Delta L_{2t}}{L_{2t}}\right]$$
(5.22)

二 基于状态空间模型的实证分析

由于状态空间模型需要满足变量平稳与协整的条件，因此我们对各时间序列运用 ADF 单位根检验和 Johansen 协整检验，结果表明各变量均为一阶单整并且存在协整关系。因篇幅所限这里没有报告，需要的读者可以向笔者索要。进一步地，我们运用 Kalman 滤波对状态空间模型进行实证分析，计算出模型 5.14 和模型 5.15 中资本产出弹性和人力资本水平产出弹性（如图 5—10 和图 5—11 所示）。从总量数据来看，附加人力资本的劳动产出弹性呈现一定的上升和局部波动的特点，表明人力资本存量对经济增长的推动作用呈现出局部有一些震荡但是不断增强的趋势。说明了采用状态空间估计的合理性和必要性。在 1998—1999 年阶段，人力资本存量的产出弹性增速非常快，主要原因是在该阶段包括高等教育大众化以及各级各类教育规模的迅速扩张和教育经费投入的增加，财政经费占 GDP 的比重从 1997 年的 2.49% 提高至 2000 年的 2.87%。伴随着 1998 年亚洲金融危机的爆发，人力资本和技术成为市场竞争的核心力量。与之相对，资本产出弹性呈现整体下降局部存在较大震荡的特点，在 1993—1999 年阶段，资本产出弹性呈现缓慢攀升然后小幅回落的态势，但是在 2008—2016 年，资本的产出弹性呈快速下降趋势。考虑人力资本的外部性后（图 5—11），资本产出弹性、附加人力资本的劳动产出弹性以及人力资本水平产出弹性仍呈现一定的波动态势，

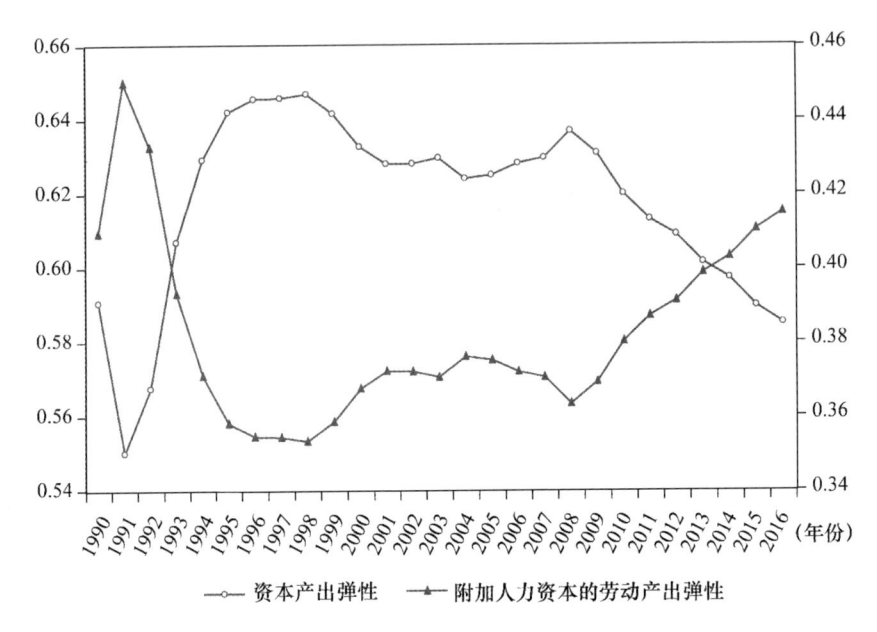

图 5—10 1990—2016 年要素产出弹性估计

图例：资本产出弹性；附加人力资本的劳动产出弹性

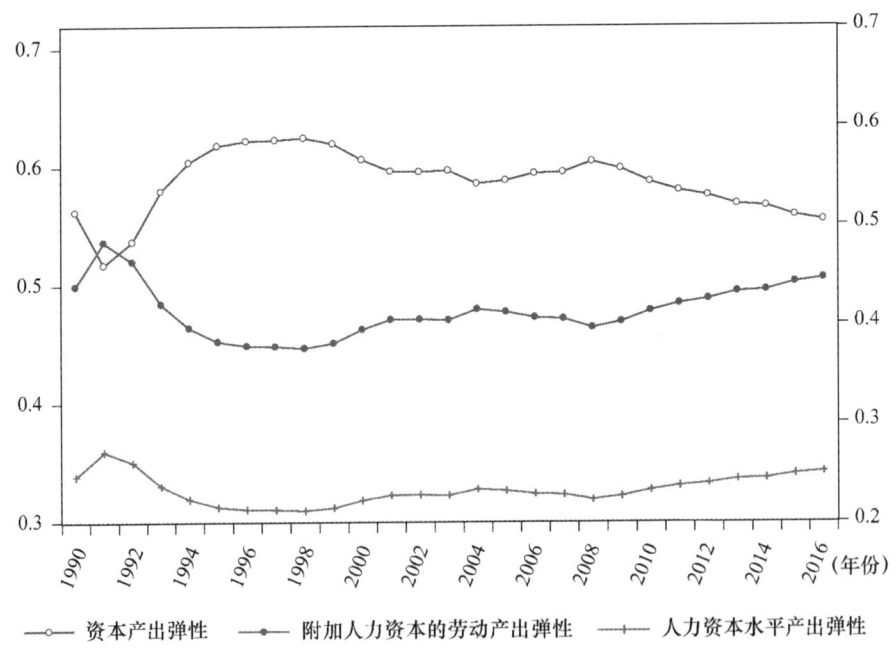

图 5—11 1990—2016 年要素产出弹性估计

图例：资本产出弹性；附加人力资本的劳动产出弹性；人力资本水平产出弹性

2016年资本和人力资本存量的产出弹性均大于未考虑外部性时，反映了人力资本外部性在一定程度上抵消了部分资本边际报酬递减效应，并进一步加强了人力资本存量的要素产出弹性。

为了更好地分析经济增长的源泉，我们对物质资本、人力资本存量以及人力资本水平和TFP对经济增长的贡献进行测算（见表5—7）。1990—2016年，中国GDP的年均增速高达9.83%，其中物质资本贡献率占43.09%，表明中国过去近30年间经济增长将近一半得益于物质资本的积累。人力资本的直接贡献为10.59%，远低于物质资本的贡献率。在人力资本的直接贡献部分中，劳动力人数增加的贡献为4.62%，占43%，而劳动力质量提升的贡献占57%，说明过去近30年间人力资本的直接贡献中主要是依赖劳动力质量的提升来实现的。

从各阶段各要素对经济增长的贡献率来看，1990—1998年、1999—2007年、2008—2011年和2012—2016年这四个阶段中国GDP的年均增长率分别为11.02%、10.54%、9.86%以及7.16%，物质资本对经济增长的贡献越来越大，尽管2008年国际金融危机后中国尝试通过"调结构"来降低经济发展对高投资的依赖，四万亿政策推行和总投资的快速增长，使物质资本贡献率在2008年之后接近60%。劳动力数量对经济增长的贡献整体呈现下降趋势，而人力资本的直接贡献出现先下降后上升趋势，上升说明人力资本的贡献越来越依赖于劳动力质量的提升，下降趋势可能与近年来人力资本的需求结构有关，反映了现阶段中国市场需求逐渐向各级各类高技能型人才倾斜，"人职匹配"成为制约人力资本贡献降低的主要原因。由于人力资本外部性作用间接提高了资本的使用效率和劳动力生产率，进而提高这些要素对经济增长的贡献，因此人力资本的总贡献率大于其直接贡献率。基于前文人力资本外部性模型和基准模型的比较计算，我们得到过去近30年间经济增长中人力资本的贡献率为10.38%，其中直接贡献为8.75%，占总贡献率的84.3%，间接贡献为1.63%，占总贡献率的15.7%，但是其间接贡献率逐年提升,反映了人力资本外部性作用在逐年增强。TFP对经济增长的贡献率从51%下降到2012年的29%,这可能与资本积累对TFP的排斥效应相关,2011年后TFP的增长对经济增长的促进作用出现回升。

表5—7　　　　　分时段各要素增长率及对经济增长的贡献

变量	总时间段	子时间段			
	1990—2016	1990—1998	1999—2007	2008—2011	2012—2016
K	12.11	10.75	12.42	15.32	11.39
资本的贡献率(%)	(43.09)	(34.14)	(41.24)	(54.42)	(55.67)
L	0.70	1.09	0.67	0.38	0.29
劳动力贡献率(%)	(4.62)	(6.45)	(4.14)	(2.48)	(2.65)
E	0.90	0.94	0.78	0.99	0.94
内生于有效劳动的贡献率(%)	(5.92)	(5.57)	(4.83)	(6.52)	(8.53)
外部性要素贡献率(%)	(2.83)	(2.65)	(2.30)	(3.11)	(4.07)
教育的直接贡献(%)	(8.75)	(8.22)	(7.14)	(9.63)	(12.60)
教育的间接贡献(%)	(1.63)	(1.38)	(1.68)	(2.14)	(1.59)
教育的总贡献率(%)	(10.38)	(9.60)	(8.82)	(11.77)	(14.18)
H	1.60	2.05	1.46	1.37	1.23
附加人力资本劳动贡献率(%)	(10.59)	(12.08)	(9.01)	(9.03)	(11.20)
TFP	5.14	6.55	5.76	4.25	1.29
TFP的贡献率(%)	(43.54)	(51.19)	(47.49)	(33.47)	(29.09)

注:表中单元格内数字为各变量在相应时间段内的平均增长率,括号内数字为该要素对经济增长的贡献率。其中,教育的直接贡献、劳动力的贡献、资本的贡献以及TFP的贡献之和为100,教育的间接贡献指通过提升其他要素效应的贡献,因计算过程中四舍五入存在微小差异。

对各要素对经济增长的贡献进行分解显示(图5—12),物质资本和人力资本存量对经济增长的贡献整体上看在逐渐增强,而劳动力数量对经济增长的贡献逐渐减小。

(%)

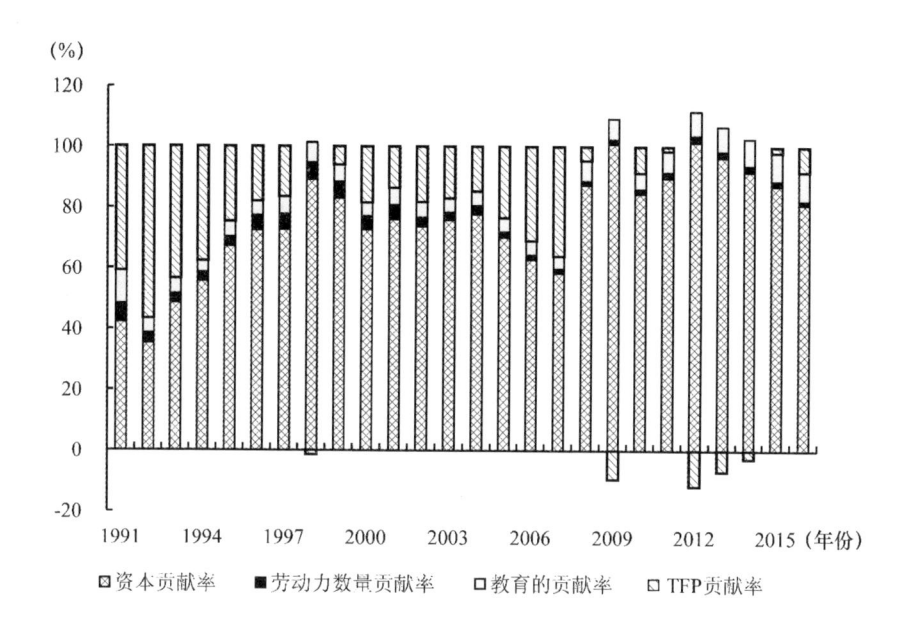

图 5—12　教育对经济增长的贡献

第四节　制度与政策对教育在经济增长中作用的影响

一　相近教育水平下不同制度与政策的地区经济增长

（一）样本选择

为了进一步估计制度、政策因素对教育在经济增长中作用的影响效应，我们选取了具有相近教育和人力资本水平的地区进行比较。在第三章的分析中我们已经分析了总体受教育水平的年度变化和发展趋势以及不同层次教育人力资本的地区差异，这部分从初始年份受教育水平开始分析，首先依据1997年各地区从业人员的平均受教育水平将地区分为五类，处于较高水平的地区有上海、天津和北京，处于较低水平的地区有青海、云南和甘肃三个省份（表5—8），可见，1997年中国东西部教育发展水平之间仍有较大差距，最高水平地区和低水平地区的差距值相差 4.23 年。我们在受教育程度中等偏上水平的组中发现，该组中既包括东部沿海省份，也包括西部相对落后省份，在该组中，广东省和吉林省的平均受教育水平比较接近，吉林省水平略高为 8.691 年，广东省为 8.277 年，但从经济发展水平和增长速度来看，广东省的增长速度要明显高于吉林省，因此我们选取这两个省份作为比较相近受教育水平下不同制度与政策的比较对象。吉林省是中国东北老工业基地，而广东省有中国三个经济特区（珠海、汕头、深圳），对外开放程度较高，我们从两个省份固定资产投资总额以及国有经济投资占总投资额比重（图 5—13）也可以看出，吉林省与广东省在政策和制度上存在较大差距，1997 年两省国有经济投资的占比分别为 81% 和 46%，也反映了两个省份在某些制度方面的差异，因此我们分别对这两个省份中教育人力资本的贡献和作用进行分析。

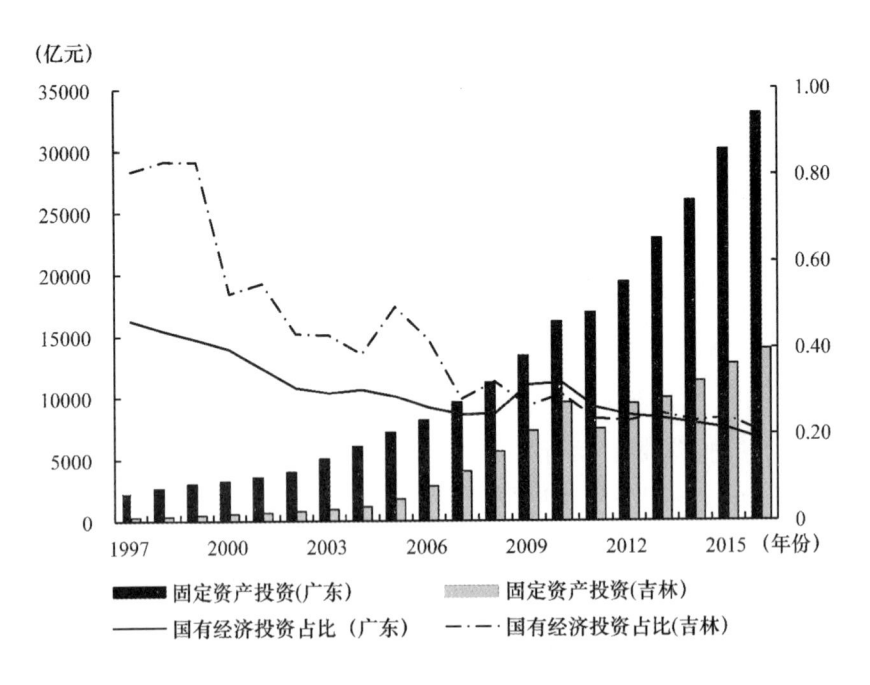

图 5—13　固定资产投资及占比（广东/吉林）

表 5—8　　按 1997 年从业人员平均受教育年限的水平分类

类别	地区	均值（年）
1	天津、上海、北京	9.91
2	广东、山西、黑龙江、吉林、辽宁	8.53
3	湖北、山西、湖南、河南、河北、海南、新疆	7.76
4	山东、广西、福建、浙江、江苏、江西、内蒙古	7.31
5	宁夏、贵州、四川、安徽、重庆	6.73
6	青海、云南、甘肃	5.68

（二）贡献测算

按教育水平在 1997—2016 年的增长速度分组来看，1997 年人力资本水平较低的地区其教育水平增长速度较快，一方面反映了中国教育发展存在地区收敛态势，另一方面也反映出在相同的教育政策和力度下，教育投资的规模收益递增。使用有效劳动模型估计吉林省人力资本变量的系数为 0.391，明显低于广东省人力资本的估计系数 0.549，表 5—9 统计了 1997—2016 年各要素贡献的差异，其中教育、人力资本以及 TFP 的贡献吉林省都远远低于广东省，而这两个省份在研究样本期初和期末受教育水平均相近，因此人力资本水平不是制约吉林省人力资本和 TFP 增长率低于广东省的主要原因，可以说，两省在制度、政策方面的差异也制约了人力资本对经济增长的作用的发挥。

表 5—9　　广东省和吉林省经济增长中各要素的增长率及其贡献

时间	省份	Con_K	Con_L	Con_E	Con_H	TFP
1997—2016	广东	52.53	13.94	6.81	20.95	26.71
	吉林	87.94	5.19	3.28	8.53	3.57
1997—2001	广东	52.68	11.92	4.71	16.74	30.69
	吉林	60.87	2.24	3.70	5.97	33.19
2002—2006	广东	42.49	21.69	1.38	23.15	34.45
	吉林	88.31	4.17	2.36	6.57	5.15

续表

时间	省份	Con_K	Con_L	Con_E	Con_H	TFP
2007—2011	广东	56.78	14.36	9.82	24.46	19.04
	吉林	106.73	3.79	2.88	6.71	-13.40
2012—2016	广东	68.23	8.80	11.34	20.28	11.63
	吉林	91.73	15.62	5.23	20.99	-12.58

二 相近制度与政策下不同教育水平的地区经济增长

(一) 样本选择

根据表中对人力资本水平的分组，我们从较低水平的分组中选取西部地区的新疆和甘肃省，两个省份的政策、制度、市场环境相似，但是其人力资本水平差异较大，1997年，新疆平均受教育年限要高出甘肃省1.6年，2016年新疆仍比甘肃地区高出1.2年。从中部省份来看，1997年安徽省的平均受教育年限要比河南省低将近1年，河南省和安徽省平均受教育年限分别为7.65年和6.87年，2016年两者分别增加到9.99年和9.11年，差距仍然较大，如图5—14、图5—15所示。

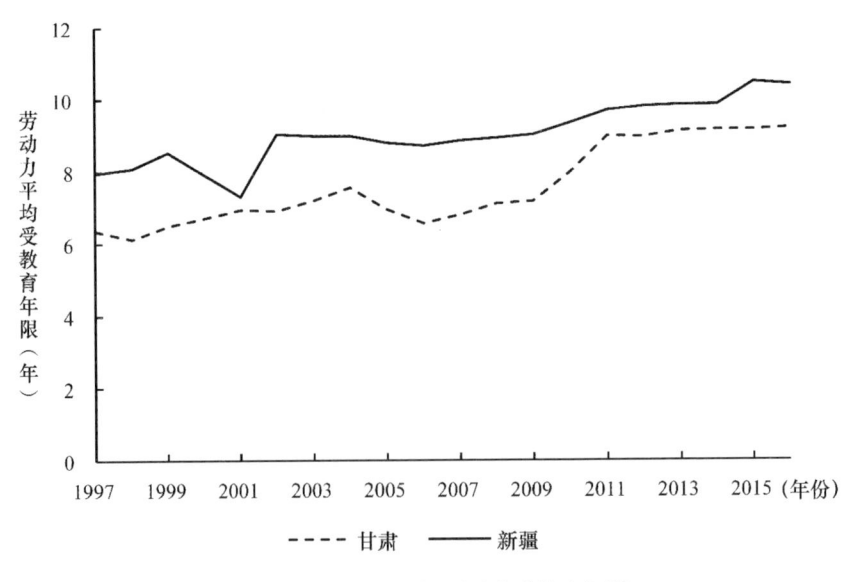

图5—14 甘肃和新疆平均受教育年限

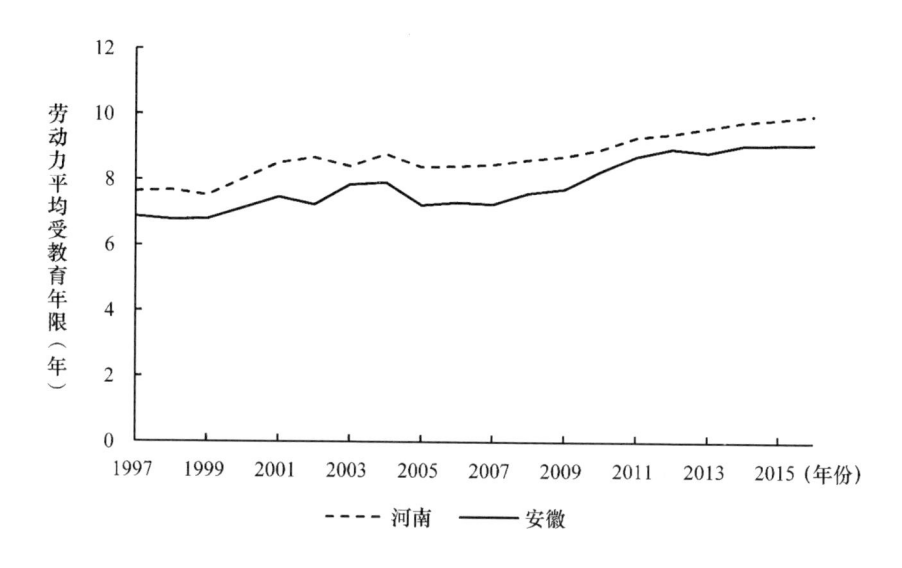

图 5—15　河南和安徽平均受教育年限

（二）贡献测算

分别利用新疆、甘肃、安徽和河南四个地区的数据进行估计并计算了各要素的贡献率，通过比较发现，四个地区的经济增长更倾向于资本驱动型，主要依赖物质资本投入拉动经济增长，相对而言，教育、人力资本和全要素生产率的贡献都比较低，大部分地区的教育贡献率都在5%以下，特别是近几年全要素生产率的贡献几乎都变为负值。其中河南省是劳动力人口驱动型增长，教育人力资本的贡献要低于安徽省。类似地，新疆地区也偏向于劳动力驱动型，主要依靠物质资本投入和劳动力人数推动经济增长，而教育和全要素生产率的贡献较低。这也在一定程度上反映了中西部地区的产业结构特征，以传统一、二产业为支柱的经济结构更依赖于要素投入的作用，对人力资本的需求不明显。因此，在政策和制度相近的中部和西部地区中，教育和人力资本水平的提高是经济增长的重要驱动力。

表 5—10　新疆、甘肃、安徽和河南经济增长各要素的增长率及其贡献

	省份	Con_K	Con_L	Con_E	Con_H	TFP
1997—2016	新疆	83.85	13.14	3.80	17.07	-0.8
	甘肃	95.27	7.70	4.35	12.21	-7.33
	安徽	97.81	3.82	4.25	8.15	-5.90
	河南	60.87	2.24	3.70	5.97	33.19
1997—2001	新疆	73.67	11.95	5.98	18.08	8.40
	甘肃	78.11	4.63	6.77	11.54	10.49
	安徽	71.87	4.58	9.08	13.76	12.47
	河南	78.99	15.91	7.06	23.22	-1.96
2002—2006	新疆	67.52	12.62	3.91	16.67	15.96
	甘肃	90.95	11.86	3.54	15.63	-6.35
	安徽	71.89	5.52	4.56	10.15	18.03
	河南	72.20	2.73	4.83	7.59	20.25
2007—2011	新疆	76.50	18.93	4.01	19.73	0.57
	甘肃	101.74	7.40	4.66	12.24	-13.80
	安徽	76.89	5.45	5.69	11.25	11.96
	河南	107.68	6.19	4.53	10.81	-18.40
2012—2016	新疆	125.71	10.79	1.82	12.66	-38.32
	甘肃	114.87	8.39	3.45	11.96	-26.71
	安徽	93.27	4.00	4.23	8.27	-1.50
	河南	107.03	8.12	4.80	13.01	-19.96

第五节　本章小结

本章我们划分了经济增长的不同阶段，并综合多位学者提出的理论以及中国经济发展的实际情况，选择了适合问题情境的模型，进一步对教育在经济增长中的贡献进行了测算。我们发现过去近30年间经济增长中教育的贡献率从9.6%增加到14.2%，平均贡献率为10.38%。其中直接贡献为8.75%，占总贡献率的84.3%，间接

贡献为 1.63%，占总贡献率的 15.7%，但是其间接贡献率逐年提升，反映了人力资本外部性作用在逐年增强。在人力资本的直接贡献部分中，劳动力人数增加的贡献为 4.62%，占 43%，而劳动力质量提升的贡献占 57%，说明过去近 30 年间人力资本的直接贡献中更多地依赖劳动力质量即教育水平的提升来实现；从分省样本的测算来看，在教育水平相近的不同制度与政策的地区中，制度和政策因素制约了教育对经济增长作用的发挥；然而，在政策和制度相近的地区中，教育和人力资本水平仍是经济增长的重要驱动因素。

第六章

教育在经济增长中的作用机制研究

在经典的经济增长模型中,教育不是一个独立的投入要素。资本、劳动、技术、管理是最常见的投入要素。经济增长模型中最原始的逻辑是任何一项生产都需要资本投入与劳动力投入。每一种投入要素的投资收益率就构成了经济增长。根据内生经济增长的表述,人力资本在经济增长中不仅具有要素积累的直接作用,还具有决定一国或地区技术创新能力和技术模仿吸收和扩散的间接作用,人力资本与物质资本还存在一定程度的互补性,此外,制度、结构因素都会影响教育对经济增长作用的发挥。本章从教育与技术、教育与物质资本、教育与制度、教育与结构的关系出发,利用动态与静态、时间与空间相结合的方法探讨了教育在经济增长中的线性以及非线性作用机制。

第一节 教育在经济增长中的作用机制研究回顾

现代经济学最早研究教育对经济增长作用的是诺贝尔奖获得

者美国经济学家舒尔茨，他在20世纪60年代依据他所提出的人力资本理论，计算了美国1929—1957年经济增长中教育的贡献是33%。舒尔茨的研究重新开启了人们对教育与人力资本在经济增长中作用与贡献的研究。人力资本理论提出后，由于教育是人力资本投资的最主要形式，对教育与经济增长关系的研究越来越多。但实际上在经典的增长模型中并不能直接看到教育变量的作用。一般来说，经济增长的投入要素主要包括资本、劳动、技术，以及一些与企业家精神、管理、制度相关的因素。因此，探讨教育对经济增长的作用往往要通过教育与资本、教育与劳动、教育与技术，甚至是教育与制度、教育与管理的关系来考察教育对经济增长的贡献。经济增长最简单的逻辑就是资本投入的增加带来产出的增长，劳动投入的增加也带来产出的增长。技术的进步不仅能提高生产效率，还能创造出新产品、新产业。教育与这三者的关系非常密切，劳动力的数量与质量都与教育关系密切，技术的进步一定是高水平的专业人员努力工作的结果。即使是资本，也与高技能劳动力存在着很强的互补关系，资本实际上是跟着人在走，没有丰富的人力资本储备，一个地区很难吸引到好的投资。

一 "增量效应"与"存量效应"

许多学者使用计量中的回归分析得到教育与增长之间存在积极影响效应，其中有著名经济学家Barro（1991），他使用初等和中等教育入学率指标作为教育的代理变量，利用1960—1985年98个国家的跨国数据回归得到教育对增长的弹性系数为2.5；Mankiw, Romer & Weil（1992）进一步验证了Barro（1991）的相关结论，与前者不同的是，他们使用了98个国家的截面数据而并非面板数据进行回归估计，并且选取中等教育劳动年龄人口的平均占比作为衡量人力资本的指标，得到人力资本的增长效应为0.7%；同年，Levine & Renelt（1992）选取了119个国家作为样本，与Mankiw等人不同的是他们使用中等教育入学率作为教育指标，并进一步通过跨国面板数据测算得1%的中等教育入学率提升引起人均收入的提升区间为2.5%—3.7%；Barro在1993年的研究中调整了部分数据并进行重新估计，发现受教育年限的增加对经济增长的作用存在性别差异：其中男性中等教育年限每增加一年，产出增长率将提升1.4个百分点，而女性中等教育年限每增长一年，产出增长率将降低0.9个百分点（Barro & Lee，1993）；Gemmell（1996）考虑了初始人力资本变量的影响，并且加入投资变量考察了人力资本与投资、增长之间的间接影响关系。随后的研究中Bassanini & Scarpetta（2001），Andréosso-O Callaghan（2002），Baldacci, Cui, Clements & Gupta（2004），Hongyi & Huang（2009），Ding & Knight（2011），Wang & Liu（2016）等学者采用不同的指标和回归估计方法，同样得出教育与宏观增长之间存在积极正向影响的研究结论。

仍有少数学者的研究表明人力资本与经济增长无关甚至具有负向效应，如Knight, Loayza & Villanueva（1993）对98个非石油国家的面板数据估计结果显示，人力资本对经济增长的影响是负向的，Islam（1995）在对96个非石油国家进行回归估计时，2/3的样本参数估计表现为不显著，Pritchett（1996）、Bils & Klenow（2000）、Temple（2001）的研究结论均表明教育对增长的影响很小甚至是反向的变动关系。Li, Lai, Wang & Zhao（2016）的研究显示人力资本存量对经济增长并不存在显著作用。因此有研究表明，教育的平均社会收益可能存在临界值，一般至少4年以上的教育才能够达到会写的水平，只有超过4年的临界值后，教育才能显示出较大的经济效益（哈利·安东尼·帕特里诺斯，乔治·萨卡罗普洛斯，2012）。

Benhabib & Spiegel（1994）的跨国研究同时考虑了人力资本存量和积累对经济增长的影响，结果显示人力资本变化量对人均收入的影响是负向且不显著的,而人力资本存量对人均收入产生了正向的积极影响。Pritchett(1996)则考察增长与受教育程度变化量之间的关系,其研究结论表明教育年限的增加量对人均GDP增长的影响很小并且表现为不显著,Gemmell(1996)考察了人力资本与投资、增长之间的影响关系也得到相似的论断。Engelbrecht(1997)的研究发现无论是教育水平值还是教育的变化量都对OECD国家的经济增长存在显著的积极影响。Krueger & Lindahl(2001)指出估计结果的差异部分来源于测量误差和内生性,并且估计结果与样本的选择密切相关,他们发现在教育发展水平较低的国家,人力资本对经济的增长效应表现显著,而在教育水平较高的国家影响并不显著。也有研究认为造成教育与经济增长关系不显著的原因是教育质量的差异(Breton,2011)。

基于主要文献的汇总整理,我们进一步发现:(1)大多数跨国数据研究中,人力资本的指标选取主要集中使用了各级教育入学率和平均受教育年限,少部分采用教育经费支出;(2)学者们根据研究目的的不同,通常将因变量设定为产出的水平值、人均值、变化量及增长率四种形式,相应的自变量的指标选取也包含这四种形式;(3)从整体来看,针对发达国家的研究较多,发展中国家的研究较少,而且部分著名的研究得到的结论却截然相反。一些针对发展中国家的研究也表明在20世纪60年代,对教育大量投资带来的产出增长很微弱,Temple(2001)将可能原因归结为发展中国家的制度环境限制、教育质量的低下以及对技能人才的需求不足。可见,尽管教育人力资本在经济增长中发挥关键作用具有了逐渐完善的理论基础,但是实证研究中关于两者之间的关系尚未达成一致结论,教育和人力资本的增量和存量作用是一个值得进一步探讨的问题。

表 6—1　基于教育和经济增长关系的实证研究文献梳理

因变量类型	研究者	研究对象	人力资本变量	估计结果	方法
GDP 总量	Andréosso-O Callaghan (2002)	10 个亚洲经济体 1980—1997	识字率和中等教育入学率	教育对增长有显著的积极影响	面板回归
	Mankiw, Romer & Weil (1992)	98 个国家 1960—1985	中等教育劳动年龄人口平均占比	中等教育劳动年龄人口的平均百分比 1% 的变动将引起人均劳动年龄人口 GDP 变动 0.7%	截面回归
	Knight, Loayza & Villanueva (1993)	98 个非石油国家 1960—1985	中等教育劳动年龄人口百分比的对数	人力资本对增长产生负向的消极影响	面板回归
	Islam (1995)	96 个非石油国；OECD 1960—1985	平均受教育年限	2/3 的样本参数估计不显著	面板回归
	Barro & Sala-I-Martin (1995)	79 个非石油国家 1960—1985	平均受教育年限的对数	教育对增长有着积极的正向影响，对比不同的回归模型，发现增加人力资本时间序列数据后的面板回归截面回归结果有修正作用	截面、混合估计
人均/劳均 GDP	Bassanini & Scarpetta (2001)	OECD 国家 1971—1998	25—64 岁人口的平均受教育年限	受教育年限与人均产出的弹性系数为 0.6	动态异质面板 PMG
	Temple (2001)	91 个国家 1965—1985	平均受教育年限变化	大量的教育投入带来的产出增长很小	增长回归
	Pina & Aubyn (2005)	葡萄牙 1960—2001	15—64 岁人口平均受教育年限	社会资本的投资扩大了私人资本对 GDP 的产出收益由 18.5% 提高至 37.3%，而人力资本的影响效应由 16% 降低至 2.7%	时间序列
	李富强、董直庆、王林辉 (2008)	中国 1978—2005	人均实际教育经费支出	人力资本对经济增长的贡献中包含制度因素的影响	GMM 估计
	Wang & Liu (2016)	55 个国家 1960—2009	劳动力人口平均受教育年限	劳动力人口的平均受教育年限对劳均 GDP 的弹性系数为 0.14，而初中等教育对劳均 GDP 的经济增长不显著	面板回归

续表

因变量类型	研究者	研究对象	人力资本变量	估计结果	方法
人均GDP变化量	Benhabib & Spiegel (1994)	120个国家 1965—1985	(1) 平均受教育年限变化量 (2) 平均受教育年限初始	(1) 人力资本的变化量对人均收入的影响是负向且不显著的; (2) 人力资本初始水平值对人均收入产生正向的积极影响，说明人力资本具有累积影响效应	面板回归
	Klenow & Rodríguez-Clare (1997)	98个国家	25岁以上成人受教育年限数据（同Barro和Lee 1993）	阐释了全要素生产率对解释不同国家产出增长差异的贡献	增长核算
	Krueger & Lindahl (2001)	108个国家 1965—1985	(1) 受教育年限的变化量 (2) 受教育年限初始存量	跨国估计结果显示受教育年限变化量对增长存在积极影响	面板回归
	Kawakami (2004)	中国省际面板 1978—1990; 1991—1998	高中师生比（全职教师数量/高中在校生数）	师生比越高，经济增长越快	面板回归
	Son et al. (2013)	EU 欧盟	(1) 平均受教育年限 (2) 技能测试成绩	人力资本质量和数量都对经济增长有显著的积极作用	增长回归
人均GDP增长率	Barro (1991)	98个国家 1960—1985	初等、中等教育入学率	初等、中等教育入学率提升1%，促使人均GDP增长率提升2.5%	增长回归
	Kyriacou (1991)	1970—1985	(1) 受教育年限初始存量 (2) 受教育年限增长率	初始人力资本存量对经济增长有显著的积极影响，而人力资本增长率的影响不显著	增长回归

续表

因变量类型	研究者	研究对象	人力资本变量	估计结果	方法
人均GDP增长率	Levine & Renelt (1992)	119个国家 1960—1989	中等教育入学率	1%的中等教育入学率提升将促进人均GDP增长率提升2.5—3.7个百分点	面板回归
	Barro & Lee (1993)	129个国家 1960—1985	25岁及以上年龄成人（男性和女性）平均受教育年限	增加一年男性中等教育年限，增长率将提升1.4个百分点；增加一年女性中等教育年限，增长率将降低0.9个百分点	随机效应面板，同时使用工具变量和SUR回归
	Englander & Gurney (1994)	G7（美国、日本、德国、法国、英国、意大利、加拿大）	中等教育入学率	中等教育入学率增加1个百分点，生产率增长1.5个百分点	增长核算
	Young (1995)	"亚洲四小龙"（中国台湾、中国香港、新加坡、韩国）	劳动年龄人口的平均受教育程度	劳动力受教育年限提高1%促进有效劳动力投入的年增长率提升约一个百分点	增长核算
	Gemmell (1996)	98个国家 1960—1985	(1) 初等、中等、高等教育入学率的初始值 (2) 各教育入学率	(1) 初始人力资本对收入增长存在促进作用 (2) 1%的高等教育增长率提升1.1%的人均GDP增长率	OLS、3SLS回归
	Pritchett (1996)	91个国家 1960—1985	受教育年限的增长率	受教育年限的增加对人均GDP增长的影响很小并且表现为不显著	面板回归
	Griliches (1997)	美国	受教育年限	受教育程度的提高对美国总产出增长率的贡献约0.5%	增长核算
	Baldacci, Cui, Clements & Gupta (2004)	120个发展中国家 1975—2000	教育支出占GDP比重	教育支出比例每增加1个百分点，促进增长率提高1.4个百分点	面板回归

续表

因变量类型	研究者	研究对象	人力资本变量	估计结果	方法
人均GDP增长率	Arayama & Miyoshi (2004)	中国省际面板 1978—1998	受中等教育程度劳动力的增长率	人力资本对经济增长的贡献率是15%，人力资本的贡献存在显著的地区差异，对中部和西部的作用大于东部	增长回归
	Basu & Bhattarai (2012)	48个国家	教育投资	公共教育投资的提高会降低经济的长期增长率	
	黄燕萍等（2013）	中国27个省 1997—2009	劳动力的平均受教育年限	人力资本对经济增长的作用存在异质性，不同层次人力资本的作用不同	面板固定效应
	Li, Lai, Wang & Zhao (2016)	中国27个省 1984—2012	劳动力人口平均受教育年限	人力资本对经济增长不存在显著影响	动态面板

(一) 动态面板模型与 GMM

在面板模型中，有时会在静态模型中加入滞后被解释变量以反映动态滞后效应的模型，被称为"动态模型"，但是在动态面板模型中，动态滞后项与随机误差项中的个体效应相关，直接用 OLS 估计则会出现内生性偏误。以往许多关于教育和经济增长之间关系的面板数据研究或者时间序列数据分析多采用 OLS 估计模型参数，由此将带来有偏估计与内生性问题：一些不随时间变化的不可观测变量的固定效应，与解释变量之间存在相关性；滞后被解释变量与解释变量之间存在相关导致潜在内生性问题，此外，经济增长与教育之间的双向关系也会导致内生性问题。广义矩估计（Generalized Methods of Moments，GMM）是解决上述问题的有效方法，通过得出一系列矩条件并根据这些矩条件求解满足条件的系数，分为差分 GMM（Difference GMM）、水平 GMM（Level GMM）和系统 GMM（System GMM）。GMM 不需要知道随机误差项的准确分布信息，允许随机误差项存在异方差和序列相关，因而得到的参数估计量比其他参数估计方法更有效。

(二) 差分 GMM 和水平 GMM

一般地，对以下动态面板模型：$y_{it} = \alpha + \rho y_{i,t-1} + \beta x'_{it} + u_i + \varepsilon_{it} (t=2,\cdots,T)$，$u_i$ 是个体的固定效应，先作一阶差分消除个体效应 u_i，得到 $\Delta y_{it} = \alpha + \rho \Delta y_{i,t-1} + \beta \Delta x'_{it} + \Delta \varepsilon_{it} (t=2,\cdots,T)$，但是 $\Delta y_{i,t-1}$ 仍然与 $\Delta \varepsilon_{it}$ 相关，$\Delta y_{i,t-1}$ 为内生变量，需要找找适当的工具变量来得到一致估计。通常地，在 ε_{it} 不存在自相关的前提下，Anderson & Hsiao（1981）提出使用 $y_{i,t-2}$ 作为工具变量，然后进行 2SLS 估计，根据同样的逻辑，更高阶的滞后变量也是有效的工具变量，Arellano & Bond（1991）使用所有可能的滞后变量作为工具变量 IV（IV 个数多于内生变量个数）进行 GMM 估计，称为"Arellano-Bond 估计量"或"差分 GMM"（Difference GMM），所以使用差分 GMM 的重要前提是扰动项不存在自相关。

Arellano & Bover (1995) 重新回到水平方程 (level equation) 进行 GMM 估计，称为"水平 GMM"(Level GMM)。

(三) 系统 GMM

Blundell & Bond (1998) 则将差分 GMM 与水平 GMM 结合在一起，将差分方程与水平方程作为一个方程系统进行 GMM 估计，称为"系统 GMM"(System GMM)。

GMM 方法允许模型中有一些自变量是内生的，允许误差项存在自相关和异方差，处理方式是将一阶差分 (First Difference) 和滞后变量作为工具变量，较好地控制了内生性和教育与经济增长之间的逆向因果关系。进一步地，考虑到 SYS-GMM 在 DIF-GMM 的基础上采用差分变量的滞后项作为水平值的工具变量与矩条件，通过综合利用差分方程和水平方程的估计，进一步增加了可用的工具变量，从而使估计更加有效，因此本书拟采用 SYS-GMM 估计。

二 "效率提升"作用机制

新古典经济模型认为技术进步是经济长期增长的关键因素，但技术进步是外生的，不是经济因素决定的。Romer (1990a) 的研究将技术进步内生化，提出知识与技术具有边际收益递增的特性，解决了经济长期可持续增长的问题。他认为高水平的人力资本存量可以通过激发创新和技术进步，间接影响总产出，是经济增长的原动力。从这个意义上讲，各国产出增长率的不同是由人力资本存量水平的差异造成的，人力资本可以通过影响技术进步和全要素生产率来影响经济增长，遵循"效率提升"的作用路径 (Aghion & Howitt, 1992)。Foster & Rosenzweig (1996) 发现在印度受教育水平更高的农民更容易接受并采用新技术，验证了 Nelson & Phelps (1966) 的创新增长路径。巴罗 (Barro, 1998) 验证了人力资本初始存量对解释经济发展差距的增长效应。范登伯斯奇探讨了不同类型人力资本对技术追赶的影响，进一步验证了人力资本"效率提升"的作用路径 (Vandenbussche, Aghion & Meghir, 2006)。由于不同类型的人力资本在技术创新与技术追赶过程中的作用不同，处于不同发展阶段的国家或地区在教育人力资本政策上会采取不同的策略。有学者检验了人力资本存量对中国经济增长的积极作用（Ding & Knight, 2011; Fleisher, Li & Zhao, 2010; Hongyi & Huang, 2009），也有研究表明中国教育和人力资本存量对经济增长没有显著影响（Li, Lai, Wang & Zhao, 2016）。

三 "资本互补"作用机制

大部分基于生产函数模型的研究是从人力资本的要素作用入手的，人力资本在经济增长中的间接作用研究要从"中性技术进步"的假定开始，在大多数发达国家，尽管熟练工人的供给相对大幅增加，但是受过良好教育的熟练工人工资比低技能工人的工资增长的要快得多，为了解释这一现象，增长理论开始扩展为包含技能偏向技术进步的理论（Skill-Biased Technologial Change, SBTC），技能偏向的技术进步对高技能劳动力劳动生产率的提高作用大于低技能劳动力（Hornstein, Krusell & Violante, 2005; Violante, 2017）。考虑到技能偏向性技术进步的作用，通常在生产函数中将人力资本的异质性区分为高技能熟练型劳动力和低技能非熟练劳动力。假定资本是固定的，熟练工人在总体就业人员中的工资份额可以从对数工资方程中得到，一些研究证实了在技术偏向技术进步的条件下，资本存量越大，技能型劳动力的比重就越大，两者呈现明显的互补关系（skill-capital complementarity）（Berman, Bound & Griliches, 1994; Berman, Somanathan & Tan, 2005; Griliches, 1969）。在相似的理论基础上，Wei（2008）检验了中国当期人力资本存量水平对后期物质资本积累的关系，考虑到中国各省之间人力资本水平的差距较大，在 SBTC 的假设下，拥有大量高技能熟练劳动力的省份更倾向于吸引更多物质资本的流入，Chi 控制了各省初期的受教育水平，在一定程度上可以反映人力资本水平和物质资本积累的因果关系。此外，还有学者针对人力资本与物质资本的互补匹配情况展开研究，人力资本课题组从理论视角论证了人力资本和物质资本之间最优匹配的存在性，并利用耦合协调函数计算了两者之间的协调程度；也有研究发现中国人力资本和物质资本的匹配状况存在结构性失衡，东部地区的人力资本存量较物质资本相对短缺，而中西部地区则经历从人力资本相对过剩最终也变为相对短缺的过程（许岩，曾国平，曹跃群，2017）。

四 "制度耦合"作用机制

探讨教育在经济增长中的作用往往要通过教育与资本、教育与劳动、教育与技术、教育与制度、教育与管理的关系来考察教育对经济增长的作用。已有研究中多选择内生经济增长模型，而内生经济增长仅承认制度因素的重要作用，而未将其纳入增长方程，这无疑忽视了制度管理等因素对经济增长的作用，制度因素对经济增长的作用如何？制度效率是怎么样的？尤其是教育制度与人力资本交互耦合对产出的影响如何？这将对于制度改进和政策制定尤为重要。

阿西莫格鲁认为制度发展是经济增长的根本源泉，他认为中国40年的高速增长源于包容性经济制度。大多数学者的研究表明中国的制度变革对经济增长起到很大的促进作用，但是有学者发现深层次的制度因素对经济增长因素的配置作用更为重要（康继军，张宗益，傅蕴英，2007a），实质上制度对经济增长的贡献是通过制度变革带来的资源配置引起的，如此可以与蔡昉的增长源泉分解联系起来，制度变革可以通过影响资源配置效率进而促进经济增长。仍有研究表明，制度因素的影响也存在非线性关系，在制度较好的国家，其作用并不显著，而在制度较差的国家，制度因素可以显著地促进经济增长（邵军，徐康宁，2008）。加入制度变量也是基于对中国目前正处在经济转型的关键时期，经济制度因素会对中国各个省份的生产率和经济增长具有特殊的意义和重要解释力。有学者发现，当制度发展不完善时，随着制度的发展和完善，制度生产的贡献因子不断提高，若技术进步和人力资本的增长速度较慢，经济增长率将随着制度贡献的变化而变化。制度发展越快，资本积累和经济增长的速度也越快，若技术进步和人力资本也快速发展，经济发展就不仅依赖于制度发展，而且伴随技术进步和人力资本的发展而增长（李富强，董直庆，王林辉，2008）。还有学者认为制度进入增长方程的形式学术界尚无统一结论（康继军，张宗益，傅蕴英，2007b）。

五 "配置结构"作用机制

Psacharopoulos（1994a）使用跨国数据对个人收入的自然对数、受教育年限、工作经验及其平方值、性别等控制变量进行回归，发现总体上教育呈现正向回报率，且初等教育回报率高于中高等教育，同时发现欠发达国家的初等教育回报率远高于发达国家。Krueger & Lindahl（2001）运用美国、瑞典、联邦德国、民主德国的数据均较好地拟合出明瑟收入方程，论证了教育在不同经济体，不同教育体制国家同样发挥着重要作用的事实，且大部分国家的教育弹性系数在 0.05—0.15 区间内变化。方程存在的内生性问题导致部分学者对这一弹性系数的真实意义提出质疑，对于这一点，Ashenfelter, Harmon & Oosterbeek（1999）利用工具变量法对比了 27 个研究中 96 组估计结果，发现使用 IV 调整后的教育弹性为 0.093，高于普通 OLS 估计的 0.066，进一步解释了教育的正向收益。Griliches（1977），Krueger & Lindahl（2001）及多位学者的研究证实忽视能力等变量并不会带来对教育回报系数的高估，原因是考虑测量误差后，两者带来的估计偏误基本可以相互抵消，净偏误为负或为零。从 Mincer 收入方程看，教育对个人收益的作用不可忽视。

大部分学者关于部门结构的研究集中在对比不同部门之间的教育收益率，刘精明（2003）利用 2003 年中国综合社会调查数据（CGSS）比较了各个部门的收益率，发现各部门的教育收益率由高到低依次为国家党政机关、私有经济部门、事业单位、国有与集体企业。邢春冰（2005）利用 CHNS 数据，考察了 1989—1997 年教育回报率在不同所有制间的差异及其变化，发现 1991 年、1993 年和 1997 年的教育回报率在国有企业中最大，1991—1997 年民营部门的教育回报率增加得最为明显，而其他部门的教育回报率并没有明显的增加。周小青（2012）利用 1993 年、1997 年、2000 年、2004 年、2006 年的 CHNS 数据库，采用明瑟方程估算了国有企业和民营企业的高等教育收益率情况，发现 1993 年到 2004 年国有企业的教育收益率高于民营企业，但是在 2006 年民营企业的高等教育收益率开始超过国有企业的高等教育收益率。但同时也发现，一个受过高等教育的人更倾向于进入国有企业而不是高等教育收益率高的民营企业。

教育和人力资本在不同部门之间配置结构的研究非常少，一些研究指出"K-L 之谜"的原因之一是教育在公共部门和生产部门间的配置结构，虽然整个社会的平均受教育水平在上升，但是提高的人力资本如果没有真正地进入生产领域，那么得到"K-L 悖论"便不足为奇。Schündeln & Playforth（2014）的研究指出，教育的社会回报率在公共部门可能较低的原因主要有两个：一是直接影响，因为公共部门的员工大部分是处在非生产性工作职位；二是间接影响，因为公共部门的员工越多，对私人部门的生产力甚至会造成负的外部性影响，由此降低整体教育对经济增长的作用。对许多发展中国家来说，公共部门的规模较大，而且很多受过良好教育的毕业生倾向于到政府部门工作，例如近年来中国公务员报考热等现象，王弟海，陈理子，张晏（2017）利用公共部门的工资溢价来间接考察配置结构的影响。根据个人理性选择理论，劳动力会向高工资的部门流动，同时由于劳动力在不同部门间不完全流动，因此当期公共部门教育人力资本会受到上一期公共部门的工资溢价的影响，而且工资溢价越高，私人部门教育人力资本的占比越低，当然当期公共部门的人力资本存量也会受到上一期的影响，假设进入私人部门的人力资本 $H_t^p = \theta_t H_t$，因此有：
$$\theta_t = f(\theta_{t-1}, \Delta w_{t-1}, \varphi_t)$$
$$\ln \theta_t = \lambda_1 \ln \theta_{t-1} + \lambda_2 \Delta w_{t-1} + \lambda_3 \varphi_t, \lambda_1 \neq 1 \quad (6.1)$$

其中 Δw_{t-1} 表示 $t-1$ 期公共部门的工资溢价，φ_t 表示其他影响因素，上式两边同时除以劳动力人数 L 并取对数，假设规模报酬不变得到式 6.2：

$$\Delta \ln y_{it} = \alpha_{0+\alpha_1 \ln y_{it-1}} + \alpha_2 \ln k_{it} + \alpha_3 \ln k_{t-1} + \alpha_4 \ln h_t + \alpha_5 \ln h_{it-1} + \ln k_t - \lambda_1 \ln k_{t-1} + \ln A_t - \lambda_1 \ln A_{t-1} \quad (6.2)$$

在式 6.2 两侧同时减去 $\ln y_{t-1}$ 变为增长率形式将式 6.1 代入可以得到面板数据模型：

$$\Delta \ln y_{it} = \alpha_0 + \alpha_1 \ln y_{it-1} + \alpha_2 \ln k_{it} + \alpha_3 \ln k_{it-1} + \alpha_4 \ln h_{it} + \alpha_5 \ln h_{it-1} + \alpha_6 \Delta w_{it-1} + \alpha_7 \varphi_{it} + \mu_i + \varepsilon_{it} \quad (6.3)$$

α_4 表示教育对经济增长的贡献率应有 $\alpha_4 > 0$，根据上文分析公共部门工资溢价对经济增长的影响系数 $\alpha_6 < 0$，应用式 6.3 检验教育人力资本的部门配置结构对经济增长的作用机制。考虑到上一期政府部门的规模和总量教育人力资本都会影响当期私人部门的教育人力资本变化，最后得到了剔除教育人力资本在政府部门和非政府部门之间的配置结构的影响以后，教育水平对经济增长表现为显著的正向影响的结论。

六 "空间外溢" 作用机制

另外，从区域层面考虑教育和经济增长关系的研究有迪·利伯托（Di Liberto, 2008），她研究了不同层次教育在意大利不同区域的不同作用，她发现在意大利南部地区小学教育是非常重要的，但是在北部地区高等教育的影响却是负向的。这表明在意大利拥有更高受教育水平的人未能获得正向的回报，可能的原因是在意大利地区经济增长主要是依靠一些低技术含量的经济活动，所以拥有高技能的劳动力并没有发挥重要作用。从整个区域来看，教育和人力资本的作用可能不仅仅限定于某一个特定区域，一个地区的人力资本也会影响到邻近地区的人力资本积累。在区域经济学和城市经济学的许多研究证实了教育具有积极的外部性（Rosenthal & Strange, 2008），但是也有研究得出相反的结论，例如 Olejnik（2008）发现邻近地区的教育和人力资本水平对该地区的人均收入水平有负向影响，他们认为一个地区人力资本水平的提高与周边地区之间的人口迁移有关，这会产生负向影响。Fingleton & López Bazo（2006）的研究指出大部分基于生产函数的研究中都暗含地区间相互独立的假定，但实际上地区之间既不是同质的也不是相互独立的，因此需要考虑地区之间的相互影响。

空间外溢效应模型

经典的计量经济学存在这一理论假设，即观测值具有独立性，但是现实中的情况往往是截面数据之间存在着空间自相关，即观测值之间并非独立，空间计量允许自相关以及空间滞后相关，空间误差相关，利用空间计量经济学等方法，可以进一步对教育人力资本、经济增长及技术的空间差异、空间相关性与空间集聚性与教育的空间外溢作用进行实证研究和计量分析，检验省域之间的空间异质性和空间关系。

探索性空间数据分析模型（ESDA）是一种结合统计学与图表的一种空间数据分析技术，空间关联性测度（Spatial Association Measures）是这一分析方法的核心所在，分别采用全局与局域空间自相关分析方法对研究对象的空间分布情况进行描述。

本书拟采用 Moran's I 指数，对省域人力资本存量进行全局自相关行研究，采用 LISA 集聚图对省域人力资本存量进行局域空间自相关分析。

1. 空间自相关 Moran's I 指数基本计算原理如下：

$$\bar{Y} = \frac{1}{n} \sum_{i=1}^{n} Y_i$$

$$S^2 = \frac{1}{n} \sum_{i=1}^{n} (Y_i - \bar{Y}^2)$$

$$Moran's\ I = \frac{\sum_{i=1}^{n}\sum_{j=1}^{m}W_{ij}(Y_i - \bar{Y})(Y_j - \bar{Y})}{S^2\sum_{i=1}^{n}\sum_{j=1}^{m}W_{ij}}$$

其中 Y_i 表示各省域人力资本存量，n 为省域总数，W_{ij} 是邻近空间权值矩阵，用二进制对空间对象相互邻接关系进行定义。W_{ij} 的计算方法如下：

$$W_{ij} = \begin{cases} 1, \text{当区域} i \text{和区域} j \text{相邻时} \\ 0, \text{当区域} i \text{和区域} j \text{不相邻} \end{cases}$$

式中，$i = 1,2,3,\cdots n$；$j = 1,2,3,\cdots m$；$m = n$ 或 $m \neq n$。

可以将 Moran's I 看作各省域人力资本存量乘积之和，取值范围为：$-1 \leq I \leq 1$。若 Moran's I 大于 0 则说明省域人力资本存量存在空间正相关关系，即省域人力资本存量高的地区在空间上存在集聚现象，数值越大表示空间集聚特征越明显；小于 0 为负相关，表示省域人力资本存量在空间上不存在集聚现象，而存在扩散特征；近似为 0，表示省域人力资本存量在空间中的分布服从随机分布。

2. 空间面板回归模型

为了分析不同省域人力资本存量的影响因素，需要首先对其进行空间自相关分析。若存在空间自相关性，则说明变量具有空间（或区域）分布特征。而 OLS 回归分析模型在构建时，并未将空间因素考虑在内，因此需要基于空间计量经济学理论与方法，在数据处理时就将局部特征作为权重考虑在内，通过将观测数据的位置函数纳入模型的回归系数，建立空间计量经济模型，从而能够更加准确地反映相关变量的空间依赖性和空间异质性。根据三种交互影响，我们可以得到两种面板数据空间回归模型：内生交互—空间滞后回归模型（Spatial Lag Model，SLM），误差交互—空间误差模型（Spatial Error Model，SEM）。

固定效应空间面板滞后模型的构建方式如下：

$$Y_{it} = \varphi\sum_{j=1}^{n}W_{ij}Y_{jt} + x_{it}\beta + u_i + \varepsilon_{it} \quad (6.4)$$

与普通面板数据固定效应模型相比，空间面板滞后模型主要存在两个问题，其一是内生性问题（$\sum_{j=1}^{n} W_{ij} Y_{jt}$ 为内生变量），其二是每个时间点的空间滞后可能影响固定效应的估计。因此估计的方法采用去均值和固定效应，再使用极大似然法进行估计，相当于把截面数据按照时间堆积起来，再按照截面空间滞后模型进行估计。

固定效应空间面板误差模型的构建方式如下：

$$Y_{it} = x_{it}\beta + u_i + \varepsilon_{it}$$

$$\varepsilon_{it} = \varphi \sum_{j=1}^{n} W_{ij} \varepsilon_{jt} + v_{it} \quad (6.5)$$

估计的方法也是先取均值，去掉固定效应，再运用极大似然方法进行估计。

七 "门限效应"

从已有的实证研究来看，教育在经济增长的作用并没有达成一致，大部分研究表明教育对经济增长有正向促进作用，但是仍有一些研究持相反观点，认为教育对经济增长没有显著影响甚至是产生负向作用。对此，一些学者给出了解释（人力资本数量和质量的度量误差，人力资本的设定形式等），但是还有一个共同缺点就是他们在研究方法上都选择了线性模型，这样只能估计出教育对经济增长的平均影响，但是如果我们研究的对象具有非线性特征时线性模型就无法刻画这一关系，因此我们采用门限模型对教育的非线性作用机制进行补充检验。Wang（2011）检验了包含教育数量和教育质量的人力资本对经济增长的作用机制，检验了教育水平与FDI之间的互补关系。根据贺胜兵和杨文虎（2008）指出的，两个变量之间如果存在非线性特征，那么如果仍使用线性模型则难以刻画变量之间的真实关系，例如教育在不同地区表现出对全要素生产率的作用是不同的，当地区的经济发展水平较低时，教育对经济增长的作用可能相对有限，而该地区经济发展跨越一定水平之后,教育的作用就会更加显著。刘耀彬、杨靖旭和蔡梦云(2017)从人力资本视角出发,构建了二部门内生经济增长模型,实证研究了R&D投入对经济增长的作用中存在基于人力资本的门限效应。可以说,教育对经济增长的影响会因为其他因素或者条件(技术进步)的变化而表现出某种非线性的门限特征,这种非线性特征与中国经济的发展阶段密切相关。

门限效应模型

根据 Hansen(1999)提出的双门限模型方法(又称分割回归,segmented regression),将包含一重门限值的模型设定为

$$y_{it} = \alpha_i + \hat{\beta}_1 x'_{it} I(q_{it} \leq \gamma) + \hat{\beta}_2 x'_{it} I(q_{it} > \gamma) + \varepsilon_{it} \tag{6.6}$$

其中 $I(\cdot)$ 为指示函数,取值为 0 或 1,q_{it} 表示门限变量,γ 为门限值,ε_{it} 为误差项,服从均值为 0,方差为 σ^2 的正态分布,上式可以写作

$$\begin{aligned} y_{it} &= \alpha_i + \hat{\beta}_1 x'_{it} + \varepsilon_{it}, (q_{it} \leq \gamma) \\ &\quad \alpha_i + \hat{\beta}_2 x'_{it} + \varepsilon_{it}, (q_{it} > \gamma) \end{aligned} \tag{6.7}$$

$$y_{it} = \begin{cases} \alpha_i + \hat{\beta}_1 x'_{it} + \varepsilon_{it}, (q_{it} \leq \gamma) \\ \alpha_i + \hat{\beta}_2 x'_{it} + \varepsilon_{it}, (q_{it} > \gamma) \end{cases}, \text{矩阵形式为}$$

$$x_{it}(\gamma) = \begin{pmatrix} x_{it} I(q_{it} \leq \gamma) \\ x_{it} I(q_{it} > \gamma) \end{pmatrix}, \beta = (\hat{\beta}_1 \ \hat{\beta}_2)', \text{即}$$

$$y_{it} = \alpha_i + \hat{\beta} x'_{it}(\gamma) + \varepsilon_{it} \tag{6.8}$$

进行面板门限回归时,必须解决的两个关键问题:其一是要估计参数 γ 和斜率 β,二是要进行门限效应的相关检验,根据上式,首先需要消除个体效应 α_i,可以采取类似面板固定效应的处理,从每个观测值中减去组内平均值,首先得到组内均值 $\overline{y_i} = \alpha_i + \hat{\beta} \overline{x_i}'(\gamma) + \overline{\varepsilon_i}$,其中 $\overline{y_{it}} = T^{-1} \sum_{t=1}^{T} y_{it}$,$\overline{\varepsilon_i} = T^{-1} \sum_{t=1}^{T} \varepsilon_{it}$ 且

$$\overline{x'_i}(\gamma) = T^{-1} \sum_{t=1}^{T} x'_{it}(\gamma) = \begin{pmatrix} T^{-1} \sum_{t=1}^{T} x_{it} I(q_{it} \leq \gamma) \\ T^{-1} \sum_{t=1}^{T} x_{it} I(q_{it} > \gamma) \end{pmatrix} \tag{6.9}$$

两式相减后得到 $y_{it}^* = \hat{\beta} x_{it}^{'*}(\gamma) + \varepsilon_{it}^*$，其中 $y_{it}^* = y_{it} - \bar{y}_i$，$x_{it}^{'*}(\gamma) = x'_{it}(\gamma) - \bar{x}'_i(\gamma)$，$\varepsilon_{it}^* = \varepsilon_{it} - \bar{\varepsilon}_i$。接下来令

$$y_i^* = \begin{bmatrix} y_{i2}^* \\ \cdot \\ \cdot \\ \cdot \\ y_{iT}^* \end{bmatrix}, x_i^{'*}(\gamma) = \begin{bmatrix} x_{i2}^{'*}(\gamma) \\ \cdot \\ \cdot \\ \cdot \\ x_{iT}^{'*}(\gamma) \end{bmatrix}, \varepsilon_i^* = \begin{bmatrix} \varepsilon_{i2}^* \\ \cdot \\ \cdot \\ \cdot \\ \varepsilon_{iT}^* \end{bmatrix}$$ 表示对个体 i 时间 t

的堆积，然后对所有个体的所有观测值进行堆积，得到 $Y^* = \beta X^*(\gamma) + \varepsilon^*$，对任意给定的门限值 γ 斜率 β 都可以通过 OLS 估计得到，即 $\hat{\beta}(\gamma) = [X^*(\gamma)'X^*(\gamma)]^{-1} X^*(\gamma)' Y^*$，残差向量为 $\hat{\varepsilon}^*(\gamma) = Y^* - \hat{\beta}(\gamma) X^*(\gamma)$，相应地残差平方和为 $SSR_1(\gamma) = Y^* \{I - X^*(\gamma)'[X^*(\gamma)'X^*(\gamma)]^{-1} X^*(\gamma)'\} Y^*$，最优门限值可以通过最小化 $SSR_1(\gamma)$ 得到，Chan（1993）和 Hansen（1999）建议采用普通最小二乘估计 $\hat{\gamma} = \underset{\gamma}{\arg\min} \, SSR_1(\gamma)$ 有门限值，然后我们可以估计得到 $\hat{\beta} = \hat{\beta}(\hat{\gamma})$ 以及残差向量 $\hat{\varepsilon}^*(\gamma) = \hat{\varepsilon}^*(\hat{\gamma})$ 及其方差 $\hat{\sigma}^2 = \frac{1}{n(T-1)} \hat{\varepsilon}^{*'} \hat{\varepsilon}^* = \frac{1}{n(T-1)} SSR_1(\hat{\gamma})$。

$\hat{\varepsilon}$ 得到参数估计值后，需要进行两方面的检验：一是检验门限效应的显著性，拒绝原假设表示不存在门限效应，相反说明存在两种作用机制。可以构造 F 统计量为 $F_1 = \frac{[SSR_0 - SSR_1(\hat{\gamma})]}{\hat{\sigma}^2}$，$SSR_0$ 和 SSR_1 表示原假设和备择假设条件下的残差平方和，F 的渐进分布是非标准的（non-standard distributions），Hansen 建议采用自助抽样法（Bootstrap）或者极大似然估计获得其统计量的渐进分布，进而构造出 P 值。

门限效应的估计值是否等于真实值，Chan（1993）和 Hansen（1999）指出在存在门限效应的前提下，该效应的估计值 $\hat{\gamma}$ 是真实门限效应 γ_0 的一致估计量，他们构造了相应的似然比统计量 $LR_1(\gamma) = \frac{[SSR_1(\gamma_0) - SSR_1(\hat{\gamma})]}{\hat{\sigma}^2}$，$SSR_1(\gamma_0)$ 和 $SSR_1(\hat{\gamma})$ 分别表示给定真实

值和估计值得到的残差平方和，同样地 LR_1 的渐进分布是非标准的，汉森通过一系列理论推导计算出来其临界值 $c(\alpha) = -2\log(1-\sqrt{1-\alpha})$，$\alpha$ 为显著水平，当 $LR_1(\gamma_0) \leq c(\alpha)$ 时，不能拒绝 $\gamma = \gamma_0$ 的原假设。如果拒绝 F_1 统计量，表明至少存在一个门限效应作用，可能出现两个或者两个以上的门限值，因此作为一个阈值的检验后，我们还需要做两个或者两个以上阈值的检验。两个门限效应模型的表达式可以写作：

$$y_{it} = \alpha_i + \hat{\beta}_1 x'_{it} I(q_{it} \leq \gamma_1) + \hat{\beta}_2 x'_{it} I(\gamma_1 < q_{it} \leq \gamma_2) + \hat{\beta}_3 x'_{it} I(q_{it} > \gamma_2) + \varepsilon_{it} \qquad (6.10)$$

其中 γ_1 和 γ_2 是两个门限值，且 $\gamma_1 < \gamma_2$，其余符号意义同上。检验是否存在第二个门限值时，先假定此前估计得到的门限值 γ_1 为已知，再进行第二个门限值的估计，其估计以及检验方法与一个门限值基本相同，同样以使得第二个门限值的残差平方和 $SSR_2^r(\gamma_2)$ 最小的 γ_2 作为门限的最优估计值，得到：

$$SSR_2^r(\gamma_2) = \begin{cases} S(\hat{\gamma}_1, \gamma_2), \hat{\gamma}_1 < \gamma_2 \\ S(\gamma_2, \hat{\gamma}_1), \hat{\gamma}_1 > \gamma_2 \end{cases} \qquad (6.11)$$

门限估计值为 $\hat{\gamma}_2^\gamma = \underset{\gamma_2}{argmin} SSR_2^\gamma(\gamma_2)$ 继续进行门限效应检验，此时原假设为：只存在唯一门限值；备择假设：存在两个门限值，对应的似然比统计量 F 为：$F_2 = \dfrac{[SSR_1(\hat{\gamma}_1) - SSR_2^r(\hat{\gamma}_2^r)]}{\hat{\sigma}^2}$，当 F 统计量大于临界值时，说明存在两个门限机制。同时还要进一步检验得到的门限值是否与真实值一致，对应的似然比统计量分别为：$LR_2^r(r) = \dfrac{[SSR_2^r(\gamma) - SSR_2^r(\hat{\gamma}_2^r)]}{\hat{\sigma}^2}$ 和 $LR_1^r(r) = \dfrac{[SSR_1^r(\gamma) - SSR_1^r(\hat{\gamma}_1^r)]}{\hat{\sigma}^2}$，如果拒绝原假设，表明得到的门限值为真实值。我们可以重复相同过程直到不能拒绝原假设为止，进而确定门限值的个数。

八 作用机制小结

由经济增长理论模型衍生出人力资本对经济增长发挥作用的六

类可能路径:

其一,Lucas认为教育人力资本作为一种直接参与生产的投入要素,各国产出增长率的不同是由人力资本的积累速度差异造成的,人力资本积累(人力资本增值)是经济持续增长的决定因素;其二,Romer(1990)认为各国产出增长率的不同是由各国人力资本存量水平差异造成的,高水平的人力资本存量有助于创新的形成和新技术的推广,人力资本存量是经济增长的原动力,从这个意义上讲,人力资本是通过影响技术进步和全要素生产率的提高进而影响经济增长;其三,从人力资本的外部性出发,人力资本既可以作为生产投入要素直接影响产出,又可以通过提升全要素生产率来间接影响经济增长,这一点与物质资本的作用相似,依据美国经济学家Griliches(1969)提出的"资本—劳动力技能互补性(Capital-Skill Complementarity)"假设指出,物质资本与技能型劳动力的互补性要强于物质资本与非技能型劳动力的互补性,随着对高技能劳动力需求的增加,将导致技能溢价的上升,将进一步促进资本积累;其四,教育人力资本还可以通过与制度的耦合交互作用影响经济增长。制度越完善,经济增长就越表现为技术进步和人力资本的发展,制度越不完善,经济增长就越受限于制度的发展;第五,教育在不同部门之间的配置结构还会影响对经济增长的作用。物质资本、技术进步、制度、配置结构等都可能解释经济增长,教育还可能存在空间外溢效应。此外,教育与经济增长之间还可能存在某种非线性作用机制,根据蔡昉的分析,在不同的经济发展阶段,经济增长的动力机制存在差异,这也与教育对经济增长的贡献存在阶段差异相一致。

第二节 数据来源与统计描述

一 数据来源

宏观数据:本书的主要样本为1997—2016年中国30个省

份，本书使用的原始数据主要来自五次人口普查资料、《中国劳动统计年鉴（1998—2016）》、《中国统计年鉴（1998—2016年)》以及各省份的统计年鉴等。具体地，人均 GDP y_t 用 t 年实际 GDP 与该年末从业人员之比计算得到，同时为了消除通货膨胀的影响，以 1985 年为基期加以调整。对于物质资本变量，由于目前并没有关于每年各省份物质资本存量数据的官方统计，所以只能通过一定的方法进行估算。目前最常用的测算方法是 Goldsmith 在 1951 年提出的永续盘存法（Perpetual Inventory Method），需要基期资本存量、投资额、投资价格指数及折旧率四个方面的数据共同确定，其基本公式为 $K_t = FAI_t I_t + (1 - \delta_t) K_{t-1}$ 其中，K_t 表示第 t 年的资本存量，$FAI_t I_t$ 表示第 t 年的实际固定资产投资，即第 t 年新增资本，为固定资产投资 FAI_t 除以固定资产投资价格指数 FPI_t。δ_t 为固定资本折旧率，本书采用大部分学者如樊纲、郭玉清等的研究取 $\delta_t = 5\%$ 的折旧率测算，对于劳动力与教育人力资本变量，我们用全国 30 个省（市）的劳动力人口平均受教育年限数据来衡量，本书将受教育程度分为文盲、小学、初中、高中和大专、本科及以上六大类。高级人力资本用劳动力人口中接受高等教育的人数所占总人口的比重来表示，而初级人力资本用接受过小学、初中、高中教育的劳动力人口占总人口的比重来衡量。变量 n 通过计算各个省份年末从业人员数的平均增长率得到。另外我们在回归模型中引入一系列控制变量：地区对外开放水平（open）、产业结构升级（indus），分别用地区进出口总额占 GDP 比重、第三产业增加值与 GDP 比值来表示。微观数据：本部分使用的微观数据主要包括中国综合社会调查（CGSS）数据。

二　统计描述

本章的宏观数据样本为 30 个省、自治区、直辖市（1997—2016）20 年的短面板数据。从表 6—2 中可以看出，人均 GDP 东部地区高于中部地区，中部地区高于西部地区，资本投入东部大于西部，而西部大于中部，这可能得益于中央政府对西部地区的转移支付。劳动力在东部和西部相差不大，可能暗示了东部和中部地区的发展并不依赖于劳动力，可能存在劳动力过剩。初级教育中部地区最高，其次是西部地区，东部地区最低，而高级教育东部地区遥遥领先于西部和中部地区。吸收能力西部地区最高，中部地区次之，东部地区最低。

表 6—2　　　　　　分地区统计描述结果（东、中、西）

变量	数量	均值	标准差	最小值	最大值
GDP percapita	240	19882.58	13317.46	2351.58	65778.60
capital	240	52702.70	50882.52	3217.95	320234.70
labor	240	2721.49	1814.30	326.70	6658.50
schooling	240	9.51	1.38	7.01	13.53
h_a	240	4.42	2.37	1.14	11.89
h_b	240	5.24	0.98	2.05	6.61
Humancapital	240	2.79	0.56	2.07	4.41
gov	240	0.12	0.08	0.05	0.54
catch	240	6.12	4.23	0	26.72
open	240	0.61	0.45	0.07	1.68
GDP percapita	180	11102.64	7224.92	2759.95	36731.00
capital	180	29060.91	32247.52	2808.47	184336.20
labor	180	2805.42	1488.68	1050.30	6726.39
schooling	180	8.84	0.87	6.78	11.1
h_a	180	3.18	1.07	1.16	6.02
h_b	180	5.74	0.39	4.82	6.52
Humancapital	180	2.38	0.19	2.04	2.84
gov	180	0.12	0.06	0.04	0.38

续表

变量	数量	均值	标准差	最小值	最大值
catch	180	11.69	4.84	5.47	28.51
open	180	0.10	0.04	0.03	0.20
GDP percapita	180	8323.54	5262.26	1720.96	27307.00
capital	180	29506.83	32607.91	2759.26	215757.20
labor	180	1753.33	1289.28	254.80	4860.00
schooling	180	8.01	1.19	4.71	10.60
ha	180	2.78	1.23	0.85	6.02
hb	180	5.26	0.50	3.18	6.19
Humancapital	180	2.37	0.14	2.14	2.65
gov	180	0.12	0.06	0.06	0.39
catch	180	14.02	5.82	5.32	28.55
open	180	0.11	0.07	0.04	0.53

第三节 作用机制的实证检验

其实无论是通过引入人力资本还是考虑内生的技术进步，无疑反映了教育在其中的关键作用。对于人力资本模型而言，教育是人力资本积累的最直接途径，在以往大多数研究中都将受教育水平作为人力资本存量的代理变量。与此同时，受教育程度的提升自然会带来效率的提升，从而促进技术进步。

一 "增量效应"与"存量效应"机制

（一）基础模型

结合前文的分析，我们可以发现教育的作用机制可能存在异质性，因此，可以做出以下基本假设：

假设 1——总量教育人力资本遵循 Lucas 路径影响经济增长，即教育人力资本变化量直接影响产出；

假设 2——总量教育人力资本遵循 Romer 路径促进经济增长，即教育人力资本存量推动经济增长；

假设 3——初级教育人力资本通过 Lucas 路径影响增长，高级教育人力资本则通过 Romer 路径促进增长。

根据 Griliches（1997）的表述，测度教育生产率的最直接方法就是将教育作为生产函数中的一个独立变量并利用增长回归进行估计，由此得到的总量科布-道格拉斯生产函数形式如式（5.1）所示，这一点与 Lucas Jr.（1988）, Benhabib & Spiegel（1994）, Gemmell（1996）, Klenow & Rodríguez-Clare（1997）及 Mankiw, Romer & Weil（1992）等人的研究相似，将教育人力资本视为单独的投入要素考察其对产出的作用。

$$Y_t = A_t K_t^{\alpha} H_t^{\beta} L_t^{\gamma} \quad (6.12)$$

其中，Y 表示产出，K 表示资本，H 表示教育人力资本，L 表示劳动力数量，A 表示技术进步率或全要素生产率。为了简化研究，我们假定 L 和 A 分别以给定的外生增长率 n 和 m 变化，即：

$$L_t = L_0 \, e^{nt} \quad (6.13)$$

$$A_t = A_0 \, e^{mt} \quad (6.14)$$

式 6.12 两边变形可得到式 6.15

$$\frac{Y_{it}}{L_{it}} = A_t \left(\frac{K_{it}}{L_{it}}\right)^{\alpha} \left(\frac{H_{it}}{L_{it}}\right)^{\beta} L_{it}^{\gamma+\alpha+\beta-1} \quad (6.15)$$

令 $y_{it} = \frac{Y_{it}}{L_{it}}$ 为人均 GDP，$k_{it} = \frac{K_{it}}{L_{it}}$ 为资本-劳动比，$h_{it} = \frac{H_{it}}{L_{it}}$ 为平均受教育年限或平均教育人力资本，得式 6.16

$$y_{it} = A_t \, k_{it}^{\alpha} \, h_{it}^{\beta} \, L_{it}^{\gamma+\alpha+\beta-1} \quad (6.16)$$

对式 5.5 两边同时取对数可得面板数据模型 6.17：

$$\ln y_{it} = \ln A_{it} + \gamma_{i1} \ln k_{it} + \gamma_{i2} \ln h_{it} + \gamma_{i3} \ln L_{it} + \varepsilon_{it} \quad (6.17)$$

其中 ε_{it} 为白噪声序列，$i = 1,2,3,\cdots,N$；$t = 1,\cdots,T$，将式

6.13、式 6.14 代入式 6.17 中进一步进行差分计算的结果为式 6.18 所示：

$$\Delta \ln y_{it} = m_i + \gamma_{i1} \Delta \ln k_{it} + \gamma_{i2} \Delta \ln h_{it} + \gamma_{i3} n_{it} + \varepsilon_{it} \qquad (6.18)$$

结合以上分析，m_i 代表 i 地区的外生技术进步率，n_{it} 表示 i 地区 t 年劳动力数量增长率。

另一方面，Romer（1990a）强调人力资本的作用是间接通过促进技术进步、提高全要素生产率来实现的，影响增长的是人力资本存量而不是其变化值，因此 m_i 不再是外生的，即将 A_t 视为 h_t 的函数，根据 Nelson & Phelps（1966）的表述，创新的速度是人力资本存量的增函数，因此人均水平的科布-道格拉斯生产函数表达式可为式 6.19 所示：

$$y_{it} = A(h_{it}) k_{it}^{\alpha} L_{it}^{\alpha+\beta-1} \qquad (6.19)$$

相应地，对数形式与差分对数模型表达式为 6.20、6.21 所示

$$\ln y_{it} = \ln A(h_i) + \gamma_{i1} \ln k_{it} + \gamma_{i2} \ln L_{it} + \varepsilon_{it} \qquad (6.20)$$

$$\Delta \ln y_{it} = m(h_i) + \gamma_{i1} \Delta \ln k_{it} + \gamma_{i2} n_{it} + \varepsilon_{it} \qquad (6.21)$$

经过进一步变形得到式 6.22

$$\Delta \ln y_{it} = \alpha_i + \gamma_{i1} \Delta \ln k_{it} + \gamma_{i2} n_{it} + \gamma_{i3} \ln h_{it} + \varepsilon_{it} \qquad (6.22)$$

根据理论模型，若假设一正确，式 6.22 为较合适的模型形式，表明教育人力资本存量的促进作用，反之则式 6.18 为合适的模型设定形式，说明教育人力资本积累的作用。

为了进一步探究不同层次教育人力资本水平的影响路径是否一致，我们将人力资本分为初级和高级两个水平。据此我们假定对不同层次人力资本的增长路径不同：初级人力资本通过 Lucas 路径影响增长，高级人力资本则通过 Romer 路径促进增长。根据我们的假定，包含初级和高级人力资本的 C-D 生产函数人均水平形式可表示为：

$$y_{it} = A(ah_{it}) k_{it}^{\alpha} b h_{it}^{\beta} L_{it}^{\alpha+\beta+\gamma-1} \qquad (6.23)$$

通过进一步对数变化式表示为：

$$\Delta\ln(y_{it}) = \alpha_i + \gamma_{i1}\Delta\ln(k_{it}) + \gamma_{i2} n_{it} + \gamma_{i3}\ln(ah_{it}) + \gamma_{i4}\Delta\ln(bh_{it}) + \varepsilon_{it}$$
(6.24)

其中 ah_{it} 表示高级教育人力资本，bh_{it} 表示初级教育人力资本。

(二) 动态模型

考虑到经济增长变量之间存在时间上的相关关系，我们在上述模型中加入被解释变量（经济增长变化）的滞后项来观察经济增长的动态变动趋势，同时考虑到以往研究中考虑了不同国家和地区发展的经济收敛性，我们也将反映经济增长水平的滞后项加入到模型当中，如公式 6.25—6.26 所示：

$$\Delta\ln(y_{it}) = \lambda_1 + \gamma_{i1}\ln(y_{it-1}) + \gamma_{i2} X' + \varepsilon_{it}$$
(6.25)

$$\Delta\ln(y_{it}) = \eta_i + \gamma_{i1}\Delta\ln(k_{it}) + \gamma_{i2} n_{it} + \gamma_{i3}\ln(h_{it}) + \gamma_{i4}\Delta\ln(y_{it-1}) + \gamma_{i5}\ln(y_{it-1}) + \varepsilon_{it}$$
(6.26)

根据系统 GMM 估计是建立一个包含水平方程和差分方程的系统估计，因此可以避免弱工具变量和有限样本偏误问题，因此我们可以用该方法估计以上动态方程。

(三) 结果分析

我们运用估计静态模型的面板数据方法对式 6.17 和式 6.21 进行检验。由于模型因差分变形得到，我们采用固定效应和随机效应模型进行估计。表 6—3 通过 FE 和 FGLS 估计分别对全国以及东、中、西部区域样本中报告了总体教育水平的增量效应和存量效应对经济增长的影响。在第一列、第三列和第五列中，人力资本变化的估计系数（Δsch）不显著，同时第二列、第四列、第六列人力资本水平的估计系数（sch）显著，说明总体教育水平不存在增量效应，水平效应为负。这可能与教育作用的时滞效应有关，我们之后进一步检验了 5 年中长期增长中教育的作用。

表 6—3　　总体教育水平的增量效应和存量效应检验（静态模型）

变量	(1) m1	(2) m2	(3) m3	(4) m4	(5) m5	(6) m6
Δcapital	0.1826*** (0.0540)	0.1882*** (0.0554)	0.1877*** (0.0588)	0.1856*** (0.0558)	0.1877*** (0.0588)	0.1861*** (0.0560)
Δsch	-0.0039 (0.0031)	-0.0036 (0.0031)			-0.0001 (0.0031)	-0.0016 (0.0030)
sch			-0.0063*** (0.0017)	-0.0036*** (0.0012)	-0.0063*** (0.0017)	-0.0036*** (0.0012)
Δlabor	-0.6198*** (0.0564)	-0.6303*** (0.0533)	-0.5902*** (0.0616)	-0.5984*** (0.0591)	-0.5901*** (0.0612)	-0.5981*** (0.0587)
_cons	0.0775*** (0.0067)	0.0770*** (0.0070)	0.1320*** (0.0113)	0.1088*** (0.0080)	0.1319*** (0.0113)	0.1083*** (0.0080)
N	570	570	570	570	570	570
R^2	0.442	0.718	0.475	0.624	0.475	0.625

根据前文所述，使用 GMM 估计不仅可以捕捉经济增长的动态特征，同时可以有效克服经济增长滞后一期项的内生性问题。我们使用差分 GMM 估计动态模型的结果显示，从总量角度看，模型 1—模型 6 中受教育水平的变化（Δsch）对经济增长都没有显著的影响，也就是说从平均受教育水平来看，增量效应并不存在。模型 2—模型 6 显示受教育水平 sch 对经济增长呈现出显著的负向影响，因此从平均受教育水平来看，存在着负向的存量效应。同时，物质资本存量的变化 Δcapital 在所有模型中均呈现出显著的正向关系，物质资本的增长存在着显著的促进作用。人均产出的一阶滞后 L.lny 以及人口的增长率 Δlabor 在大部分模型中均呈现负向显著的影响。表下部显示了 GMM 估计的过度识别检验和误差项自相关检验结果。其中，Hansen 统计量的 P 值均大于 0.1，说明工具变量的设置并不存在过度识别问题。AR（1）和 AR（2）检验的皮尔逊系数表明，差分后的扰动项仅存在一阶序列相关，而不存在二阶序列自相关，表明了模型估计的有效性。

表 6—4　总体教育水平的增量效应和存量效应检验（动态模型）

变量	(1) m1	(2) m2	(3) m3	(4) m4	(5) m5	(6) m6
Δsch	-0.0019 (0.0035)	-0.0038 (0.0040)			0.0060 (0.0049)	0.0027 (0.0044)
$\Delta capital$	0.2248** (0.0876)	0.1864** (0.0773)	0.1986** (0.0846)	0.1722** (0.0760)	0.1876** (0.0771)	0.1789** (0.0812)
$\Delta labor$	-0.3368** (0.1397)	-0.5684*** (0.0764)	-0.3931*** (0.1376)	-0.6038*** (0.0754)	-0.4242*** (0.1221)	-0.5935*** (0.0817)
sch			-0.0126*** (0.0042)	-0.0120*** (0.0043)	-0.0159*** (0.0046)	-0.0127*** (0.0049)
L. grlny		0.1440* (0.0817)		0.1127 (0.0816)		0.1104 (0.0764)
L. lny	-0.0119*** (0.0029)	-0.0116*** (0.0032)	0.0077 (0.0078)	0.0063 (0.0074)	0.0128 (0.0089)	0.0075 (0.0089)
N	540	510	540	510	540	510
Number of id	30	30	30	30	30	30
Ar (1)	-2.808	-2.615	-2.832	-2.519	-2.734	-2.564
P_ Ar (1)	0.00498	0.00891	0.00463	0.0118	0.00626	0.0104
Ar (2)	0.971	1.226	0.683	0.995	0.725	1.050
P_ Ar (2)	0.331	0.220	0.495	0.320	0.468	0.294
Hansen	29.11	29.47	29.27	29.45	29.42	29.01
P_ Hansen	0.786	0.991	0.779	0.991	0.808	0.994

二　"效率提升"作用机制

（一）模型设定

以往的增长模型中，或不包含技术进步，或者技术进步是外生给定的，而事实上伴随着知识经济的兴起，技术正在成为驱动经济增长的最为关键因素，基于罗默的教育分级思想（Romer，1990a），我们考虑不同层次教育对技术进步的影响，同时从本质上看，技术进步又可以分为高端技术和低端技术，技术创新是高端技术，而技术追赶是低端技术，因此检验不同层次教育在技术创新和技术追赶中的作用机制，我们将罗默的技术创新思想和纳尔逊与菲尔普斯的技术扩散理论结合起来进行分析。具体地，我们借鉴黄燕萍等（2013）和本哈比与斯皮尔斯（Benhabib & Spiegel）的处理方式：

$$y_{it} = A(ha_{it})k_{it}^{\alpha}hb_{it}^{\beta}L_{it}^{\alpha+\beta+\gamma-1} \quad (6.27)$$

$$A_{it} - A_{i0} = g(ha_{it})A_{i0} + \delta(ha_{it})(A_0^* - A_{i0}) \quad (6.28)$$

$$h_{it} = ha_{it} + hb_{it} \quad (6.29)$$

其中 ha_{it} 表示高级教育人力资本，hb_{it} 表示初级教育人力资本，A_0^* 表示初始年的技术前沿水平，即基年最先进省份的技术水平。仿照本哈比和斯皮尔斯（Benhabib&Spiegel）的做法将方程在 A_{i0} 附近泰勒线性展开得到一阶近似式：

$$\ln A_{it} - \ln A_{i0} = gh_{it} + \frac{\delta h_{it}(A_0^* - A_{i0})}{A_{i0}} \quad (6.30)$$

我们将技术进步分解为两部分：技术创新和技术模仿，考虑到在实际回归中技术的模仿吸收通常是未知的，类似地我们采用本哈比和斯皮尔斯的处理方式 $y_0^* y_{i0} \approx A_0^* A_{i0}$，$y_0^*$ 代表全国最高水平的劳均产出，由此通过进一步对数差分变化可表示为：

$$\Delta\ln(y_{it}) = \alpha_i + \gamma_{i1}\Delta\ln(k_{it}) + \gamma_{i2}n_{it} + \gamma_{i3}ha_{it} + \gamma_{i4}ha_{it}\left(\frac{y_0^*}{y_{i0}} - 1\right) +$$
$$\gamma_{i5}\Delta\ln(hb_{it}) + \gamma_{i6}\varphi + \varepsilon_{it} \quad (6.31)$$

通过式 6.31 可以检验不同层次教育人力资本对技术进步的作用机制。

（二）结果分析

根据 Hausman 检验的结果，我们使用随机效应模型进行估计，由于模型是差分变形而来，使用随机效应估计并不意外。表 6—5 显示分级教育对经济增长的作用并区分了全样本和东中西三个地区。从全样本看，初级教育的要素作用在 10% 的显著水平上显著为正，教育的创新作用在 1% 的显著水平上显著为正，表明了区分了教育和人力资本层次以后，教育和人力资本的要素作用和创新效应都显著为正，但从整体看，并不存在教育和人力资本的吸收扩散效应。分地区来看，初级教育只在中部地区高度显著为正，创新作用仅在东部地区显著，而且东部地区的技术吸收显著为负，中部地区的技术吸收显著为正，说明东部地区的人力资本水平平均较高，高端人才的创新作用更明显，而中部地区以人口大省居多，劳动力中初级教育人力资本较多，主要靠要素作用拉动经济增长。列5—列8显示了加入控制变量对外开放度（open）以后的估计结果，只有中部地区的技术吸收扩散变得不显著了，这可能是由于国际贸易也是国际技术吸收和扩散的渠道之一。

表6—5　　　　　　不同层次教育水平的增量效应和存量效应检验

变量	(1) National	(2) Eastern	(3) Central	(4) Western	(5) National	(6) Eastern	(7) Central	(8) Western
$\Delta capital$	0.7155***	0.7322***	0.6606***	0.7835***	0.7128***	0.7287***	0.6711***	0.7680***
	(0.0294)	(0.0506)	(0.0564)	(0.0350)	(0.0291)	(0.0481)	(0.0563)	(0.0379)
Δhb	0.2875*	0.2070	1.4091***	−0.0495	0.2685*	0.1943	1.2341***	0.0416
	(0.1495)	(0.1481)	(0.1844)	(0.2434)	(0.1441)	(0.1400)	(0.2228)	(0.2720)
innovation	0.0378***	0.0268**	0.0234	0.0052	0.0346***	0.0268**	0.0443	0.0006
	(0.0142)	(0.0131)	(0.0422)	(0.0182)	(0.0132)	(0.0119)	(0.0411)	(0.0200)
Catch	−0.0038	−0.0145***	0.0184**	−0.0001	−0.0032	−0.0143***	0.0107	0.0011
	(0.0028)	(0.0049)	(0.0087)	(0.0039)	(0.0027)	(0.0041)	(0.0098)	(0.0039)
$\Delta labor$	−0.0020	0.1887	−0.1905	−0.2945**	0.0177	0.2003	−0.3588	−0.2819**
	(0.1144)	(0.1635)	(0.4539)	(0.1470)	(0.1191)	(0.1679)	(0.4275)	(0.1392)
Open					0.1099**	0.0654	0.9405**	0.3049
					(0.0475)	(0.0429)	(0.4122)	(0.1983)
N	570	228	171	171	570	228	171	171
(Between)R^2	0.542	0.250	0.748	0.720	0.539	0.249	0.722	0.692

根据前文的分析，影响经济增长的因素和机制可能会随着时间的变化而变化（陆铭，陈钊，万广华，2005），根据已有文献并结合现有数据，我们使用五年平均来估计中期效应，长期效应一般使用十年平均来表示，但是限于省级数据的样本规模，我们仅对中期效应进行估计。中期效应的增长模型时间划分为：1997—2001 年；2002—2006 年；2007—2011 年；2012—2016 年四期面板数据，根据 Hausman 检验的结果我们仍然使用 FGLS 进行模型估计。表 6—6 中呈现了人力资本的中期存量效应、增量效应以及不同层次人力资本的作用机制。可以看出，总量人力资本的增量效应在短期内作用较小，但是在中期估计值增加了将近 2 倍，存量效应变化不大，从不同层次来看，初级人力资本的要素积累效应在中期变得不再显著，但高级人力资本的创新效应一直显著，说明无论在短期还是中期，高级人力资本都可以显著促进经济增长，而初级教育只在短期内对经济增长有效，从中期来看效果不明显。资本存量无论在短期、中期都对经济增长有显著影响，但是中期影响效应较短期内有所下降。相反地，对外开放程度在短期内的作用效果显著，在中期内效果不明显。产业结构占比在短期和中期内影响效应均不显著。

表 6—6　　分级教育水平的增量和存量的中长期效应检验

变量	(1) 短期	(2) 中期
$\Delta capital$	0.7107***	0.6787***
	(0.0286)	(0.0252)
$\Delta lnhb$	0.2964**	0.2044
	(0.1433)	(0.1676)
$lnha$	0.0337***	0.0301**
	(0.0130)	(0.0135)
catch	−0.0032	−0.0003
	(0.0027)	(0.0025)

续表

变量	(1) 短期	(2) 中期
$\Delta labor$	0.0130	-0.1825
	(0.1145)	(0.1135)
open	0.1113**	-0.0320
	(0.0485)	(0.0851)
industry	0.0020	0.0038
	(0.0023)	(0.0025)
N	570	90
(Between) R^2	0.542	0.775

我们依据模型估计出的产出弹性不能反映产出增量的变化，因此我们进一步计算了初级人力资本、高级人力资本以及总量人力资本的边际产出。根据表 6—7，总量人力资本的边际产出东部最高、中部次之，西部最低，1997—2016 年，东部地区与西部地区的总量人力资本平均边际产出分别为 0.831 和 0.348，也就是说在其他条件不变的条件下，如果东部和西部地区人力资本总量增加一个单位，西部产出仅增加 348 元，东部产出将增加 831 元，是西部地区的 2 倍多。此外，高级人力资本的边际产出在东中西部分别为 670 元、374 元以及 281 元，同时初级人力资本的边际产出最高，一单位初级人力资本的增加将带动东中西部产出分别增加 670 元、374 元以及 281 元。可见中国地区间的教育边际产出差异较大，整体来看东部高于中部，中部高于西部。

表 6—7　　　　　　　　　教育的边际产出

地区	MPH	MPH_c	MPH_a	MPH_b
全国	0.576	0.075	0.464	0.756
东部	0.831	0.101	0.670	1.125
中部	0.464	0.061	0.374	0.573
西部	0.348	0.050	0.281	0.469

三 "资本互补"作用机制

(一) 模型设定

教育人力资本与物质资本之间存在着互补性,物质资本与技能型劳动力的互补性要强于物质资本与非技能型劳动力的互补性,资本跟着人在走,没有丰富的人力资本的储存,一个地区很难吸引到好的投资。我们使用巴伦和肯尼的逐步检验法(Baron & Kenny, 1986),检验教育人力资本与物质资本的互补效应:

$$\Delta \ln(y_{it}) = \gamma_{i1}\Delta\ln(y_{it-1}) + \gamma_{i2}\Delta\ln(k_{it}) + \varphi X + \varepsilon_{it} \quad (6.32)$$

$$\Delta \ln(h_{it}) = \gamma_{i1}\Delta\ln(h_{it-1}) + \gamma_{i2}\Delta\ln(k_{it}) + \varphi X + \varepsilon_{it} \quad (6.33)$$

$$\Delta \ln(y_{it}) = \alpha_i + \gamma_{i1}\Delta\ln(k_{it}) + \gamma_{i2}\Delta\ln(h_{it}) + \gamma_{i3}\Delta\ln(y_{it-1}) + \varphi X + \varepsilon_{it} \quad (6.34)$$

式 6.31 表示 $\Delta\ln(k_{it})$ 影响经济增长的总效应,式 6.33 是为了验证教育人力资本与物质资本的互补效应,式 6.32 和 6.33 中加入被解释变量的滞后项 $\Delta\ln(h_{it-1})$ 和 $\Delta\ln(y_{it-1})$,在一定程度上控制内生性偏误。如果式 6.34 中控制教育人力资本后,物质资本对经济增长的影响系数显著降低,且人力资本对经济增长的影响显著,同时式 6.32 和 6.33 中回归系数也显著,则说明物质资本对经济增长的贡献中有一部分要归功于教育人力资本。X 为其他控制变量。

(二) 结果分析

教育人力资本与物质资本的互补效应是教育促进经济增长的另一个重要方面,为了检验这一互补效应,我们依据第三部分的模型(1)—模型(3),采用巴伦和肯尼的分析方法,检验了教育人力资本与物质资本的互补关系对经济增长的影响。列(1)检验了教育人力资本存量对经济增长的总效应,该影响系数显著,再次印证了人力资本影响经济增长的 Romer 路径。列(2)检验了人力资本存量对物质资本积累有显著的正向促进作用,列(3)中同时纳入了人力资本存量、物质资本积累以及人口增长率等控制变量,检验了变量 $\Delta\ln k$ 的中介作用,估计结果与之前的分析基本一致,$\Delta\ln k$ 的弹性系数显著异于零,验证了其中介效应的存在,说明教育人力资本可以通过其外部性作用于物质资本积累从而影响经济增长,进一步计算出教育人力资本的间接效应占总效应的比重,即 q = 间接效应/总效应 = $0.1136 \times 0.3184/0.7392 \times 100\% \approx 5\%$,说明物质资本对经济增长的贡献中约有5%的部分要归功于教育人力资本,再次说明物质资本作用的发挥需要依托人口红利和人力资本。

表6—8　　　　　教育人力资本与物质资本的互补效应检验

	$\Delta \ln y$	$\Delta \ln h$	$\Delta \ln y$
$\Delta \ln k$	0.7392*** (113.62)	0.1136*** (27.86)	0.7031*** (69.20)
$\Delta \ln h$			0.3184*** (4.58)
n	0.0218 (0.56)	0.0757** (3.09)	−0.0023 (−0.06)
Open	0.1547*** (5.31)	0.0168 (0.92)	0.1494*** (5.22)
indus	0.0024* (2.32)	0.0020*** (3.20)	0.0017 (1.69)
_cons	−0.0805 (−1.92)	−0.0725** (−2.76)	−0.057 (−1.38)

四 "制度耦合"作用机制

根据以往研究,制度不仅可以直接作用于经济增长,还可以通过影响生产要素投入和配置效率来促进经济增长,从这个角度上看,物质资本和人力资本对经济增长的作用中包含着制度的贡献。

结合以上的研究我们在模型中引入制度变量与教育人力资本变量的交互作用项,在制度变量的定义上,我们透过一系列教育政策背后传递的价值信号,将模型中的制度序列划分成五段发展时期,检验不同时期的制度效率以及耦合状态下教育人力资本的产出效应,划分依据如下:1996—1999年为扩招政策启动前的教育制度一阶发展;以《面向21世纪教育振兴行动计划》、教育部"十五"规划发展报告为代表的政策文本，拉开了教育大众化的进程；2008—2010年教育制度演变的内在逻辑面临人力资本面临向内涵式发展转变的十字路口；2010年以后伴随《国家中长期教育改革和发展规划纲要（2010—2020年）》的颁布，拉开了教育外延向内涵式、规模扩张向结构性增长转变的制度转型升级新时期。我们的回归方程采用线性对数（log-level）形式，在式6.35的基础上通过设置虚拟变量来检验制度的作用。

我们设置了两个虚拟变量D_1和D_2，其中D_1表示1999年以后取1，其余取0，D_2表示2008年以后取1，其余取0；D_3表示2010年以后取1，其余取0。大部分模型的估计结果均显示，控制了时间固定效应以后，模型估计的基本结果不变，在大部分的估计中时间固定效应显著为正，说明这些时间节点对经济增长产生了显著影响。

表6—9　　　　　　教育人力资本与制度演变的效应检验

变量	(1) m1 全国	(2) m2 东部	(3) m3 中部	(4) m4 西部	(5) m5 全国	(6) m6 东部	(7) m7 中部	(8) m8 西部
$\Delta capital$	0.6985*** (0.0299)	0.7109*** (0.0353)	0.6738*** (0.0559)	0.7676*** (0.0358)	0.6534*** (0.0275)	0.6891*** (0.0344)	0.6552*** (0.0537)	0.7114*** (0.0429)
$\Delta labor$	−0.0814 (0.1094)	0.0801 (0.1395)	−0.4222 (0.4462)	−0.3485** (0.1401)	−0.1390 (0.1090)	0.0494 (0.1405)	−0.4204 (0.4638)	−0.4031*** (0.1127)
Δhb	0.5445*** (0.1900)	0.5511** (0.1937)	1.2666*** (0.2726)	0.2448 (0.2524)	0.3856** (0.1740)	0.4777** (0.1993)	1.1794*** (0.2952)	0.1013 (0.1878)
ha	0.0945*** (0.0302)	0.0998*** (0.0258)	0.0585 (0.0671)	0.0217 (0.0455)	0.0763** (0.0292)	0.0920*** (0.0287)	0.0661 (0.0733)	0.0075 (0.0347)
catch	−0.0129** (0.0049)	−0.0306*** (0.0059)	0.0082 (0.0136)	−0.0029 (0.0074)	−0.0095** (0.0046)	−0.0280*** (0.0057)	0.0070 (0.0136)	−0.0018 (0.0063)
D_1					0.0624*** (0.0117)	0.0455** (0.0177)	0.0205 (0.0241)	0.0497** (0.0209)
D_2					0.0777*** (0.0124)	0.0333** (0.0127)	0.0473* (0.0220)	0.0773** (0.0279)

续表

变量	(1) m1 全国	(2) m2 东部	(3) m3 中部	(4) m4 西部	(5) m5 全国	(6) m6 东部	(7) m7 中部	(8) m8 西部
D_3					-0.0084 (0.0168)	-0.0114 (0.0206)	-0.0331 (0.0215)	0.0280 (0.0294)
_cons	-0.1008* (0.0522)	-0.1463 (0.0893)	-0.1538* (0.0756)	0.0044 (0.0332)	-0.0964* (0.0528)	-0.1513 (0.0966)	-0.1685* (0.0823)	0.0211 (0.0405)
N	570	228	171	171	570	228	171	171

五 "配置结构"作用机制

表 6—10 显示了在公共部门工作的劳动力中至少拥有中等和高等教育的人数比重接近 50%，这表明受过高等教育的人渴望受雇于政府部门，也符合近几年来国有企事业单位公务员报考过热的趋势，同时这一发展趋势可能会降低受过高等教育的劳动力在生产部门中的比例，最终导致与教育和整体经济增长没有关系的结果。

表 6—10　　国有单位中高中受教育程度及以上人口比例

省份	国有单位工作中高中及以上学位者比例			在国有单位工作的大专及以上学位者比例		
	2005	2010	2015	2005	2010	2015
国家层面	0.60	0.41	0.44	0.68	0.49	0.50
北京市	0.66	0.39	0.40	0.70	0.38	0.40
天津市	0.66	0.49	0.50	0.58	0.48	0.54
河北省	0.62	0.33	0.58	0.76	0.48	0.60
辽宁省	0.66	0.48	0.49	0.79	0.60	0.55
吉林省	0.65	—	0.53	0.82	0.54	0.48
黑龙江省	0.65	—	0.64	0.58	0.61	0.48
上海市	0.60	0.39	0.44	0.49	0.39	0.43
江苏省	0.54	0.24	0.32	0.68	0.31	0.46

续表

省份	高中及以上学位者在国有单位工作的比例			大专及以上学位者在国有单位工作的比例		
	2005	2010	2015	2005	2010	2015
浙江省	0.46	0.29	0.40	0.63	0.36	0.49
安徽省	0.57	0.30	0.20	0.67	0.75	0.21
福建省	0.40	0.41	0.64	0.56	0.59	0.74
江西省	0.57	0.26	0.47	0.63	0.50	0.59
山东省	0.59	0.38	0.46	0.66	0.47	0.53
河南省	0.75	0.35	0.51	0.86	0.46	0.56
湖北省	0.59	0.36	0.30	0.72	0.69	0.33
湖南省	0.52	0.55	0.53	0.64	0.75	0.81
广东省	0.42	0.41	0.31	0.60	0.48	0.33
广西壮族自治区	0.61	0.41	0.48	0.80	0.55	0.56
四川省	0.49	0.26	—	0.58	0.35	0.50
贵州省	0.71	0.59	0.59	0.70	0.70	0.81
云南省	0.74	0.71	0.24	0.91	0.91	0.67
陕西省	0.79	0.84	0.39	0.88	0.88	0.42
甘肃省	0.67	0.72	0.64	0.75	0.80	0.82

注：* 数据来源于中国社会调查（CGSS），其中公共部门包括政府机关、国有事业单位以及国有企业，由于问卷结构的不同，2005 年和 2010 年的调查结果并不完全具有可比性，空缺部分是由于样本太少或该省份未进行调查。

（一）模型设定

Schündeln & Playforth（2014）的研究指出，公共部门和私人部门对产出的作用存在显著的差别，只有直接进入生产领域的教育人力资本水平的提高才会对经济增长和产出具有促进作用，因此我们可以将人力资本分为两部分：直接作用于提高生产率的生产性人力资本和对产出无直接作用的非生产性人力资本。我们假定进入公共部门的教育人力资本大部分从事的是非生产性活动，一般不会直接影响产出和经济增长，因此我们将模型简化为：

$$Y_t = A_t K_t^{\alpha} (\theta_t H_t)^{\beta} L_t^{\gamma} \quad (6.35)$$

其中进入私人部门的人力资本 $H_t^p = \theta_t H_t$，考虑到目前关于中国私人部门的人力资本存量数据无法获得，无法直接检验人力资本在公司部门之间配置结构对经济增长的影响，借鉴 Schundeln & Playforth，私有部门的人力资本变化应满足

$$\Delta \ln(h_{it}^p) = \theta \Delta \ln(h_{it}) + \varphi g_{it-1} \Delta \ln(h_{it}) \quad (6.36)$$

代入人均形式的增长方程为

$\Delta ln(y_{it}) = m_i + \gamma_{i1} \Delta ln(k_{it}) + \gamma_{i2} \Delta ln(h_{it}^p) + \gamma_{i3} n_{it} + \varepsilon_{it}$

$\Delta ln(y_{it}) = m_i + \gamma_{i1} \Delta ln(k_{it}) + \gamma'_{i2} \Delta ln(h_{it}) + \gamma_{i4} g_{it-1} \Delta ln(h_{it}) + \gamma_{i5} g_{it-1} + \gamma_{i3} n_{it} + \varepsilon_{it}$

$$(6.37)$$

根据我们的假定，公共部门的规模越大，就越会降低私有部门的人力资本增长，也就是说 γ'_{i2} 是显著大于 0 而 γ_{i4} 显著小于 0。

(二) 结果分析

我们运用固定效应模型、随机效应模型和似不相关回归分别检验了考虑人力资本的部门分布结构以后教育水平的变化对经济增长的影响，我们发现模型 1—模型 6 中教育的变化均能够带来经济增长率的正向提高（模型 5 除外），同时受教育水平的变化与公共部门就业占比的交互项显著为负，进一步验证了我们的假设。

表 6—11　　　　　　教育人力资本的部门配置效应检验

变量	因变量：logGDP 年变化率，1997—2016					
	(1)	(2)	(3)	(4)	(5)	(6)
	FE	FE	FGLS	FGLS	SUR	SUR
Δsch	0.0142**	0.0151**	0.0134**	0.0142**	0.0132	0.0141*
	(0.0068)	(0.0070)	(0.0067)	(0.0069)	(0.0084)	(0.0083)
$g s_{t-1} * \Delta sch$	−0.1123**	−0.1180**	−0.1002**	−0.1041**	−0.0964*	−0.1018*
	(0.0460)	(0.0470)	(0.0408)	(0.0408)	(0.0534)	(0.0532)
$\Delta capital$		0.0191*		0.0214**		0.0233**
		(0.0099)		(0.0104)		(0.0097)

续表

变量	因变量: logGDP 年变化率, 1997—2016					
	(1)	(2)	(3)	(4)	(5)	(6)
	FE	FE	FGLS	FGLS	SUR	SUR
$g\,s_{t-1}$	-0.1531*	-0.1564**	-0.0779**	-0.0726***	-0.0656***	-0.0646***
	(0.0756)	(0.0756)	(0.0308)	(0.0265)	(0.0209)	(0.0208)
$\Delta labor$	-0.8227***	-0.8354***	-0.8070***	-0.8221***	-0.8230***	-0.8339***
	(0.0657)	(0.0685)	(0.0628)	(0.0644)	(0.0480)	(0.0480)
$\ln y_{t-1}$	0.0403*	0.0416**	0.0060*	0.0064**	0.0046*	0.0057**
	(0.0197)	(0.0197)	(0.0032)	(0.0031)	(0.0024)	(0.0024)
T	YES	YES	YES	YES	YES	YES
N	570	570	570	570	570	570
(within) R^2	0.353	0.358	0.541	0.553	0.385	0.392
Breusch-Pagan test	—	—	—	—	$Chi^2(0)=0.000$	$Chi^2(0)=0.000$

六 "空间外溢"作用机制

(一) 模型设定

在考察教育的作用机制时,根据前文的分析,我们需要考虑不同地区之间交互作用对地区增长的影响,空间计量模型打破了样本相互独立的假设,检验教育和人力资本通过地理因素对区域发展的溢出效应。一般地,空间的交互包含两种设定方式:一种是空间滞后模型(滞后因变量),一种是空间误差模型(误差项包含一个空间自回归过程)。

我们设定空间杜宾面板模型如下:

$$y_{it} = \mu_i + \alpha_t + \eta \sum_{j=1}^{N} w_{ij} y_{it} + \beta_2 k_{it} + \beta_2 h a_{it} + \beta_3 h b_{it} + \lambda \sum_{j=1}^{N} w_{ij} h a_{it} + \gamma \sum_{j=1}^{N} w_{ij} h b_{it} + \varepsilon_{it}$$

η 表示空间自回归系数,w 表示空间权重矩阵的元素,该式表示一个地区的经济增长受到该地区和邻近地区的共同影响。

空间误差模型则假定误差项存在空间相关,

$$y_{it} = \mu_i + \alpha_t + \beta_2 k_{it} + \beta_2 h a_{it} + \beta_3 h b_{it} + \lambda \sum_{j=1}^{N} w_{ij} h a_{it} + \gamma \sum_{j=1}^{N} w_{ij} h b_{it} + \varepsilon_{it}$$

$$\varepsilon_{it} = \rho \sum_{j=1}^{N} w_{ij} \varepsilon_{ij} + v_{it}$$

ρ 为空间自相关系数,该模型的误差协方差矩阵是一个特定的非球面误差协方差矩阵。根据以上模型我们可以检验不同的教育水平对区域经济增长的影响效应,还可以分析不同的教育人力资本是否会对邻近地区有不同的影响效应。

(二) 结果分析

空间计量经济学认为,各个区域之间的数据与时间序列在相对应的空间相关,通过将一个空间权重矩阵加入到经典的基本线性回归方程当中进行修正,因为我们首先要对空间自相关性进行检验。我们以国内比较常用的二进制空间权重矩阵(0—1 矩阵)进行空间自相关检验,采用莫兰指数和 C 指数检验空间自相关性,结果如表 6—12 所示,表明了平均受教育年限,初级教育和高级教育人力资本以及劳均 GDP 在空间分布上呈现显著的正自相关关系(5% 临界值),表明这些变量在空间分布上并不是呈现完全随机分布而是具有一定的空间集群特征。

表 6—12　　　　　　　　　空间自相关检验

莫兰指数

变量	I	E (I)	sd (I)	z	p-value*
h	0.251	-0.034	0.105	2.711	0.007
h_a	0.241	-0.034	0.103	2.670	0.008
h_b	0.186	-0.034	0.102	2.160	0.031
yl	0.242	-0.034	0.108	2.555	0.011

Geary's c

变量	c	E(c)	sd(c)	z	p-value*
h	0.398	1.000	0.202	−2.978	0.003
h_a	0.390	1.000	0.217	−2.819	0.005
h_b	0.407	1.000	0.223	−2.658	0.008
yl	0.475	1.000	0.180	−2.924	0.003

*双尾检验。

图 6-1 描绘了整体平均受教育水平的莫兰指数散点图，绝大部分省份聚集在一二三象限，即高—高，低—低以及低—高三种类型，位于第一象限中较高受教育水平趋于较高受教育水平的省份有北京、天津、上海、江苏、浙江、山西、辽宁、黑龙江，位于第三象限较低受教育水平趋于较低受教育水平的省份主要有广西、重庆、四川、贵州、云南、甘肃、青海、宁夏。

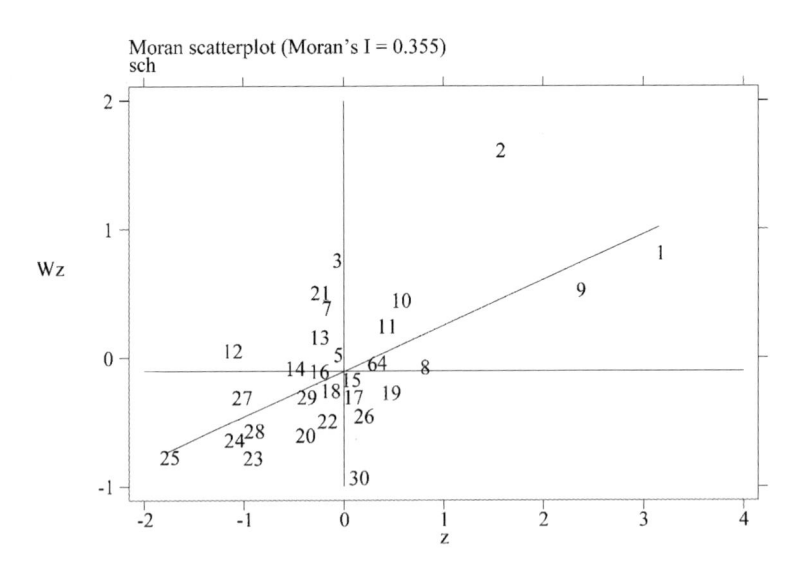

图 6—1 平均受教育年限莫兰指数散点（序号为国家统计局省份代码）

类似地，图 6—2、图 6—3 和图 6—4 分别描绘了人均 GDP，高级教育和初级教育人力资本的莫兰指数散点图，结果均表明中国大部分省份的变量分布都落在高—高、低—低区域,各变量具有明显的空间依赖性,适合使用空间计量模型进行估计。

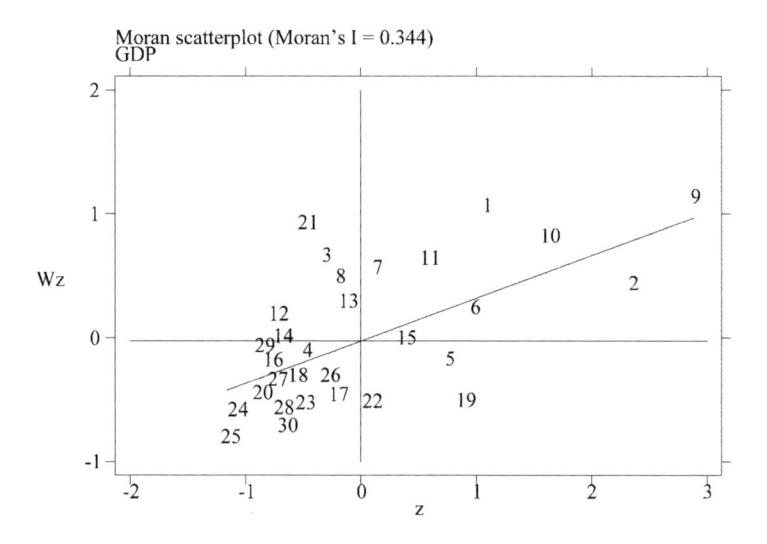

图 6—2　人均 GDP 莫兰指数散点(序号为国家统计局省份代码)

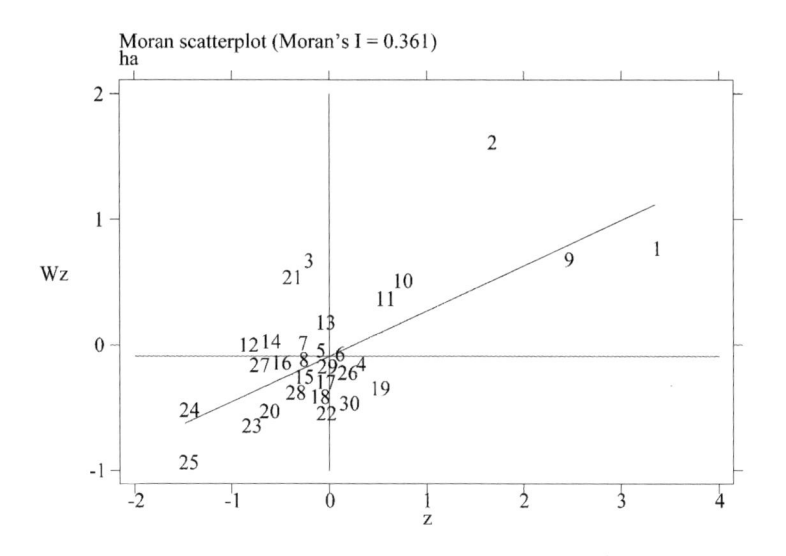

图 6—3　高级教育人力资本莫兰指数散点(序号为国家统计局省份代码)

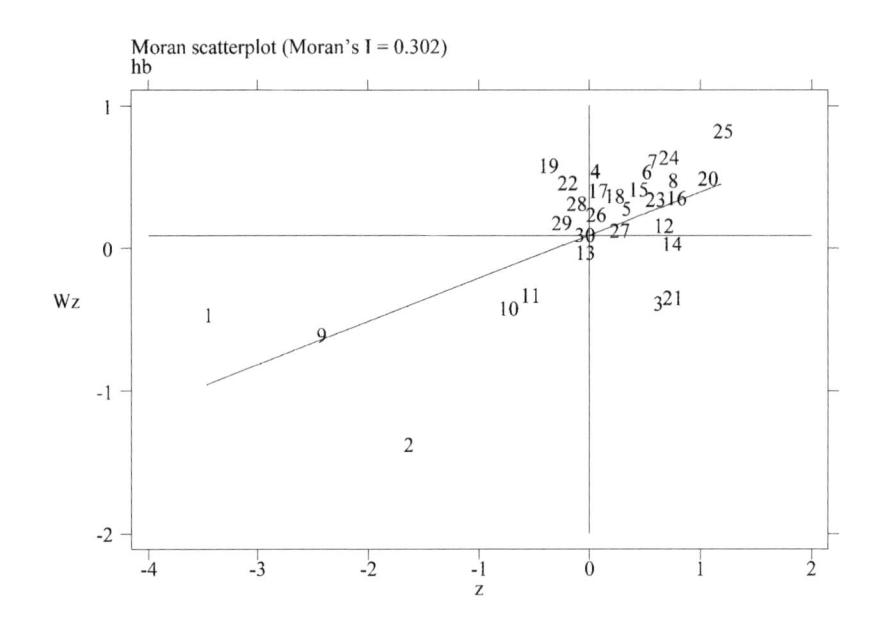

图 6—4　初级教育人力资本莫兰指数散点（序号为国家统计局省份代码）

表 6—13 空间依赖性检验显示了我们进行空间滞后模型、空间误差模型以及空间杜宾模型的 LM 检验以及 Wald 检验，根据 LM 检验的结果（原假设为不存在空间滞后/空间误差），我们发现空间滞后模型更为合适，Wald 检验的目的是确定建立空间杜宾模型或者是空间滞后/误差模型，检验的结果（原假设为空间杜宾模型可以转化为空间滞后/误差模型）表明建立空间杜宾模型更加合适，即在模型中包含被解释变量和解释变量的空间滞后。最后，根据 Hausman 检验的结果，应该建立空间面板固定效应模型。

表 6—13　空间依赖性检验

检验	统计值	P 值
LM（lag）test	142.69	0.000
Robust LM（lag）test	123.62	0.000
LM（error）test	19.59	0.000

续表

检验	统计值	P值
Robust LM (error) test	0.52	0.471
Wald test for spatial lag	75.31	0.000
Wald test for spatial error	193.96	0.000
Hausman test	148.60	0.000

根据空间杜宾面板模型的估计结果（表6—14），物质资本和分级教育对经济增长的影响系数显著为正，物质资本的空间影响效应系数显著为负，说明物质资本对邻近地区存在负的外部性，也反映了资本向收益高的地区流动的特点。初级教育人力资本和高级人力资本具有显著的空间外溢性，而且高级教育人力资本的创新效应空间外溢效应更大，说明提高不同层次的教育水平不仅对本地区同时也对邻近地区的经济增长产生显著的促进作用。在其他条件保持不变的情况下，其他邻近地区的高级教育人力资本提高一年，则该地区的经济增长提升6.1个百分点。

表6—14　　　　　空间杜宾模型（SDM）的估计结果

变量	固定效应估计
Labor	-0.551*** (-14.33)
$\ln k$	0.422*** (27.89)
h_b	0.060*** (4.57)
h_a	0.046*** (5.00)
catch	-0.005*** (-3.42)

续表

变量	固定效应估计
$W. Labor$	0.384*** (5.70)
$W. \ln k$	-0.067** (-2.33)
$W. h_b$	0.057*** (2.80)
$W. h_a$	0.061*** (3.96)
$W. catch$	-0.013*** (-4.65)
$W. Y$	0.479*** (11.76)
R^2	0.989
$Sigma^2$	0.0027
Log – Likelihood	917.72

* 根据 Matlab 的输出结果，括号内为 t 值。

我们运用偏微分的方法将空间杜宾模型（SDM）中的空间溢出效应分解为总效应分解为直接效应和间接效应，直接效应是指某一地区的解释变量对该地区被解释变量的空间影响效应，间接效应是指其他地区的解释该地区被解释变量的空间影响效应。物质资本存量对经济增长的直接效应在 1% 的水平上显著为正，物质资本提高 1%，对本地经济增长的作用提升 0.441%，同时，周围地区物质资本流入水平对本地区的经济增长产生了正向的空间溢出效应，在直接效应和外部效应的双重作用下，物质资本的总效应为 0.68 并在 1% 的水平上显著。初级教育人力资本和高级教育人力资本的间接效应均大于直接效应，说明邻近地区的人力资本流入对本地区的经济增长产生了更大的推动作用。

表 6—15　　　　　　　　　　空间效应分解

变量	直接效应	间接效应	总效应
ln$k$	0.441*** (30.23)	0.239*** (11.15)	0.68*** (32.74)
Labor	-0.534*** (-13.90)	0.216* (1.91)	-0.318** (-2.52)
h_b	0.072*** (5.69)	0.155*** (5.30)	0.227*** (7.48)
h_a	0.057*** (6.31)	0.149*** (6.35)	0.207*** (8.07)
Catch	-0.007*** (-4.60)	-0.027*** (-6.12)	-0.034*** (-7.06)

* 根据 Matlab 的输出结果，括号内为 t 值。

七　"门限效应"作用机制

（一）模型设定

为了使模型具有更好的预测功效我们还需要知道教育人力资本的门限值，根据上述模型，我们可以进一步检验教育人力资本的门限效应，即劳动者受教育程度的提高使人力资本积累跨越某一特定门限值，才会引起教育对技术创新和技术追赶的作用，通过要素对经济增长贡献的变化进而产生新的平衡增长路径。同时为了避免遗漏变量对模型估计结果产生的偏误问题，我们在回归模型中拟采用双向固定效应（时间和地区）进行回归分析，同时加入控制变量，为此我们建立以下单重门限效应模型：

$$\ln(y_{it}) = \alpha_i + \beta_t + \gamma_{i2}\,labor_{it} + \gamma_{i1}\ln k_{it} + \gamma_{i3}h\,b_{it} + \gamma_{i4}h\,a_{it}(y_0^* y_{i0} - 1) + \gamma_{i5}[ha]\cdot I(gdp \leq q) + \gamma_{i6}[ha]\cdot I(gdp > q) + \gamma_{i7}\varphi_{it} + \varepsilon_{it}$$

$$\ln(y_{it}) = \alpha_i + \beta_t + \gamma_{i2}\,labor_{it} + \gamma_{i1}\ln k_{it} + \gamma_{i3}\,catch_{it} + \gamma_{i5}[sch]\cdot I(gdp \leq q) + \gamma_{i6}[sch]\cdot I(gdp > q) + \gamma_{i7}\varphi_{it} + \varepsilon_{it}$$

(二) 结果分析

中国的经济发展水平存在着明显的地区和省际差异,2016年东部地区劳动力人均GDP为19882.58元,中部地区为11102.64元,而西部地区仅为8323.54元,东部地区是西部地区的2倍多,从省际差异来看,其中最高的是上海为65779元,最低的是云南为10586元,这样的地区差异可能会导致教育对经济增长的作用产生影响,根据蔡昉的经济增长理论并结合中国经济增长的地区差异,我们选取地区经济发展水平(人均GDP)作为门限变量进行估计,从表6—16中,我们发现F值统计为47.55,P值为0.046,说明在5%水平上存在双重门限值,因此我们选择双重门限模型。

表6—16　　　　　　　　　门限效应检验结果

模型	RSS	MSE	F值	P值	1%	5%	10%
单一门限	3.341	0.006	45.080	0.150	51.881	62.917	89.369
双重门限	3.088	0.005	47.550	0.046	40.393	46.919	66.036
三重门限	2.991	0.005	18.770	0.460	72.431	92.177	127.943

从表6—17中可知第一门限值为5658.41元,其95%置信区间为[5538.760,5689.790],第二门限值为41872.90元,其95%的置信区间为[39871.800,44890.400],通过似然比LR函数图(图6—5和图6—6)可以看出门限值的搜索过程。

表6—17　　　　　　　　　门限估计值

模型	估计值	95%置信区间
第一门限值	5658.41	[5538.760, 5689.790]
第二门限值	41872.90	[39871.800, 44890.400]

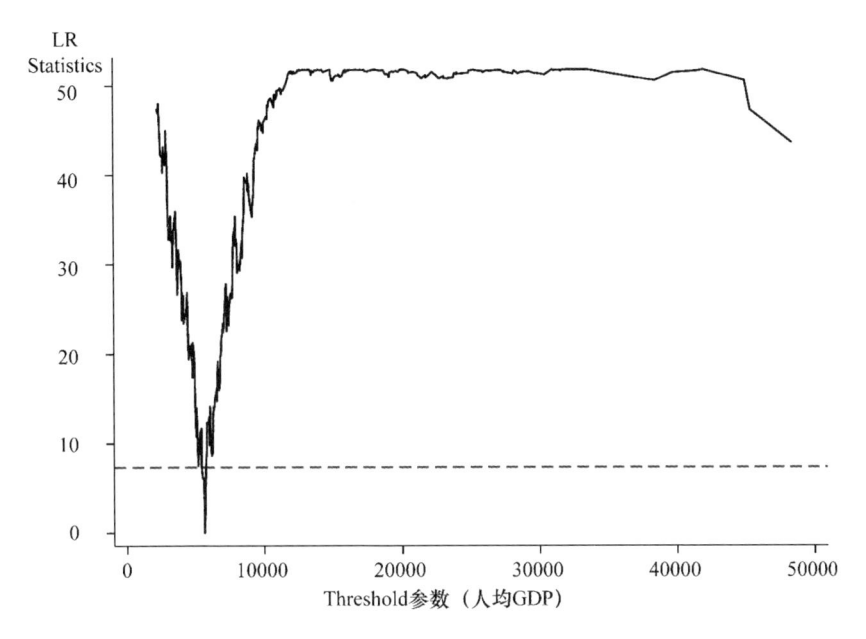

图 6—5　一重门限值的搜索过程（人均 GDP 为门限）

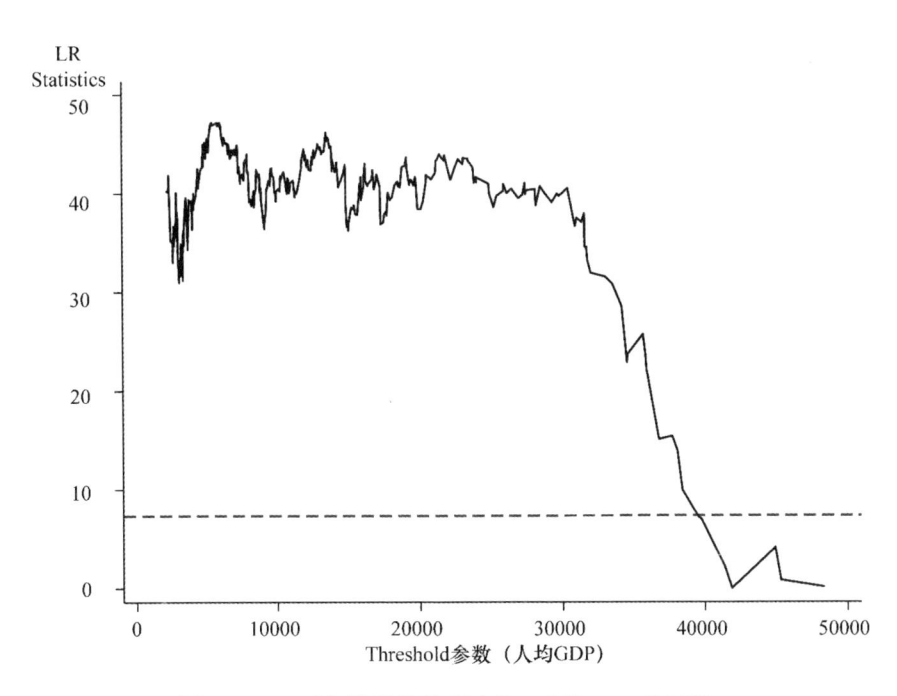

图 6—6　双重门限值的搜索过程（人均 GDP 为门限）

从估计结果来看，当人均 GDP 小于 5658 元时，教育对经济增长的影响较小为 0.039，当人均 GDP 处于 5658—41873 元之间时影响效应为 0.05，大于 41873 时影响效应为 0.064，影响系数显著变大，说明了教育对经济增长具有显著的促进作用。

表 6—18　　门限面板回归结果（门限变量：人均 GDP）

变量	系数估计值
Labor	-0.021 (0.040)
lnk	0.661*** (0.012)
教育 I（rgdp≤5658）	0.039*** (0.009)
教育 I（5658 < rgdp≤41873）	0.050*** (0.009)
教育 I（rgdp > 41873）	0.064*** (0.009)
常数项	2.312*** (0.256)

进一步地，我们根据第二门限值与各省份人均 GDP 的大小，将样本地区分为低于人均 GDP 门限值和高于人均 GDP 门限值两个类型，并分别统计了相应类型的地区数量，从统计结果看，2004 年以前，中国大部分地区都处于低于人均 GDP 门限值的状态，在 2013 年，中国大部分省份都已经跨越了人均 GDP 第二门限值，仅有云南省和贵州省还未跨越这一门限值，2015 年其人均 GDP 值分别为 9926 元和 10514 元。其中，江苏、天津、上海地区已经跨越第二门限值。

表 6—19　　按人均 GDP 门限值划分的省份数量

年份	小于 41873 元	大于 41873 元	年份	小于 41873 元	大于 41873 元
1997	22	0	2007	2	1
1998	20	0	2008	2	1
1999	17	0	2009	1	1

续表

年份	小于41873元	大于41873元	年份	小于41873元	大于41873元
2000	15	0	2010	0	1
2001	14	0	2011	0	1
2002	14	0	2012	0	2
2003	13	0	2013	0	2
2004	11	0	2014	0	2
2005	5	0	2015	0	3
2006	3	0	2016	0	3

从分级教育的估计结果来看（表6—20），高级教育人力资本的技术创新作用存在依赖于人均GDP的一重门限，其门限值为48297元，即当人均GDP小于48297元时，教育对经济增长的影响效应较小为0.095，当人均GDP大于48297元时创新影响效应为0.116，影响系数显著变大，对比平均受教育水平和创新水平的影响效应发现，技术创新依赖于人均GDP的门限效应更高，同时技术创新的边际影响效应也更大，也说明了提升平均受教育水平的同时更需要提升受高等教育的劳动力人口比重，为教育创新效应的发挥创造有利的外部条件。

表6—20　**分级教育门限面板回归结果（门限变量：人均GDP）**

变量	系数估计值
Labor	−0.154*** (0.044)
ln$k$	0.704*** (0.010)
ln$h$	0.148*** (0.015)
catch	−0.012*** (0.002)
高级教育 I（rgdp≤48297）	0.095*** (0.011)

续表

变量	系数估计值
高级教育Ⅰ（rgdp>48297）	0.116*** (0.011)
常数项	2.298*** (2.298)

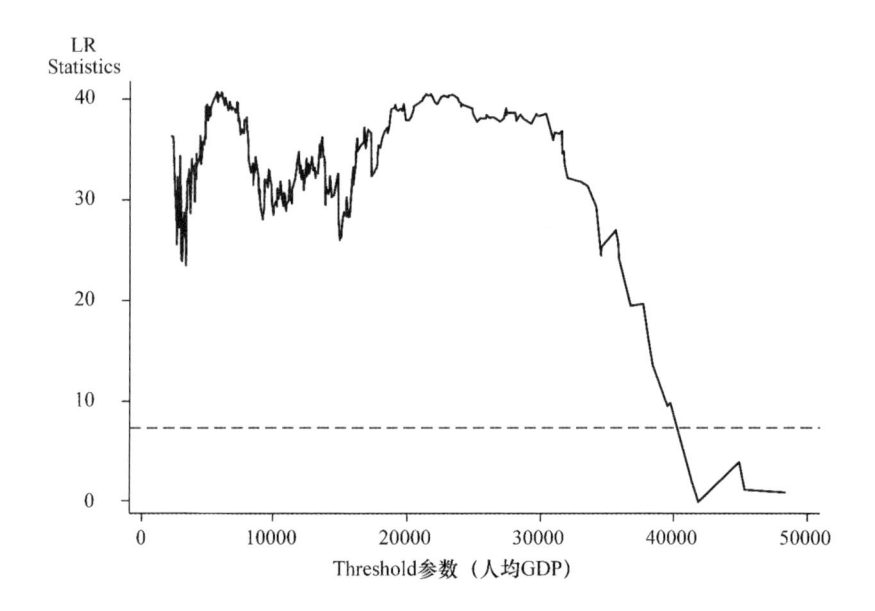

图6—7 分级教育一重门限值的搜索过程（人均GDP为门限）

第四节 本章小结

本章首先考察了教育人力资本对全国以及东中西地区短期和中期经济增长的增量和存量效应，在此基础上检验了不同层次教育的要素积累和效率提升效应，同时分析了教育与物质资本的互补作用机制、与制度因素的耦合机制以及配置结构作用机制。我们以经济增长理论为基础，分析了教育和经济增长的非线性作用机制以及教育的空间溢出效应。本章的主要结论如下：

第一，不同层次教育和人力资本对经济增长的作用机制不同。初级教育人力资本更多地通过要素积累促进经济增长，高级教育人力资本更多地通过技术创新促进经济增长。教育人力资本的存量决定了技术创新的水平。教育与物质资本之间存在互补性，一个地方的教育人力资本水平决定了其能否吸引到更多的资本，物质资本对经济增长的贡献中有很大的比重可以归功于教育。而且经济发展水平越高，教育与物质资本的互补性越强。

第二，分地区来看，初级教育只在中部地区高度显著为正，创新作用仅在东部地区显著，说明东部地区的人力资本水平平均较高，高端人才的创新作用更明显。从短期和中期经济增长来看，初级人力资本的要素积累效应在中期变得不再显著，但高级人力资本的创新效应一直显著，说明无论在短期还是中期，高级人力资本都可以显著促进经济增长，而初级教育只在短期内对经济增长有效，从中期来看效果不明显。

第三，运用固定效应模型、随机效应模型和似不相关回归对教育配置结构回归结果表明，在考虑人力资本的部门分布结构以后教育水平的变化对经济增长产生了显著的影响，同时受教育水平的变化与公共部门就业占比的交互项显著为负，验证了我们的假设。

第四，门限效应的结果表明中国教育和经济增长的关系存在明显的阶段性特征。当人均 GDP 处于低水平时，教育对经济增长的影响较小为 0.039，当人均 GDP 处于中等水平时影响效应为 0.05，大于中等水平时影响效应进一步增加为 0.064，说明了教育对经济增长具有显著的促进作用。

第五，空间计量模型的估计结果表明，初级教育人力资本和高级人力资本具有显著的空间外溢性，而且高级教育人力资本的创新效应空间外溢效应更大，说明提高不同层次的教育水平不仅对本地区同时也对邻近地区的经济增长产生显著的促进作用。在其他条件保持不变的情况下，其他邻近地区的高级教育人力资本提高一年，则该地区的经济增长提升 6.1 个百分点。

第七章

高校引进、高等教育与经济增长

第一节 高等教育与人力资本质量的"本地—邻地"增长效应

一 相关研究回顾

人力资本理论对现代经济增长理论起着重要作用。对人力资本和经济增长关系的研究分为微观和宏观两个角度,在微观层面,主要通过测算人力资本投资回报率的大小来研究整个经济增长,个体人力资本存量的差异可以解释个体工资结构及收入差距(Mincer,1974;Schultz,1962);在宏观层面,主要通过建立增长模型来阐释人力资本对经济增长的作用,国家人力资本水平则是解释一国经济增长机制与动力的核心因素(Arrow,1971;Lucas Jr.,1988;Romer,1990b)。

(一)教育和人力资本在经济增长中的作用机制

第一,人力资本作为提升劳动力质量的生产要素直接参与生产过程。卢卡斯(Lucas)认为产出由人力资本积累(人力资本增值)决定,将人力资本作为一个独立要素纳入科布-道格拉斯生产函数当中,认为专业化的人力资本积累(人力资本增值)是促进经济持续增长的决定因素。第二,人力资本促进技术创新和技术吸收与扩散的能力，进而促进经济增长的间接效应。罗默的研究将技术进步内生化，提出知识与技术具有边际收益递增的特性，解决了经济长期可持续增长的问题。他认为高水平的人力资本存量可以通过激发创新和技术进步，间接影响总产出，人力资本存量水平是经济增长的原动力。大部分研究肯定了人力资本存量在经济增长中的正面影响效应（Barro & Sala-I-Martin, 1997；Ding & Knight, 2011；Hongyi & Huang, 2009；Wang & Liu, 2016）；少部分学者的研究结果却表明人力资本投资带来的产出增长很小，甚至与经济增长之间不存在显著影响（Li, Lai, Wang & Zhao, 2016；姚先国、张海峰，2008）。一些针对20世纪60年代发展中国家的实证研究结果表明，对教育的大量投资却带来产出负向的影响效应，这可能与发展中国家教育质量较低和对技能人才的需求不足有关（Temple, 2001）。有学者指出，之所以会存在这种争议，一个很重要的原因是人力资本指标选取以及测量问题（de la Fuente & Doménech, 2006；Hanushek & Wößmann, 2011）。第三，Krueger & Lindahl（2001）指出一些跨国分析的结果差异来源于测量误差和内生性偏误，并且估计结果与样本的选择密切相关，他们发现在教育发展水平较低的国家，人力资本对经济的增长效应表现显著，而在教育水平较高的国家影响并不显著，验证了地区异质性。第四，教育对经济增长作用取决于教育投入总量和教育投入的结构（刘新荣、占玲芳，2013）。可见，中国在过去从低收入国家发展为中高收入国家，高等教育、人力资本质量以及技术创新与技术追赶吸收在中国发展过程中的作用还有待实证检验。

（二）人力资本测算中的"存量"与"质量"

人力资本作为一种无形资本，无法用一个统一的指标直接测量，现有人力资本的计量方法多是从人力资本的经济价值或是内涵出发进行间接测算，其中发展较为成熟的方法主要有成本法、收入法和教育特征法等。第一，基于成本法的主要思想是类比物质资本测算的方法，即认为当前人力资本的价值水平等于人们为了提高人力资本而花费在教育、健康、培训等方面的累计投资成本。其假设前提是人们所拥有的知识和能力大小主要取决于劳动者后天为培养这些能力而进行的投资支出。采用成本进行研究的学者主要有 Eisner（1988），Engel（1883），Kendrick（1976）和 Schultz（1961），国内的学者钱雪亚（2012），焦斌龙、焦志明（2010），孟望生、王询（2014b）等均基于成本法下的永续盘存技术估算中国不同时期的人力资本存量，乔红芳、沈利生（2015）考虑了人力资本积累的时滞问题，采用改进的成本加权法进行测算。成本法的一个关键问题在于人力资本是否存在折旧问题以及折旧率设定的合理性仍然存在争议（Graham & Webb，1979）。同时人力资本的积累会受到家庭环境、个人禀赋、投资效率等综合因素的影响，成本法否定了人力资本的先天部分，甚至可能会得出天生聪颖者的人力资本比天生愚钝者低的谬论。

第二，教育特征法由于其直观简单，数据获取容易，在国内外得到了广泛应用。以往教育对经济增长的影响研究中更多地集中于使用教育数量指标，普遍采用的代理变量包括劳动者平均受教育年限（Barro & Lee，1993）、受教育年限总和（王小鲁，2000）、成人识字率（蔡昉，都阳，2000）等。学校教育只是人力资本形成的一部分，教育年限忽视了教育结构的异质性，尤其是忽略教育质量的影响，在中国当前教育质量不断提升的进程中，除了教育外很多因素都会影响人力资本的变化，仅仅以教育指标来计量人力资本则会导致对劳动力生产率的低估。也有跨国研究显示一旦考虑了教育质量因素（如数学、科学和阅读等考试成绩），教育数量的影响变得不显著，而教育质量则对经济增长有很强的正向促进作用（Hanushek & Wößmann，2011；Jamison，Jamison & Hanushek，2007）。限于国内有限的数据资料，使用考试成绩作为人力资本的代理变量仍存在困难。Rabiul Islam，Ang & Madsen（2014）比较系统地构造了人力资本质量测算指标，但是该指标中的不少元素不适合中国国情，因而不能直接使用。

第三，相较于成本法、教育存量法，收入法十分符合人力资本的内涵，应用收入法能够充分反映影响人力资本的个人努力、能力、人力资本供需状况等劳动力市场综合因素，具有切实的理论依据。从现有研究看，利用收入法核算人力资本主要有两种不同思路：一种是利用未来收入的现值之和来测度人力资本（Farr，1852；Graham & Webb，1979；Jorgenson & Fraumeni，1989；Wickens，1924）；目前国内王德劲、刘金石、向蓉美（2006），柏培文（2012），李海峥、唐棠（2015）和董志华（2017）采用过此方法。终生收入的优势在于以未来收益作为人力资本投资回报的度量，但是无法剔除物质资本逐年增加对人力资本存量的影响。另一种是利用劳动者的现值收入估算人力资本，最具有代表性的是由 Mulligan & Sala-I-Martin（1997）提出的 LIHK 劳动力收入法，假设不存在人力资本之外的因素影响工资收入，则劳动者工资收入的差异就体现了人力资本水平的差异。一方面 LIHK 是基于收入法的测算，结果表现为指数形式并不是用货币价格直接呈现，另一方面该方法是基于边际劳动生产率的测算，可以有效反映出教育收益率及工作经验差异对人力资本的影响。朱平芳、徐大丰（2007）借鉴了单位人力资本的概念，设计了一个人力资本估算框架，梁润、余静文、冯时（2015）沿用 LIHK 法测算了全国的人力资本总量。收入法的最大优势在于体现了资本化的同时不涉及折旧问题，同时可以反映出人力资本的差异，以往学者们也提出了收入法估算过程中的两个难题：一是需要分年龄、性别、受教育程度等特征变量的分类收入数据，二是隔离行业、地域差别等效应对人力资本的影响。LIHK 劳动收入法反映了不同教育层次的差异，教育质量随时间的变化，以及工作经验等因素对人力资本的作用，同时不受物质资本存量和技术的影响，用于分析经济增长更为合理。

（三）教育和人力资本的空间作用机制

从整个区域来看，教育和人力资本的作用可能不仅仅限定于某一个特定区域，一个地区的人力资本也会影响到邻近地区的人力资本积累。在区域经济学和城市经济学的许多研究中证实了教育和人力资本具有积极的空间外部性（昌先宇、赵彦云，2017），但是有研究得出相反的结论（Fischer, Bartkowska, Riedl, Sardadvar & Kunnert, 2009; Olejnik, 2008; 朱万里、郑周胜，2018）。Fingleton & López Bazo（2006）的研究指出大部分基于生产函数的研究中都暗含地区间相互独立的假定，但实际上地区之间既不是同质的也不是相互独立的，因此需要考虑地区之间的相互影响。空间依赖性的存在打破了传统计量分析中强调地区是相互独立的、彼此间没有相互关系的假设。

现有研究的不足主要在于：第一，教育和人力资本在经济增长中的异质性作用机制和方向性仍存在争议；第二，在人力资本指标选择上，现有研究中只关注了人力资本规模、质量或是概念中的某一方面，多数使用入学率或平均受教育年限，没有综合反映人力资本的特征。第三，缺乏对教育人力资本的空间异质性作用机制的检验。由于中国省际要素禀赋、经济发展水平具有较高的异质性，具有相似特征的省份发展也存在路径依赖性。为了改进已有研究中的不足，本章基于 LIHK 收入法中关于单位人力资本的概念构建了包含规模、结构和质量的人力资本指数和教育人力资本两类面板数据，通过建立空间计量模型，在充分考虑空间地理因素前提下检验高等教育、人力资本质量在经济增长中的空间作用机制更具有科学性。

二　基于 LIHK 劳动收入法的人力资本测算

测算过程

LIHK 法测算人力资本的关键是我们需要预测每个群体的人数以及每个群体的人力资本，最后加总得到整个社会的人力资本。根据中国基础数据的情况，第一步，需要估算出每年分性别、年龄、城乡和受教育程度的人口数据，由于四分人口特征数据只有在普查年份（1990 年/2000 年/2010 年）才能获得，我们借鉴人口学的方法，结合历年各级教育层次的招生人数以及死亡率、生育率数据等预测了每年分性别、年龄、城乡和受教育程度的人口数据。第二步，我们需要估算出各个群体的收入。根据 Mincer 收入方程我们需要知道截距项、教育回报率、经验回报率以及经验平方的回报率。我们估计出的常数项的经济含义为农村女性没有受过教育也没有工作经验的工资，也就是标准工人的工资对数。某地区所有劳动力的平均工资对数与该常数项之差即为该地区所有劳动力的平均人力资本存量相当于多少个简单工人。借鉴人力资本与劳动经济研究中心（CHLR）[①] 的方法进行估计。

$$\ln wage = \alpha + \beta_1 Sch + \beta_2 Exp + \beta_3 Exp^2 + \beta_4 Sch \cdot ave_{gdp} + \beta_5 Sch \cdot indus_{gdp} + \beta_6 ave_{wage} + \beta_7 male + \beta_8 urban$$

其中 $\ln wage$ 为收入的自然对数，Exp 为个体的工作经验，由于本书考虑的是劳动年龄的人口情况（男性 16—60 岁，女性 16—55 岁），对于 16 岁以上的人口，工作经验的设定如下：当 $Sch < 10$ 时，工作经验 $Exp = Age - 16$；当 $Sch > 9$ 时，工作经验 $Exp = Age - Sch - 6$，ave_{gdp} 表示所在省份的人均 GDP，Sch 表示受教育年限，$indus_{gdp}$ 表示所在省份第三产业产值占 GDP 比重，ave_{wage} 表示所在省份的平均工资水平。根据 CHNS 和 CFPS 两个数据库基于样本量进行加权后的结果得到了已知年份的截距项、Sch、Exp 以及 Exp^2 的系数，然后分别作变量对时间趋势做的线性拟合，得到缺失年份的拟合值再分别计算出分性别、年龄、城乡以及受教育程度的个体的人力资本指数，结合前面得到的各群体劳动力人数相乘并加总即得到这部分全体的人力资本存量。由于指数法计算得到的结果并不是劳动力的绝对工资数，而是每个群体的工资跟标准工人工资的比值，本书是将一个未受过教育也没有工作经验的农村女性劳动力作为标准工人，其所具有的人力资本我们视为单位人力资本，因此我们得到的人力资本存量含义是多少倍的简单工人劳动力。

[①] 中国人力资本与劳动经济研究中心在研究报告中指出，通过加入一部分省份宏观数据以在一定程度上解决数据量不足的缺陷，提高估计的准确性。

三 数据处理与实证模型构建

(一) 研究方法

面板数据与截面数据相比,不仅可以获得更多的个体动态信息,更容易避免多重共线性,且在一定程度上能够解决不随时间、体现个体异质性的遗漏变量问题,而空间面板数据是对空间地理单位进行时间序列维度观测的结果,既具有面板数据自由度更大、信息量丰富、共线性小的优势,也考虑到了变量的空间效应特性,在一定程度上克服了变量缺失和解释变量外部性的问题,提高了模型的准确度(安虎森,吴浩波,2015)。根据前文的分析,我们需要考虑不同地区之间交互作用对地区增长的影响,空间计量模型打破了样本相互独立的假设,检验高等教育和人力资本质量通过地理因素对区域发展的溢出效应。

空间交互的两种基本设定方式为:一种是空间滞后模型(滞后因变量),另一种是空间误差模型(误差项包含一个空间自回归过程)。空间杜宾模型(SDM)是空间计量模型的一般形式,是空间自回归模型(SLM)和空间误差模型(SEM)的更为广义的计量模型,其中,y_{it} 为被解释变量,x_{it} 为解释变量,模型的基本表达式为:

$$\text{SLM}: y_{it} = \mu_i + \alpha_t + \eta \sum_{j=1}^{N} w_{ij} y_{it} + \lambda x_{it} + \varepsilon_{it} \tag{7.1}$$

$$\text{SEM}: y_{it} = \mu_i + \alpha_t + \lambda x_{it} + \varepsilon_{it} \quad \varepsilon_{it} = \rho \sum_{j=1}^{N} w_{ij} \varepsilon_{ij} + v_{it} \tag{7.2}$$

$$\text{SDM}: y_{it} = \mu_i + \alpha_t + \eta \sum_{j=1}^{N} w_{ij} y_{it} + \lambda \sum_{j=1}^{N} w_{ij} x_{it} + \varepsilon_{it} \tag{7.3}$$

人力资本既可以作为生产投入要素直接促进经济增长(Lucas Jr., 1988),还可以通过促进技术创新和技术扩散间接影响经济增长(Nelson & Phelps, 1966; Romer, 1990a)。本章沿用 Engelbrecht(2003)的研究框架,结合 Lucas(1988)和 Nelson & Phelps(1966)以及 Romer(1990)的模型,验证高等教育、人力资本质量对经济增长的异质性空间效应。假定不同层次人力资本的增长路径不同:

初级人力资本通过 Lucas 路径增加要素投入影响增长，高级人力资本则通过 Romer 和 Nelson & Phelps 路径推动技术创新和技术模仿吸收促进增长。我们将生产函数设定为如下形式：

$$Y = A(H_a)K^\alpha H_b^\beta L^\gamma \tag{7.4}$$

其中，Y 表示产出，K 表示资本，H_a 表示高级人力资本，H_b 表示初级人力资本，L 表示劳动力数量，A 表示技术进步率或全要素生产率。

按照 Nelson & Phelps（1966）的研究，$H_a \times \frac{y_{max} - y}{y}$ 表示技术模仿和追赶，

$$A(H_a) = A_0 exp\left(c + g \times H_a + \delta H_a \times \frac{y_{max} - y}{y}\right) \tag{7.5}$$

对 7.4 式两边同时取对数并将 7.5 式代入可得面板数据模型 7.6：

$$\ln Y_{it} = c + \beta \ln K_{it} + \gamma \ln H_{bit} + \theta \ln L_{it} + g H_{ait} + \frac{\delta H_{ait}(y_{max} - y_{i0})}{y_{i0}} + \varphi Z_{it} + \alpha_i + \varepsilon_{it} \tag{7.6}$$

加入空间效应后的模型如下：

$$\ln Y_{it} = c + \beta \ln K_{it} + \gamma \ln H_{bit} + \theta \ln L_{it} + g H_{ait} + \frac{\delta H_{ait}(y_{max} - y_{i0})}{y_{i0}} + \varphi Z_{it} + \alpha_i + \sum_{j=1}^{N} w_{ij} \ln K_{it} + \zeta \sum_{j=1}^{N} w_{ij} \ln H_{bit} + \tau \sum_{j=1}^{N} w_{ij} \ln L_{it} + v \sum_{j=1}^{N} w_{ij} H_{ait} + \psi \sum_{j=1}^{N} w_{ij} H_{ait}(y_{max} - y_{i0})/y_{i0} + \varepsilon_{it} \tag{7.7}$$

其中，被解释变量用人均 GDP 表示，解释变量包括物质资本 K、劳动力人数 L、初级人力资本 H_b、高级人力资本 H_a、技术追赶（Catch），Z 表示一系列控制变量，包括外贸依存度（open）、产业结构（indus）以及政府支持（gov），c、α_i、ε_{it} 分别表示常数项、地区固定效应和随机误差项。η 表示空间自回归系数，ρ 为空间自相关系数，$\varepsilon_{it} \sim N(0, \sigma_\varepsilon^2 I_N)$，$v_{it} \sim N(0, \sigma_v^2 I_v)$。$w_{ij}$ 表示空间权重矩阵的元

素，通过研究变量在地理位置上相邻与否来赋值0或1，若 $i = j$，则省域 i 和 j 相邻；若 $i \neq j$，则省域 i 和 j 不相邻，邻接矩阵 W_1 也是最为本义的空间权重设置方式。

$$w_{ij} = \begin{cases} 0, i = j \\ 1, i \neq j \end{cases} \quad (7.8)$$

此外，为了考虑结果的稳健性，我们还考虑了反距离矩阵 W_2，即考虑空间效应随距离递增而衰减，构建地理矩阵权重矩阵：

$$w_{ij} = \begin{cases} 0, i = j \\ \dfrac{1}{d_{ij}^2}, i \neq j \end{cases} \quad (7.9)$$

同时，为了客观表示空间单元的经济发展水平空间相关性，我们也构建经济空间权重矩阵 W_3，$\bar{y}_i$ 为 i 地区历年 GDP 的平均值，$\bar{y}$ 为全样本 GDP 均值。

$$w_3 = w_2 \times diag\left(\frac{\bar{y}_1}{\bar{y}}, \frac{\bar{y}_2}{\bar{y}}, \cdots, \frac{\bar{y}_n}{\bar{y}}\right)$$

$$\bar{y}_i = \frac{1}{t_1 - t_0 + 1} \sum_{t=t_0}^{t_1} y_{it}, \bar{y} = \frac{1}{n(t_1 - t_0 + 1)} \sum_{i=1}^{n} \sum_{t=t_0}^{t_1} y_{it}$$

(二) 数据来源与变量

根据样本的可获得性，本章选取 1990—2017 年 30 个省域的面板数据作为研究样本。我们测算 LIHK 人力资本的数据来源于《中国 1982 年人口普查资料》《中国 1990 年人口普查资料》《中国 2000 年人口普查资料》《中国 2010 年人口普查资料》《中国人口统计年鉴（1991—2018）》，各省份人口普查资料及统计年鉴、中国营养与健康调查（CHNS，1989—2015）及中国家庭追踪调查（CFPS，2010—2016）微观数据库，其他变量的原始数据均来自《中国统计年鉴（1991—2018）》《中国劳动统计年鉴（1991—2018）》及各省份统计年鉴。

产出水平（Y/y）：产出水平反映一个省份的经济发展状况，使用各省份的地区生产总值（Y）来表示，以 1985 年为基期，使用历年各省份 GDP 平减指数消除价格影响，使用人均地区生产总值（y）表示。

资本存量（K）/人均资本存量（k）：中国经济增长有明显的投资驱动特征，由于目前并没有关于每年物质资本存量数据的官方统计，所以只能通过一定的方法进行估算，目前测算最常用的方法是 Goldsmith 在 1951 年提出的永续盘存法（Perpetual Inventory Method）（Goldsmith，1951），本章使用的省际物质资本存量数据来源于 Holz 教授和 Sun Yue 博士的测算（Holz & Yue，2018）。

人力资本：我们使用受教育年限和 LIHK 人力资本指数两种形式衡量人力资本。其中初级人力资本（初级教育）包含小学、初中和高中教育，高级人力资本（高级教育）包含大学及以上，小学、初中、高中、大学及以上的受教育年限分别设定为 6 年、9 年、12 年和 17 年。高级人力资本 H_a 等于所有受高等教育的劳动者的受教育年限之和，劳均高等教育人力资本存量等于高级教育人力资本除以劳动人口数。初级人力资本 H_b 等于所有受初级教育的劳动者的受教育年限之和，劳均初级人力资本存量等于初级教育人力资本除以劳动人口数。本章同时基于 LIHK 劳动力收入法测算了人力资本指数，反映了包含劳动力规模和质量的综合水平，衡量了教育收益率和工作经验的影响。借鉴 Li，Lai，Wang & Zhao（2016）的做法，考虑到中国农村地区的条件限制，通常他们只能获得有限的高等教育机会，也很难有机会从工作中获得先进的技能水平，因此造成城乡收入差距的主要原因可以归结为高级人力资本水平的差异。将测算的农村劳动力人力资本和城市劳动力人力资本作为初级（$H_{b\,LIHK}$）和高级人力资本（$H_{a\,LIHK}$）的替代变量。

其他控制变量：外贸依存度（open）、产业结构（indus）、政府支持（gov），分别用地区进出口总额占 GDP 比重、第三产业增加值与 GDP 比值、政府公共预算财政支出占 GDP 的比重来表示。数据的统计描述结果见表 7—1 所示。

表 7—1　　　　　　　　　变量描述统计

指标名称	变量	样本量	单位	均值	标准差	最小值	最大值
总产出	GDP	840	亿元	2823.733	3759.812	42.64	26199.48
人均产出	y	840	元	9880.173	9379.406	938.06	65348.22
资本存量	Capital	840	亿元	6808.86	9844.50	142.00	75138.97
人均资本存量	k	840	元	25990.65	30040.54	984.95	190000.00
劳动力数量	L	840	万人	2348.979	1570.978	211.17	6726.39
高级人力资本（教育）	H_a	840	年	7.18	0.69	4.89	8.14
初级人力资本（教育）	H_b	840	年	1.39	1.14	0.18	8.00
高级人力资本（LIHK）	$H_{a\,LIHK}$	840	万标准工人	2669.417	1612.510	265.354	7404.053
初级人力资本（LIHK）	$H_{b\,LIHK}$	840	万标准工人	2804.85	1936.78	180.84	8683.87
外贸依存度	open	840		0.296	0.385	0.018	2.259
产业结构	industry	840		0.396	0.083	0.244	0.815
政府支持	gov	840		0.168	0.089	0.001	0.623

四　实证结果分析

（一）模型的预备检验

如表 7—2 所示，我们首先检验是否存在空间效应，拉格朗日乘数 LM lag/error 及稳健 LM lag/error 检验结果拒绝了不存在空间滞后效应或者空间误差效应的原假设，表明各地区变量存在显著的空间依赖性。空间滞后和空间误差的 Wald 统计量均在 1% 统计水平上显著，表明建立空间杜宾模型更加合适（原假设为空间杜宾模型可以转化为空间滞后/误差模型）。同时，Hausman 检验的结果通过 1% 显著性检验，因此应该建立固定效应的空间杜宾模型（SDM-FE）。考虑到中国教育、人力资本与经济增长均存在显著的区域差异，混合效应和时间固定效应均忽略了客观存在的地区结构性经济差异，空间时间双固定效应模型能够同时考虑地区空间差异与时期影响，并将空间依赖的作用与空间异质性和遗漏变量的影响有效区分，还有研究指出空间计量模型使用极大似然估计得到的参数是渐近有效的

(陈强，2014)，因此，本章使用极大似然估计时间空间双固定的空间杜宾模型。

表7—2 空间依赖性检验

检验	W1	W2	W3
LM (lag) test	7.857*** (0.005)	9.529*** (0.002)	4.279** (0.039)
Robust LM (lag) test	7.047*** (0.008)	8.746*** (0.003)	4.052** (0.044)
LM (error) test	16.072*** (0.005)	8.031*** (0.005)	3.231* (0.072)
Robust LM (error) test	15.262*** (0.005)	7.248*** (0.007)	3.004* (0.082)
Wald test for spatial lag	83.06*** (0.000)	240.39*** (0.000)	100.24*** (0.000)
Wald test for spatial error	82.52*** (0.000)	154.71*** (0.000)	53.03*** (0.000)
Hausman test	346.48*** (0.000)	34.81*** (0.000)	95.33*** (0.000)

注：***、**、* 分别代表在1%、5%、10%统计水平上显著，括号内为系数的P值。

(二) 模型估计结果

运用全国邻接矩阵、反距离矩阵以及经济距离矩阵估计模型的结果如表7—3所示，在经济距离矩阵估计下模型拟合度最优，表明教育、人力资本质量对经济增长的空间影响更多反映为经济上的空间联系，因此我们主要以 W_3 分析。H_a 和 $H_{a\,LIHK}$ 估计值均在1%的显著性水平上为正，表明高等教育表示的高级人力资本通过技术创新效应能够显著地促进本地区经济增长，包含人力资本质量的 $H_{a\,LIHK}$ 对经济增长的本地效应更强。$W \times H_a$ 和 $W \times H_{a\,LIHK}$ 的估计值为负，且仅在使用教育水平衡量的人力资本指标下显著，$W^* Catch$ 估计值在1%的显著性水平上为正，表明高级人力资本的溢出效应主要变现为技术的模仿和吸收，创新技术及人员等要素资源的流动产生了空间外溢效应。

表 7—3　　空间杜宾模型（SDM）的稳健性估计结果

	变量	教育人力资本			LIHK 人力资本		
		SDM-FE 邻接权重矩阵	SDM-FE 地理距离矩阵	SDM-FE 经济距离矩阵	SDM-FE 邻接权重矩阵	SDM-FE 地理距离矩阵	SDM-FE 经济距离矩阵
X	$\ln k$	0.3169***	0.3090***	0.3364***	0.2983***	0.2926***	0.3059***
		(0.0107)	(0.0112)	(0.0113)	(0.0113)	(0.0122)	(0.0119)
	$\ln l$	-0.7215***	-0.7326***	-0.6796***	-1.0331***	-0.9616***	-0.8552***
		(0.0314)	(0.0291)	(0.0297)	(0.0461)	(0.0437)	(0.0393)
	H_b	0.5145***	0.3112***	0.5216***	0.1160***	0.0444**	0.0407**
		(0.0929)	(0.0856)	(0.0855)	(0.0195)	(0.0187)	(0.0187)
	H_a	0.1196***	0.0832***	0.1461***	0.4696***	0.4945***	0.5389***
		(0.0156)	(0.0143)	(0.0140)	(0.0580)	(0.0462)	(0.0537)
	Catch	-0.0383***	-0.0335***	-0.0394***	-0.1411***	-0.1667***	-0.2120***
		(0.0042)	(0.0037)	(0.0044)	(0.0306)	(0.0219)	(0.0261)
	Open	0.0653***	0.0301**	0.0441**	0.0521**	-0.0006	-0.0041
		(0.0153)	(0.0145)	(0.0152)	(0.0170)	(0.0160)	(0.0169)
	Indus	-0.2300***	-0.2575***	-0.3612***	-0.3002***	-0.3300***	-0.3002***
		(0.0619)	(0.0589)	(0.0641)	(0.0626)	(0.0572)	(0.0640)
	Gov	-0.4212***	-0.4805***	-0.4183***	-0.2299***	-0.1537**	-0.2944***
		(0.0626)	(0.0579)	(0.0650)	(0.0729)	(0.0682)	(0.0707)
W*X	$W.\ln k$	0.0036	0.0613**	0.1187**	-0.0328	0.0036	0.2024***
		(0.0239)	(0.0310)	(0.0466)	(0.0247)	(0.0333)	(0.0505)
	$W.\ln l$	0.4491***	0.6311***	0.1447	0.8156***	0.9434***	0.4077**
		(0.0566)	(0.0922)	(0.1304)	(0.1055)	(0.0994)	(0.1333)
	$W.H_b$	-0.3800**	0.6952***	-0.7506**	-0.2086***	-0.1922***	-0.1422**
		(0.1619)	(0.1904)	(0.2837)	(0.0382)	(0.0487)	(0.0659)
	$W.H_a$	-0.0658**	0.0785**	-0.1696***	-0.4810***	-0.1513	-0.2338
		(0.0297)	(0.0322)	(0.0509)	(0.1240)	(0.1273)	(0.1957)
	W.Catch	0.0483***	0.0492***	0.1105***	0.1479**	0.2158***	0.2922***
		(0.0080)	(0.0088)	(0.0121)	(0.0564)	(0.0528)	(0.0744)
	W.Open	-0.0018	-0.0657**	0.0517	-0.0097	-0.0827**	-0.0957*
		(0.0265)	(0.0278)	(0.0410)	(0.0297)	(0.0333)	(0.0498)
	W.Indus	-0.2430	-0.4773***	-0.1250	0.0343	-0.0860	0.0113
		(0.1523)	(0.1692)	(0.2364)	(0.1408)	(0.1529)	(0.2506)
	W.Gov	0.5836***	0.5801***	-0.4284**	-0.0126	0.3988**	0.3690*
		(0.1422)	(0.1783)	(0.2010)	(0.1100)	(0.1429)	(0.1938)
	N	840	840	840	840	840	840
	R^2	0.311	0.366	0.470	0.164	0.294	0.367

注：***、**、* 分别代表在1%、5%、10%统计水平上显著。

SDM 模型的估计结果无法完全反映被解释变量和解释变量的关系，根据 Lesage & Pace（2009）的研究，使用偏微分的方法可以更好地处理检验空间溢出效应估计出现的偏误问题，运用偏微分的方法将空间杜宾模型（SDM）中的空间溢出总效应分解为直接效应和间接效应，直接效应即本地效应是指某一地区的解释变量每变化一个单位对该地区被解释变量的影响效应，间接效应即邻地效应是指某一地区解释变量每变化一个单位对其他地区被解释变量的空间影响效应，总效应是直接效应与间接效应的加总，表明了解释变量的变化对被解释变量的总体影响。

表7—4报告了经济距离矩阵下解释变量的本地直接效应、邻地间接效应以及总效应的估计值。物质资本存量对经济增长的直接效应在1%的水平上显著为正，物质资本提高1%，对本地经济增长的作用提升0.303%—0.336%，同时，物质资本水平对邻近地区的经济增长产生正向的空间溢出效应。不同层次人力资本作用于经济增长的机制不同，其中初级人力资本主要是通过最终产品生产直接作用于本地经济增长，但会抑制邻地的经济增长。高等教育表示的高级人力资本和LIHK高级人力资本通过技术创新促进经济增长的本地效应系数显著为正，证实了高级人力资本通过技术创新水平间接促进区域内经济增长的作用机制，高等教育年限每提高一年，区域内通过技术创新带来的经济增长将提升0.15%，包含质量因素的高级人力资本水平每提高一个单位，区域内通过技术创新带来的经济增长将提升0.549%。高级人力资本促进技术创新的间接效应不显著或显著为负，可能是由于各省份高级人力资本水平差异导致发展水平较低的省份难以提高其高级人力资本水平，导致无法形成空间外溢效应。高级人力资本的空间溢出效应主要表现为通过促进技术模仿吸收进而提升邻近地区的经济增长水平这一路径，证明了提升高级人力资本水平过程中由要素资源流动带来的模仿吸收外溢效应对经济增长有重要的促进作用。

表 7—4 空间效应分解

变量	本地效应		邻地效应		总效应	
	教育水平	LIHK	教育水平	LIHK	教育水平	LIHK
$\ln k$	0.3355***	0.3033***	0.0716**	0.1299***	0.4070***	0.4332***
	(0.0115)	(0.0123)	(0.0358)	(0.0388)	(0.0365)	(0.0403)
$\ln l$	−0.6850***	−0.8687***	0.2061*	0.4841***	−0.4790***	−0.3846***
	(0.0269)	(0.0358)	(0.1179)	(0.1162)	(0.1133)	(0.1153)
H_b	0.5351***	0.0456**	−0.7291**	−0.1265**	−0.1940	−0.0809
	(0.0925)	(0.0186)	(0.3054)	(0.0611)	(0.2830)	(0.0630)
H_a	0.1499***	0.5493***	−0.1715***	−0.2953	−0.0216	0.2540
	(0.0152)	(0.0578)	(0.0528)	(0.1848)	(0.0487)	(0.1878)
Catch	−0.0416***	−0.2212***	0.1058***	0.2934***	0.0642***	0.0722
	(0.0050)	(0.0295)	(0.0129)	(0.0752)	(0.0115)	(0.0674)
Open	0.0436**	−0.0028	0.0455	−0.0781*	0.0891**	−0.0808*
	(0.0144)	(0.0159)	(0.0386)	(0.0449)	(0.0382)	(0.0477)
Industry	−0.3621***	−0.3022***	−0.0902	0.0419	−0.4523*	−0.2604
	(0.0639)	(0.0623)	(0.2330)	(0.2219)	(0.2402)	(0.2352)
Gov	−0.4233***	−0.3146***	−0.3324*	0.3758**	−0.7558***	0.0612
	(0.0623)	(0.0692)	(0.1833)	(0.1828)	(0.1774)	(0.1710)

注：***、**、*分别代表在1%、5%、10%统计水平上显著。

(三) 空间外溢效应的进一步讨论

目前，全球40多个主要城市群的经济产出占世界经济总量的70%左右，近年来，中国长三角、珠三角和京津冀三大城市群成为中国经济发展的三个增长极，2019年中国发展研究基金会发布的《中国城市群一体化报告》中指出，这三大城市群以5%的国土面积，集聚了近四分之一的人口，产出了超过四成的GDP。我们参照张同斌、李金凯、周浩（2016）的划分标准，进一步对环渤海经济带东北地区、长三角、珠三角经济带的子样本进行估计，观察区域内部高等教育的空间效应并进行区域比较分析，结果如表7—5所示。从区域间的差异看，样本期内长三角地区的人均GDP水平最高，环渤海经济带人均 GDP 水平高于珠三角地区。以高等教育表示的高级人力资本的技术创新空间溢出效应在长三角地区显著为正，说明了经济带的"集聚效应"为经济增长带来了新动能，而邻地效应在环渤海东北地区和珠三角地区均不显著，高等教育在环渤海东北地区和珠三角地区的邻地效应主要表现为技术的追赶和吸收。在"粤港澳大湾区"等政策的推动下，伴随着人才和技术的流动，高等教育提升了珠三角地区的技术吸收和模仿能力，进而促进了区域内邻近省份的经济增长。

表 7—5　　　　　　　　划分经济带的高等教育空间效应分解

	环渤海和东北地区		长三角经济带		珠三角经济带	
	本地	邻地	本地	邻地	本地	邻地
$\ln k$	0.4932***	-0.1160*	0.1341***	-0.0904**	0.2900***	-0.0411
	(0.0212)	(0.0687)	(0.0190)	(0.0416)	(0.0261)	(0.0845)
$\ln l$	0.0311	-0.2317	-0.1039***	0.0439**	-0.0426***	-0.0841***
	(0.0800)	(0.2230)	(0.0063)	(0.0181)	(0.0050)	(0.0240)
H_b	0.1777***	0.1016*	-0.0480*	0.2370***	0.0499**	-0.1249***
	(0.0211)	(0.0537)	(0.0248)	(0.0574)	(0.0242)	(0.0369)
H_a	0.1624***	-0.1099	-0.0239	0.1607**	0.1853***	-0.1323
	(0.0290)	(0.0753)	(0.0358)	(0.0591)	(0.0553)	(0.0850)
Catch	-0.0674***	0.1659***	0.0471**	0.0575	0.0161	0.1584**
	(0.0075)	(0.0292)	(0.0201)	(0.0369)	(0.0255)	(0.0575)
N	252		112		168	
R^2	0.883		0.362		0.658	

注：本表仅汇报了使用 W_3 矩阵和教育人力资本估计核心解释变量的空间直接和间接效应，完整结果可向作者索取。在区域划分上，本章借鉴张同斌（2016）的划分方式，其中环渤海经济带和东北地区包括北京、天津、河北、山西、内蒙古、辽宁、吉林、黑龙江、山东 9 省（市、自治区）；长三角经济带包括上海、江苏、浙江、安徽 4 省（市）；珠三角经济带包括福建、江西、湖南、广东、广西、海南 6 省（自治区）。

第二节　高校引进对地区经济发展的影响

一　文献回顾

进入知识经济社会，技术进步对世界经济增长的贡献已得到学界的普遍验证。不同于新古典增长模型将技术进步归结为外生变化的不确定因素，人力资本理论和新增长理论将人力资本技术进步归结为知识和人力资本的内生变化因素，从而将教育的知识传承和增长以及人才培养的社会功能赋予新的价值和意义，肯定了教育对经济发展的重要贡献（Becker，1962；Romer，1986；Schultz，1961）。其中高等教育通过人才培养、科学研究和社会服务为地区经济发展的方向引领、效率提升和创新驱动的功能已得到研究的证实，从而肯定了高等教育对地区经济不同发展阶段的重要作用（Marozau，Guerrero & Urbano，2021）。自改革开放以来，高等教育对于中国整体和区域经济发展和产业转型升级发挥的重要作用得到了社会各界的普遍重视，以科教兴国政策为起点，在国家中长期教育规划、中国教育现代化 2035、国民经济和社会发展第十四个五年规划等国家战略中，都将高等教育的区域合作和国际合作作为实现人才强国、创新型国家建设的重要战略。现有研究认为，通过高质量的研究院和境外高校的引入，进行跨区域和跨国合作办学的方式，一方面能够促进大学研究职能更好地发挥，从而与区域城市的产业群进行深度融合，形成地区经济与大学质量双赢局面（黄志兵、袁彦鹏，2021）；另一方面，避免了与国内其他高校的同质化竞争，与一流大学优势互补，促进高校与区域经济协同发展的深度融合（董俊峰、倪杰，2020；郭强、张舒、钟咏，2021）。从作用机制来说，高等教育作为高级人力资本积累和技术进步的重要源泉，对地区经济增长的影响主要表现在其直接效应和间接效应。

（一）高校引进通过高级人力资本积累促进区域经济增长的直接效应

高校引进政策对区域经济增长的直接效应主要表现在高级人力资本积累对区域劳动生产率的提高，其目的在于通过高等教育聚集实现区域经济和社会收益更好的发展。

从理论视角来看，这一判断得到了高等教育职能论和人力资本理论以及内生经济增长理论的支持。从高等教育职能论的角度，人才培养作为高校培养社会所需的专门人才的重要职能，通过引进高校，提升了人才培养的质量，促进了其社会职能更好地发挥。从人力资本理论的角度，高校对人力资本的积累不仅表现在对私人收益率的提升，还表现在社会劳动生产率提升后，技术外部性对社会收益的提升。Lucas 构建的内生经济增长模型将人力资本的影响效应分为内部效应与外部效应，并把人力资本的外部性作为独立的要素纳入经济增长模型，即人力资本促进各种生产要素相互作用的综合效应，以及这种效应对整个社会人力资本水平的影响，也正是人力资本的这种外部效应使人力资本成为"增长的发动机"（Lucas Jr., 1988）。由此可见，高校引进在学理上符合区域经济的发展趋势。

从实证研究来看，高校引进政策作为发挥中国人力资本外部效应的重要措施，近年来在地方政府的普遍重视下，对不同区域的经济增长发挥着积极作用。不少研究者以中国各省的数据为例，从要素投入角度分析人力资本聚集对区域经济发展的直接效应后，认为高校引进实现了高级人力资本聚集，从数量和结构角度发挥了其作为生产要素对经济增长和产业结构升级的正外部溢出效应（王征宇、姜玲、梁涵，2011；姚建建、门金来，2020）。然而也有研究通过与国外主要高校聚集区的对比发现，国内引进高校类型与区域经济发展存在不协调性，不利于区域的长远发展。向兴华等对中美高水平大学的学科群分布的比较研究发现，中国重点学科群所在高校呈现同一区域过度集中，学科特色不鲜明，优势不突出的问题，不利于区域经济增长潜能的激发（向兴华、梁锦霞，2012）。然而已有关于高校聚集对区域经济增长及产业升级的影响效应研究缺乏对高校引进政策因素的考量，是对基础计量模型中关键因素的忽略，且高等教育增量对区域经济增长影响的净效应有待精确评估。

从高校引进对区域经济增长的直接影响效应看，该政策效应还表现出一定的时间滞后性。有研究表明高校引进在实现高级人力资本聚集的过程中，对经济的贡献具有滞后效应，在不同区域之间差异显著（李锋亮、袁本涛，2013；李立国、杜帆，2019；秦永、王孝坤，2017；唐志丹、沈烈志、马晓琳，2010；许长青，2013），并以此解释区域经济发展差距的原因（何小钢、罗奇、陈锦玲，2020；赵冉、杜育红，2020）。还有研究者发现，在高校扩招的背景下，高等教育对区域经济增长作用不显著，甚至呈现显著的阻碍作用（郑鸣、朱怀镇，2007；周启良、范红忠，2021）。虽然高校引进对区域经济发展的时间滞后性已得到现有研究的检验，但对其时间滞后性所带来的区域经济增长的异质性却鲜有探讨。

据此，本节提出以下研究假设：

研究假设1：高校引进可以促进所在区域的经济增长及产业结构升级。

研究假设2：高校引进对区域经济发展的驱动效应存在显著的时间异质性。

（二）高校引进通过促进技术进步影响区域经济增长的间接效应

高校引进政策对区域经济增长的间接效应主要表现在高校聚集促进地区科技创新、模仿和追赶，从而推动区域的本地—邻地经济增长机制。Black等提出城市经济增长模型，阐明了人力资本的外部性可以通过城市规模扩大促进区域经济发展，而人力资本的外部性正是通过不同类型的专业化聚集促进地区产业升级，其中地方政府合理的政策干预将内化人力资本溢出，从而产生同期市场结果和增长路径（Black & Henderson，1999）。

从高校聚集对区域经济增长的邻地效应来看，主要表现为本地—邻地正向的空间知识溢出效应。在理论层面，从区域经济学的视角来看，人力资本积累存在明显的空间异质性。Fingleton & López Bazo（2006）的研究指出，大部分基于生产函数的研究都暗含地区相互独立的假定，但实际上地区之间既不是同质的也不是相互独立的，需要考虑地区之间的相互影响。而这一结论也得到了研究者的证实，进一步说明了区域内人力资本促进技术模仿吸收的正向溢出效应（赵冉、杜育红，2020）。从高等教育职能的角度看，高等教育的社会服务职能的基本途径正是知识传播和技术推广等手段得以体现，因而在这一过程中高等教育聚集将会更好地为区域其他地区的经济增长提供有力的智力支持。在实践层面，区域经济学的一些研究已经证实了高校聚集的人力资本存量异质性将对区域经济整体增长具有积极作用（昌先宇、赵彦云，2017；邓飞、柯文进，2020），但也有研究得出相反的结论（朱万里、郑周胜，2018），由此可见，本地的空间知识溢出效应对缩小区域内经济差异的作用仍有待检验。

从高校聚集对区域经济增长的本地效应来看，主要表现为本地的正向溢出效应。在理论层面，从区域经济学研究视角来看，大学知识创新的溢出将为区域内经济增长提供动力。Feldman等通过实证研究发现大学实验室所创造出的知识将为本地企业的商业创新做出贡献，为地区经济提供新的活力（Feldman & Desrochers, 2003）。从高等教育职能的角度看，高等教育的科研职能在结合当地发展要求，进行科学研究和技术创新得以充分体现。在实践层面，有学者通过研究证明了人力资本通过促进技术创新进而促进经济增长的间接效应（Ding & Knight, 2011；Wang & Liu, 2016）。也有研究从高等教育对产业结构升级的作用出发，关注高等教育专业设置对区域产业升级的影响，认为学科要素投入是影响内生性经济增长的路径之一（周进、王燕，2019）。然而总体上目前的研究在知识创新对区域经济数量增长的研究较多，涉及知识溢出对本地经济结构的影响机制的探讨仍显不足。

基于此，本节提出以下研究假设：

研究假设3：高校引进可以通过改变区域经济发展的不利初始条件带动所在区域经济增长和产业结构升级。

研究假设4：高校引进可以通过促进技术进步带动所在地区经济增长及产业结构升级。

二 数据处理与实证模型构建

（一）样本选择

本节将高校引进视为一项准实验，发现高校引进最典型的城市是位于广东省的深圳、珠海等珠三角城市。因此，本章以广东省为例实证分析高校引进的政策实施对于地区经济发展的作用具有代表性。考虑到珠三角地区的同质性更强，为了保证处理组和控制组之间的可比性，最终本章选取经济发展背景相似的珠三角地区9个城市数据进行研究，其中，将实施高校引进政策的城市（包括深圳市、珠海市和中山市）设置为处理组，将未实施高校引进政策的城市（包括广州市、东莞市、佛山市、江门市、惠州市和肇庆市）作为对照组。由于高校引进的时间有所不同，因此本章选择渐进双重差分法为主要分析方法，同时考虑到高校引进的影响具有时滞性，将引进高校的影响时间设置为引进后4年，因此2016年后实施政策的城市并未纳入处理组。广东省各地级市引进高校情况如表7—6所示。

表7—6　1999—2021年广东省各地级市引进高校情况（截至2021年6月）

	引进高校及时间
广州	暨南大学伯明翰大学联合学院（2016年）、华南农业大学广州都柏林国际生命科学与技术学院（2020年）
深圳	中国科学技术大学深圳研究院（1999年） 深圳华中科技大学研究院（2000年）、西北工业大学深圳研究院（2000年）、西安交通大学深圳研究院（2000年）、西安电子科技大学深圳研究院（2000年）、西南交通大学深圳研究院（2000年）、武汉大学广东（深圳）研究院（2000年）、南开大学深圳研究院（2000年）、南京大学深圳研究院（2000年）、东南大学深圳研究院（2000年）、厦门大学深圳研究院（2000年）、上海交通大学深圳研究院（2000年）、中国社会科学院研究生院深圳研究院(2000年)、合肥工业大学深圳研究院(2000年)、重庆大学深圳

续表

	引进高校及时间
深圳	研究院（2000年）、中国药科大学深圳研究院（2000年）、北京邮电大学深圳研究院（2000年）、湖南大学深圳研究院（2000年）、香港理工大学深圳研究院（2000年）、中国地质大学深圳研究院（2000年） 香港城市大学深圳研究院（2001年）、华东理工大学深圳研究院（2001年）、大连理工大学深圳研究院（2001年）、香港科技大学深圳研究院（2001年）、北京大学深圳研究院（2001年）、清华大学深圳研究生院（2001年）、深圳中国科学院院士活动基地（2001年） 浙江大学深圳研究院（2002年）、北京交通大学深圳研究院（2002年）、哈尔滨工业大学（深圳）（2002年）、香港浸会大学深圳研究院（2002年）、中国人民大学深圳研究院（2002年） 天津大学深圳研究院（2003年） 大连海事大学深圳研究院（2007年） 中南大学深圳研究院（2008年） 北京航空航天大学深圳研究院（2010年） 香港大学深圳研究院（2011年） 山东大学深圳研究院（2012年） 对外经济贸易大学深圳研究院（2013年） 北京电影学院深圳研究院（2014年）、香港中文大学（深圳）（2014年）、清华—伯克利深圳学院（2014年） 深圳中国工程院院士活动基地（2015年）、哈尔滨工业大学深圳国际设计学院（2015年）湖南大学罗切斯特设计学院（2015年） 清华大学深圳国际研究生院（2016年）、深圳北理莫斯科大学（2016年）、江西财经大学深圳研究院（2016年） 南京航空航天大学深圳研究院（2017年）、武汉理工大学深圳研究生院（2017年） 电子科技大学（深圳）高等研究院（2019年）、河南大学深圳研究院（2019年）、华中师范大学深圳研究院（2019年）、西北农林科技大学深圳研究院（2019年） 天津大学佐治亚理工深圳学院（2020年）、燕山大学深圳研究院（2020年）
珠海	北京师范大学—香港浸会大学联合国际学院（2005年）、北京师范大学珠海分校（2001年）、北京理工大学珠海学院（2004年）、吉林大学珠海学院（现转为民办，珠海科技学院）（2004年）、中山大学中法核工程与技术学院（2010年）
中山	电子科技大学中山学院（2002年）
汕头	广东以色列理工学院（2016年）
东莞	东莞理工学院法国国立工艺学院联合学院（2017年）
佛山	华南师范大学阿伯丁数据科学与人工智能学院（2021年）

资料来源：由广东省教育厅、深圳虚拟大学园、中华人民共和国教育部中外合作办学监督工作信息平台以及各大高校官方网站整理得到。

（二）模型构建与变量定义

由于不同城市引进高校的时期不同，本章参考 Beck 等的研究，

采用渐进双重差分法,设定如下基准计量回归模型 7.10:

$$Growth_{it} = \beta_0 + \beta_1 College + \delta X_{it} + \mu_i + \gamma_t + \varepsilon_{it} \quad (7.10)$$

式(1)中 $i(=1,2,\cdots,9)$ 为城市,$t(=2000,2001,\cdots,2019)$ 为年份。本章的被解释变量有两个,一个是数量指标为城市 i 在 t 年的经济增长水平,用城市人均 GDP 的对数表示,另一个是结构指标为城市 i 在 t 年的产业高级化指数 Hindus,具体计算过程如公式7.11—7.14 所示。当前,产业结构高级化的测算方法有很多种,其中付凌晖提出的测算方法使用最为广泛,相较于其他的测算方法,这种方法综合考量了三次产业对产业结构高级化的影响。因此,本章根据付凌晖提出的测算方法,测算了珠三角地区 9 个城市的产业结构高级化水平。该方法是通过计算三次产业增加值占 GDP 的比重与其对应坐标轴的夹角来衡量产业结构高级化水平。为此,定义产业结构高级化变化值 W 如下:首先,将三次产业依次排列,分别计算三次产业增加值与 GDP 的比值,每一个部分增加值占 GDP 的比重作为空间向量中的一个分量,从而构成一组三维向量,表示为 $X_0 = (x_{1,0}, x_{2,0}, x_{3,0})$,$X_1$、$X_2$、$X_3$ 分别表示第一产业向量、第二产业向量和第三产业向量,然后分别计算 X_0 与产业由低层次到高层次排列的向量 $X_1 = (1,0,0)$,$X_2 = (0,1,0)$,$X_3 = (0,0,1)$ 的夹角 $\theta_1, \theta_2, \theta_3$,具体计算方法如下:

$$\theta_j = \arccos\left(\frac{\sum_{i=1}^{3}(x_{i,j} \cdot x_{i,0})}{(\sum_{i=1}^{3}(x_{i,j}^2)^{1/2} \cdot \sum_{i=1}^{3}(x_{i,0}^2)^{1/2})}\right), j = 1,2,3$$

$$(7.11)$$

展开为:

$$\theta_j = \frac{\arccos(x_{1,j} \cdot x_{1,0} + x_{2,j} \cdot x_{2,0} + x_{3,j} \cdot x_{3,0})}{\sqrt{x_{1,j}^2 + x_{2,j}^2 + x_{3,j}^2}\sqrt{x_{1,0}^2 + x_{2,0}^2 + x_{3,0}^2}} \quad (7.12)$$

若 $j = 1$

$$\theta_1 = \frac{\arccos(x_{1,1} \cdot x_{1,0} + x_{2,1} \cdot x_{2,0} + x_{3,1} \cdot x_{3,0})}{\sqrt{x_{1,1}^2 + x_{2,1}^2 + x_{3,1}^2}\sqrt{x_{1,0}^2 + x_{2,0}^2 + x_{3,0}^2}} \quad (7.13)$$

其次，定义产业结构高级化值 W 的计算公式如下：

$$W = \sum_{k=1}^{3} \sum_{j=1}^{k} \theta_j \qquad (7.14)$$

W 越大，则表明产业结构高级化水平越高。

College 为双重差分估计量，若城市 i 在 t 年开始高校引进，则城市 i 在 t 及之后的年份中 $College = 1$，反之则为 0。若 College 的系数 β_1 显著大于 0，则研究假设一得到验证。X 为其他影响经济增长的控制变量，结合已有研究，本章中选取以下变量：(1) 资本，用全市固定资产投资额占 GDP 的比重衡量；(2) 外商直接投资额（FDI），用实际使用外资额的对数表示；(3) 政府财政支出，用城市财政总支出占 GDP 的比重衡量。此外，本章在机制分析及稳健性检验中采用技术创新水平（inno）和高等教育发展水平，分别用城市每万人拥有的专利授权数对数和在校大学生数的对数衡量。μ_i 为城市个体固定效应，γ_t 为年份固定效应。数据来自各《中国城市统计年鉴》和广东省各城市统计年鉴整理得到。各变量的描述统计结果如表 7—7 所示：

表 7—7　　　　　　　　　各变量的描述统计结果

变量	Mean	Sd.	min	max	p25	Median	p75	skewness	kurtosis
GDP	1.595	0.754	-0.302	2.998	1.075	1.656	2.15	-0.342	2.434
人均 GDP	1.506	0.692	-0.302	2.659	1.034	1.570	2.049	-0.447	2.452
College	0.256	0.437	0	1.000	0	0	1.000	1.121	2.256
Invest	0.368	0.150	0.125	0.812	0.266	0.326	0.445	0.917	3.231
FDI	2.669	0.796	0.593	4.407	2.062	2.531	3.255	0.222	2.317
Gov	0.099	0.034	0.041	0.204	0.071	0.093	0.121	0.745	3.062
inno	8.545	1.620	4.419	12.023	7.446	8.619	9.768	-0.294	2.592
Stu	10.716	1.341	8.084	13.947	9.885	10.625	11.421	0.460	3.197
Hindus	1.911	0.050	1.771	2.008	1.884	1.913	1.947	-0.568	3.178

在基准模型的基础上，本章根据事件研究法进一步设定式 7.15 检验假设二，即检验高校引进政策效应的时间异质性：

$$Growth_{it} = \alpha_0 + \sum_{k \geq -3, k \neq -1}^{16} \alpha_k D_{it}^k + \delta X_{it} + \mu_i + \gamma_t + \varepsilon_{it} \quad (7.15)$$

其中，D_{it}^k 表示高校引进这一政策的虚拟变量，假定城市 i 引进高校的年份为 $year_i$，令 $k = t - year_i$，当 $k \leq -3$ 时，$D_{it}^{-3} = 1$，否则为 0；依此类推，当 $k = -2, -1, \cdots, 15, 16$ 时，相应的 $D_{it}^k = 1$，否则为 0。在具体分析中，本章以 $k = -1$ 即城市引进高校前一年为基准期，因此式 7.15 中未包括 D_{it}^{-1} 这个虚拟变量。通过观察式 7.15 中参数 α_k 的统计显著性来检验高校引进政策效应的时间异质性。

从作用机制出发，如果高校引进对于初始经济增长速度较慢城市的带动效应更大，即改变了所在区域较慢的初始经济增长速度这一不利条件，就意味着高校引进有利于缩小区域经济差距。本章构建式 7.16 来检验研究假设三：

$$Growth_{it} = \gamma_0 + \gamma_1 College + \gamma_2 College_{it} Growth0_i + \delta X_{it} + \mu_i + \gamma_t + \varepsilon_{it} \quad (7.16)$$

根据前文分析，高等教育可以通过促进技术进步来促进区域经济增长，也就是说技术水平较高的区域在引进高校政策实施后经济可能会得到更快的增长。因此本章设定如下回归模型 7.17 来对技术进步路径进行检验：

$$Growth_{it} = \eta_0 + \eta_1 College + \eta_2 College_{it} inno0_i + \delta X_{it} + \mu_i + \gamma_t + \varepsilon_{it} \quad (7.17)$$

在式 7.10 式基础上引入一个新变量 $inno0_i$，该变量衡量了城市在引进高校之前的技术水平。本章用专利授权量数据构建不同城市的技术水平。

三 实证结果分析

（一）基准模型回归

表 7—8 报告了公式 7.10 的基准模型估计结果，模型 1 和模型 3 表示仅控制高校引进变量 College 与城市及年份固定效应，模型 2 和模型 4 估计了控制所有变量的结果。表 7—8 结果显示，变量 College

的估计系数在1%的水平上显著为正,说明高校引进对所在城市的经济发展具有显著促进作用,同时对经济增长的促进作用高于对产业升级的作用。在加入所有控制变量后,模型估计的拟合优度显著提升,表示控制变量大大提升了模型的解释力,固定资本投资、实际利用外商投资、政府财政支出与地区经济增长水平及产业结构高级化在1%水平上显著相关,各变量符号与预期一致。根据模型2和模型4的估计结果,高校引进政策带来所在城市的人均GDP水平提高约0.507,促进所在城市的产业结构高级化水平提高约0.011。结合进一步计算,本章发现高校引进政策实施后人均GDP相比平均值水平增加至74857.4元,同时高校引进政策将带来产业高级化水平提升约1.1%。因此,研究假设一得到验证。

表 7—8　　基准模型回归结果

变量	人均GDP		产业结构高级化	
	(1)	(2)	(3)	(4)
College	0.9401***	0.5072***	0.0312***	0.0105***
	(0.1417)	(0.0996)	(0.0061)	(0.0037)
Invest		1.7429***		0.0635***
		(0.2896)		(0.0108)
FDI		0.2774***		0.0086***
		(0.0620)		(0.0023)
Gov		8.1180***		0.3942***
		(1.2678)		(0.0473)
_cons	1.2658***	−0.8115***	1.9027***	1.8225***
	(0.1413)	(0.1609)	(0.0158)	(0.0060)
城市固定效应	是	是	是	是
年份固定效应	是	是	是	是
R^2	0.2989	0.7280	0.1370	0.7450

注:***、**、*分别表示在1%、5%与10%的统计水平上显著,下同。

(二) 时间异质性检验

基准回归结果反映的是高校引进政策实施对地区经济增长的平均影响效应，并不能反映试点政策在不同时段内的影响差异。为了检验研究假设二高校引进驱动地区经济发展的时间异质性，图7—1中报告了式7.15变量D_{it}^{k}的系数随时间的变化。可以看出，高校引进对地区经济增长的驱动作用呈现出"M"形双峰分布的特征，并在政策实施后第10年达到最大。从高校引进第1年开始，直到引进后第11年，高校引进均显著推动了所在城市的经济增长，至第12年开始，高校引进对所在城市经济增长的驱动作用变得不再显著。从高校引进对产业结构高级化影响的动态效应来看，从高校引进后的第3年起，才开始显现出对产业高级化的显著正向促进作用，该影响在政策实施后第6年达到最大，到引进后的第7年，高校引进对产业升级的作用不再显著。可见，高校引进政策对产业升级的影响存在显著的时滞效应，这意味着高校引进政策对经济增长数量的影响更直接，而产业结构的调整则需要更长期的持续影响。

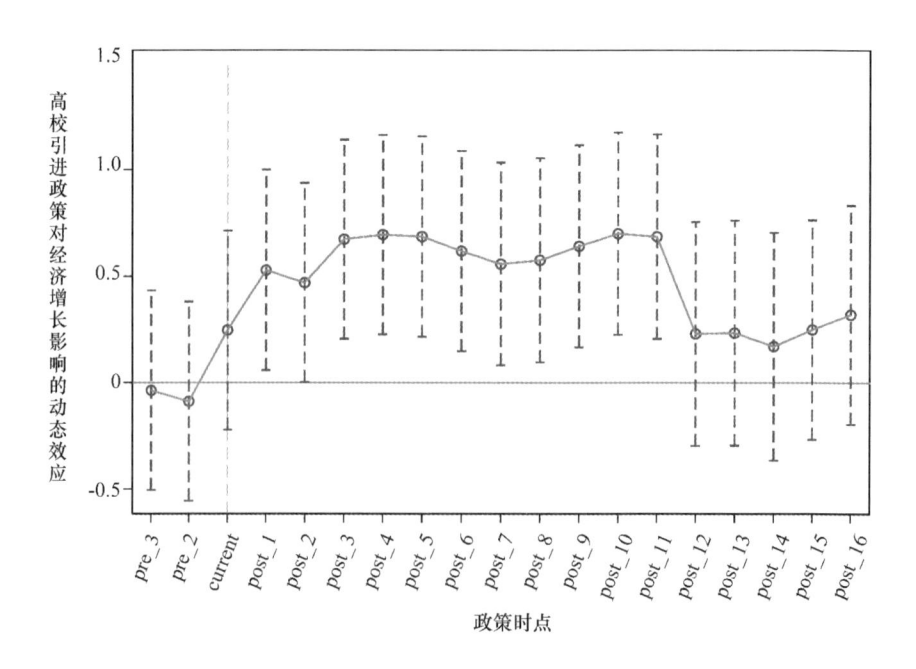

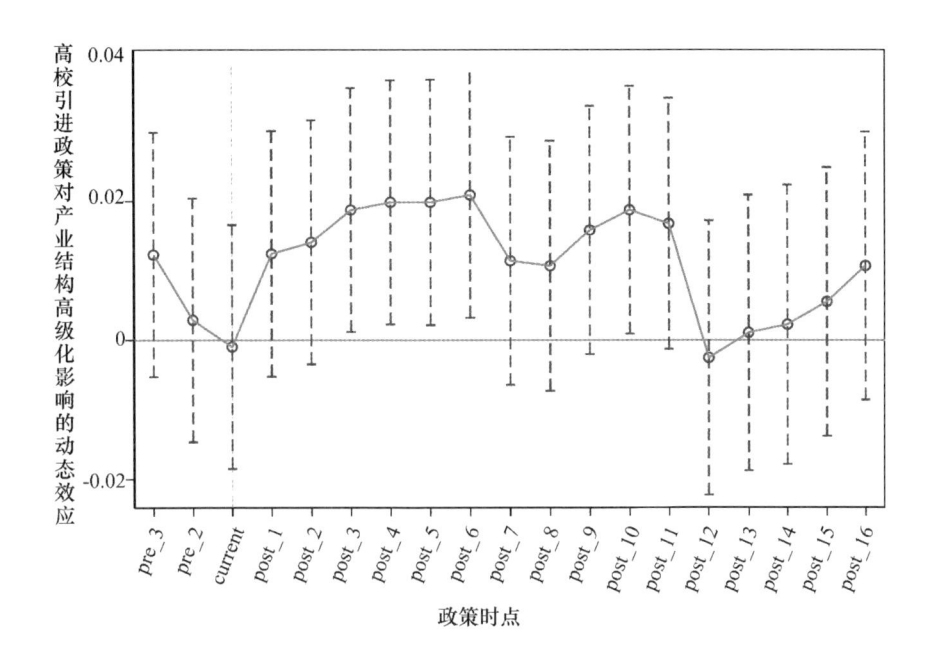

图 7—1　高校引进政策效应的时间异质性

(三) 稳健性检验

1. 共同趋势假设检验

本章使用渐进 DID 的重要前提是高校引进的城市（实验组）与没有高校引进的城市（对照组）在政策实施之前的经济增长具有共同的增长趋势或者不存在显著差异，根据图 7—1 的结果显示，高校引进之前的变量在统计上不显著，表明样本中处理组与对照组的城市在高校引进之前的经济增长和产业高级化水平不存在显著差异，满足共同趋势假设。

2. 安慰剂检验

本章随机提前高校引进的时间，假定高校引进的城市不变，从 $[2000, t-1]$ 的时间范围内随机抽取一年为城市引进高校的时间，利用新样本来估计高校引进变量 College 的系数，重复该过程 500 次，得到变量 College 对区域经济增长及产业高级化影响系数均值为 0.1641 和 0.0023，比表 7—8 模型 2 和模型 4 的估计结果下降，表明提前高校引进时间导致高校引进政策对所在城市的经济增长和产业升级的影响效应显著下降,从另一个角度也反映了高校引进后确实促进了所在城市的经济发展。

3. PSM–DID 修正样本选择性偏误

为了修正可能存在的样本选择性偏误,本章利用样本期内实施高校引进的城市作为处理组,利用 PSM 方法,按照近邻匹配对处理组进行逐年匹配。匹配后不同变量处理组与对照组样本均值差异的 P 值不显著,处理组与对照组之间具有平衡性。根据表 7—9 的结果可以看出,使用 PSM–DID 得到的双重差分估计量分别为 0.5259 和 0.0116,且均在 1% 的水平下显著,与双向固定效应估计得到的值 0.5072 和 0.0105 没有显著差异,由此证实了高校引进政策对城市人均 GDP 及产业升级的促进作用,表明了以上估计结果的有效性。

表 7—9　　　　　　　　　　PSM-DID 回归结果

变量	人均 GDP	产业结构高级化
	(1)	(2)
College	0.5259***	0.0116***
	(0.1136)	(0.0042)
Invest	1.6987***	0.0532***
	(0.4043)	(0.0148)
FDI	0.2786***	0.0084***
	(0.0685)	(0.0025)
Gov	8.6619***	0.4632***
	(2.0691)	(0.0757)
_cons	−0.8594***	1.8168***
	(0.1743)	(0.0064)
R-squared	0.7076	0.7376

4. 替代变量检验

本章使用各地区在校大学生数表示高等教育发展水平进行稳健

性检验，表7—10结果显示，加入控制变量后，模型2和模型4中在校大学生数的估计值分别为0.4780和0.0103，且均在1%的水平下显著，与表7—8中的估计值0.5072和0.0105没有显著差异，由此证实了高等教育发展水平对城市人均GDP及产业升级的促进作用，以上估计结果具有稳健性。

表7—10　　使用高等教育发展水平检验结果

变量	人均GDP		产业结构高级化	
	(1)	(2)	(3)	(4)
Stu	0.6123***	0.4780***	0.0207***	0.0103***
	(0.0171)	(0.0202)	(0.0011)	(0.0013)
Invest		0.6120***		0.0395***
		(0.1499)		(0.0094)
FDI		0.1231***		0.0053**
		(0.0327)		(0.0021)
Gov		3.1826***		0.2866***
		(0.6859)		(0.0431)
_cons	-5.0560***	-4.4858***	1.6892***	1.7437***
	(0.2323)	(0.1716)	(0.0179)	(0.0108)
城市固定效应	是	是	是	是
年份固定效应	是	是	是	是
R-squared	0.8883	0.9276	0.6633	0.8077

（四）作用机制检验

1. 高校引进缩小了地区发展差距

表7—11的估计结果显示，交互项 $College \times growth0$ 的估计系数始终显著为负，但是在初始人均GDP水平的不同分位数水平上，可以看到随着初始经济水平的提升，变量College对经济增长的带动效应不断下降，表明高校引进政策对于初始经济水平较低的城市带动效应更大，而对初始经济水平较高的城市带动效应相对较弱，反映

出高校引进有利于缩小地区经济水平的差距。从对产业结构高级化的影响看，高校引进政策对初始产业结构高级化水平较低的城市带动效应更大，表明高校引进也有利于缩小地区之间产业结构高级化水平的差距。

表7—11　　　　高校引进对不同初始经济水平地区的影响

变量	人均GDP	产业结构高级化
	（1）	（2）
College	0.8736***	0.6233**
	(0.2276)	(0.2742)
College × growth0	−0.5142*	−0.3213**
	(0.2643)	(0.1438)
Invest	1.6999***	0.0651***
	(0.2786)	(0.0107)
FDI	0.2638***	0.0095***
	(0.0604)	(0.0023)
Gov	9.2369***	0.3843***
	(1.2681)	(0.0470)
$\gamma_1 College + \gamma_1 College_{it} Growth\,0_i$		
Growth25%分位数	0.7481***	0.0270***
	(0.1926)	(0.0082)
Growth50%分位数	0.6971***	0.0151***
	(0.1606)	(0.0042)
Growth75%分位数	0.4669***	0.0083**
	(0.1135)	(0.0038)
_cons	−1.6421***	1.8211***
	(0.2426)	(0.0060)
R-squared	0.7611	0.7524

2. 高校引进可以通过技术进步途径促进区域经济增长

表7—12的估计结果显示，交互项College × inno0的系数显著为正，说明初始技术水平越高的城市，引进高校对其经济增长的带动效应越大，对其产业升级的影响作用也越大。同时，技术水平位于

25%分位数处的城市在引进高校后经济增长水平提高了0.27%，而技术水平位于50%和75%分位数处的城市在引进高校后其经济增长水平则提高了0.52%和0.74%，产业结构高级化水平提高了0.01%和0.03%，呈现出显著上升趋势。也就是说，高校引进通过提高技术进步水平这一途径带动了所在城市的经济增长及产业结构升级。这进一步说明高校引进政策带动了地区的高等教育发展，根据罗默内生经济增长理论的表述，教育可以通过促进技术水平的提升间接影响经济增长，而高等教育可以通过更多地促进技术创新的产出水平促进经济增长。

表7—12　　高校引进对不同初始技术水平地区的影响

变量	人均GDP	产业结构高级化
	（1）	（2）
College	-2.1750**	-0.1005***
	(0.9654)	(0.0359)
College × inno0	0.3934***	0.0163***
	(0.1409)	(0.0052)
Invest	1.9982***	0.0741***
	(0.2983)	(0.0111)
FDI	0.2873***	0.0090***
	(0.0608)	(0.0023)
Gov	7.3869***	0.3639***
	(1.2701)	(0.0472)
$\eta_1 College + \eta_2 Colleg\, e_{it} inno\, 0_i$		
inno25%分位数	0.2707**	-0.0015
	(0.1379)	(0.0053)
inno50%分位数	0.5189***	0.0131***
	(0.0973)	(0.0037)
inno75%分位数	0.7396***	0.0262***
	(0.1650)	(0.0062)
_cons	-0.8759***	1.8198***
	(0.1594)	(0.0059)
R-squared	0.7402	0.7590

本章对机制的分析表明，高校引进对初始经济发展水平较低地区的带动效应更大，高校引进还可以通过借助技术进步的途径来促进经济增长，对初始技术水平较高地区的带动效应更大，两种机制具有内在统一性。一方面，高校引进对初始经济发展水平较低的地方带动效应更大，主要体现在人力资本数量上的聚集驱动的区域劳动生产率提高，进而缩小区域经济差距，而高校引进对初始技术水平较高地区的经济增长带动效应更大，则是从知识和技术的质量和结构上驱动了产业升级，这在一定程度上反映出经济发展的规律是从规模转向结构和质量；另一方面，从本质上讲，技术进步可以分为高端的技术创新以及低端的技术追赶与模仿，结合数据的可得性，文中采用了城市专利授权量来衡量技术水平的影响，但无法进一步对技术水平进行结构区分。同时，检验高校引进的时间异质效应是11年和7年后不再显著，这也从侧面反映出这一结果可能的原因是目前中国的技术进步仍然主要依托技术的模仿与追赶。因此，要实现高校引进对经济发展的持续影响不仅要从技术模仿追赶向高端技术创新转变，还要进一步提升高等教育质量，依托高质量的教育和人力资本实现经济的内涵式可持续发展。

第三节　本章小结

首先，本章针对高等教育与人力资本质量的本地—邻地效应进行了实证分析，通过 LIHK 方法测算得到的人力资本估计了高等教育的空间效应。结果发现：高等教育通过技术创新路径间接促进本地经济增长，但空间溢出效应主要表现为通过促进技术模仿吸收提升邻近地区的经济增长这一路径；初级人力资本直接作用于产出促进本地经济增长，但会抑制其他邻近省市的经济增长；高等教育和人力资本质量在不同经济发展水平地区呈现出不同的变化特征。高等教育在经济发展水平较高的长三角地区表现为技术创新的空间溢出效应，在环渤海东北地区和珠三角地区的邻地效应主要表现为技术的模仿和吸收，说明在经济发展水平高的地区更能发挥出对经济增长的技术创新溢出效应。

随后，本章基于2000—2019年广东省珠三角城市的面板数据，采用渐进DID的方法估计了高校引进对区域经济增长和产业高级化的影响，得到了以下结论：第一，高校引进持续带动了区域经济增长，使所在城市GDP显著提升约0.507，且带动效应可持续11年；第二，高校引进对产业结构升级的影响存在时滞效应，对所在城市产业结构高级化的带动效应约为0.011，其影响效应在引进高校的第三年才开始显现；第三，高校引进可以通过更多地促进初始经济水平较低地区的经济增长来缩小地区发展差距，还通过促进初始产业结构水平较低地区的产业升级来缩小地区产业高级化水平差距；第四，高校引进还可以通过促进技术进步水平提升这一机制来带动区域经济增长及产业结构高级化。

第八章

主要结论与政策建议

第一节 研究结论

本书基于新古典增长理论、内生经济增长理论、技术扩散理论以及蔡昉、罗斯托的经济发展阶段理论确定了分析教育在经济增长中的贡献及其作用机制的基本框架,主要分析了以下三个问题:其一,从教育水平、教育结构以及教育质量角度分别分析了中国教育发展的变化趋势与特征。其二,将中国经济增长的阶段特征与特定的经济增长模型相结合,并在剔除了资本和技术进步的影响后,分阶段、分不同制度和政策主体测算了教育在中国经济增长中的贡献,同时剥离出教育作为要素积累的直接贡献以及效率提升的间接贡献。其三,从教育在经济增长过程中与技术、资本、制度、结构多维度的交互关系出发,分析了教育通过要素积累、效率提升、资本互补、制度耦合以及配置结构五个方面产生的线性作用机制以及非线性作用机制。通过时间与空间分析相结合、静态与动态模型相结合来解释教育在中国经济增长中的作用。

基于以上分析得到的主要结论如下:

第一,从贡献测算的结果来看,要素积累仍然是中国经济增长的主要贡献者,教育作为要素积累的直接贡献占84.3%,而效率提升等间接贡献占 15.7%。从教育的作用机制角度看，要素积累的作用（0.288）大于技术进步的作用（0.038），可以说，增长核算和回归分析的结果在整体上具有一致性，得到相互印证。

第二，改革开放以来，中国劳动力整体受教育水平不断提高，从基本完成小学教育阶段的 5 年左右提升到 10 年以上，同时中国平均受教育水平的地区差距呈现下降趋势，发展较落后地区的教育水平逐渐向发达地区的教育水平趋近，平均受教育水平的增长呈现省际"收敛"态势；从教育层次结构来看，中国高等教育劳动力数量占比不断增加，初等教育和中等教育劳动力数量占比先上升后下降，高等教育的地区差异大于中等教育；从教育地区分布结构来看，教育离散度呈现"双峰"分布，离散度较高的地区不仅有北京、上海、江苏等发展较快的地区，也有海南、广西、河南等中西部发展较慢的地区，说明教育水平的两极差异均较大；从包含教育质量的人力资本结构来看，1989—2016 年，农村男性和农村女性的人力资本处于下降趋势，城镇男性和城镇女性具有的人力资本呈上升趋势，2016 年城镇男性的人力资本存量为同期农村女性的 3 倍之多，从性别差异角度看，男性人力资本普遍高于女性，从城乡差异角度看，城乡人力资本差异先减小后增大。

第三，通过全周期和分段估计的方法阐释了中国经济增长的阶段特征，并将这种特征与特定的经济增长模型相结合，印证了中国经济增长的阶段性特征，在此基础上进一步测算了教育对不同时期经济增长的贡献，发现在剔除了资本和技术进步的影响后，过去近 30 年间经济增长中教育的贡献率从 9.6% 增加到 14.2%，平均贡献率为 10.38%。其中直接贡献为 8.75%，占总贡献率的 84.3%，间接贡献为 1.63%，占总贡献率的 15.7%，但是其间接贡献率逐年提升，反映了人力资本外部性作用在逐年增强。在人力资本的直接贡献部分中，劳动力人数增加的贡献为 4.62%，占 43%，而劳动力质量提升的贡献占 57%，说明过去近 30 年间人力资本的直接贡献中更多地依赖劳动力质量即教育水平的提升来实现；从分省样本的测算来看，在教育水平相近的不同制度与政策的地区中，制度和政策因素制约了教育对经济增长作用的发挥；然而，在政策和制度相近的地区中，教育和人力资本水平仍是经济增长的重要驱动因素。

第四，从作用机制角度看，首先不同层次的教育在经济增长中的作用机制存在差异，其中初级教育人力资本更多地通过要素积累直接促进经济增长，高级教育人力资本更多地通过技术进步间接促进经济增长；其次，教育与物质资本之间存在互补性，而且经济发展水平越高的地区互补效应越强；此外，考虑了教育的部门配置结构以后，教育水平的变化对经济增长产生了显著的正向促进作用；教育对经济增长的影响存在地区经济发展水平以及发展阶段的异质性，当人均 GDP 小于 5658 元低收入阶段时，教育对经济增长的影响较小为 0.039，当人均 GDP 处于 5658—41873 元中等收入阶段时影响效应为 0.05，大于 41873 元时影响效应为 0.064，影响系数显著变大，说明了教育对经济增长具有显著的阶段性特征，很好地回应了经济发展阶段理论。

第二节　政策启示

中国目前正在推进供给侧结构性改革，正在向创新型经济转型，这种影响改革与创新能否成功的一个关键因素就是教育与人力资本的发展水平。为了适应这种发展需要，结合本书的结论，中国教育改革与发展要进一步关注以下几个方面：

第一，把教育优先发展作为供给侧结构性改革的首要战略重点推进。供给侧结构性改革本质上是一个经济体的能力建设，能力建设的基础是教育与人力资本的水平。本书的实证分析表明，教育人力资本存量决定了一个地区的技术创新水平。而教育人力资本的存量水平需要长期持续地投入来实现，只有教育优先发展长期积累，才能保证供给侧结构性改革的推进。同时还需要持续改善教育投入质量，提高人力资本质量，以高素质劳动力实现创新驱动发展，以避免中国陷入中等收入陷阱，促进长期经济增长。

第二，重视教育和其他经济要素的互补与匹配关系。根据本书的分析，教育对经济增长的作用存在依赖于地区经济发展水平的门限效应，经济发展水平越高，教育的作用越明显。教育还与物质资本之间存在互补性，而且经济发展水平越高的地区互补效应越强。考虑了教育的部门配置结构以后，教育的变化可以显著地影响经济增长，制度因素会制约教育对经济增长贡献作用的发挥。因此，在加大教育投入数量和质量的同时，不能将教育作为独立的外生变量，不能忽视教育变量和其他要素之间的互补关联关系，促进人力资本增长效应最大限度地发挥出来。

第三，充分发挥教育的外部效应和空间溢出效应。教育对经济增长的贡献测算结果表明，教育具有积极的外部性作用且逐年增强，说明教育和人力资本通过促进其他要素效应进而增加对经济增长的贡献作用增强。因此应建立和大力发展中国人力资本市场，建立人力资本供给和需求的市场调节机制，保障人力资本外部性的充分发挥。同时教育和人力资本存在高度显著的空间外溢效应，因此在制定区域经济发展政策时，应将空间因素纳入其中，放大集聚效应和规模效应，实现教育人力资本与地区经济发展的协同。

第四，推进大众化普及性高等教育的实践性应用型转型，加大力度发展精英型高水平大学。教育人力资本对经济增长作用机制的层次性分析表明，初级教育人力资本更多地通过要素积累促进经济增长，技术创新更多地与高级教育人力资本的存量相关，且高级人力资本的创新效应无论是在短期还是中长期一直显著。这就要求大众化普及性高等教育人才培养必须紧密地结合产业发展的技能需求，必须突出实践性应用型的导向，才能真正成为经济增长的重要推动力。而精英型高水平大学是创新型经济发展的前提，精英型高水平大学培养的人才是创新型人才培养的前提，是孕育技术创新的基础。

第五，继续加强对中西部地区的教育投入，优化区域人才结构。

分地区的回归结果表明，初等教育和高等教育在不同地区的作用存在异质性，西部地区的教育要素作用和创新作用均不显著，由于高技术产业、先进制造业以及各类技术密集型企业在中西部相对匮乏，进一步降低了教育和人力资本对区域的经济拉动作用。提高中西部地区和农村地区各级各类学校教师的受教育水平对促进地区之间教育的均衡发展尤为关键。近年来，中央部署对困难地区采取了"专项倾斜""分担倾斜""因素倾斜"以及"资助倾斜"四项措施，实施了学生营养餐等计划。因此要进一步优化人力资本的地区分布结构，缩小地区经济差距，进一步推进区域均衡与协调发展。

第六，从"人口红利"转向"人才红利"，提高人力资本质量。随着中国经济的转型发展，经济发展重心也由过去单纯地依赖制造业逐渐发展到以高端制造业和服务业相结合，在这样的新形势下，中国的发展也由先前依靠资本和劳动力要素投入的"人口红利"转化为依靠高质量高层次的"人才红利"，教育则是实现人才红利中的重要因素。提高人力资本质量，还要在提升高层次学历人才数量的基础上，进一步提高劳动力的知识转化和应用能力，深化"产教融合"，促进教育、人才与产业、创新有机衔接，使得劳动力转变为现实生产力，推进中国人力资本供给侧结构性改革。

针对高等教育与经济增长的关系，本书提出的政策启示如下：

第一，充分发挥高等教育通过技术创新和技术模仿吸收促进经济增长这一空间作用机制，实现经济联动发展。实证检验结果表明，异质型人力资本的空间溢出效应存在显著差异，高级人力资本空间外溢效应表现为通过促进技术模仿吸收，初级人力资本存在负向溢出效应，因此在制定区域经济发展政策时，应将空间因素纳入其中，在不断提升人力资本的层次水平的同时，放大集聚效应和规模效应，建立人力资本供给和需求的市场调节机制，保障人力资本外部性的充分发挥，实现人力资本与地区经济发展的联动发展。

第二，发挥中心省份人力资本优势，构建区域内双向互补机制。检验结果表明高等教育的"本地—邻地"效应存在显著异质性。政府应进一步强化区域内人力资本促进技术模仿吸收的正向溢出效应,同时提升邻近地区的技术消化吸收能力,通过营造有利于区域内部知识分享的环境,激发邻近地区的模仿创新与自主创新能力,实现技术创新,顺应"粤港澳大湾区""京津冀一体化"等重要政策,促进区域人才联盟双向互补机制的形成。

第三,对不同发展水平区域实行差异化政策,构建区域间协同发展体系。由于不同地区资本和人力资本要素的丰裕度、经济发展水平存在一定差异,应结合不同城市经济圈发展规律实行差异化的人力资本投资政策,避免出现资源浪费的"拥挤外部性"。实证检验的结果表明,经济发展水平高的地区人力资本空间溢出表现为技术创新这一路径,应充分利用区域内的有利条件,不断优化技术创新和经济增长的外部环境,使人才创新效应的溢出突破地域邻近的限制,打通高水平人才知识溢出的路径,改进区域连接性,构建区域间协同创新的经济发展体系。

结合对高校引进政策的理论和实证研究结果分析,本书提出以下政策建议:

第一,政府应注重对高校引进的长期政策支持,以新发展格局引领高等教育高质量发展。实证研究结果表明,高校引进持续带动所在地区的经济增长,且对产业升级的影响效应存在时滞性,在高校实施政策引进后的第3年才开始显现,在短期内无法看到明显的产业结构升级效应,因此要持续保障政府对引进高校的充足财政投入支持,全面贯彻新发展理念,不断优化管理环境,为培养一流人才、创建一流学科提供充足保障,不断推动实现高等教育内涵式发展。

第二,政府应坚持以评促建、分类评价原则,以区域高校特色发展促进区域经济可持续发展。高校引进政策对区域内产业结构的影响存在时滞效应的研究结论表明了高校对区域经济结构存在阶段性的异质特征,为了更好地发挥高校对区域产业结构升级的服务职能,政府应当以学科为基础,依据不同高校的办学特色提升对区域产业的服务能力，探索建立院校分类评价体系，鼓励不同类型高校根据自身特色提升育人质量。坚持可持续发展的评价理念，建立常态化分类评价体系，注重高校学科建设与产业发展相互促进的过程性评价，并合理参考第三方评价，从而形成监测、改进和评价"三位一体"的新模式。

第三，高校应在"引进来"的基础上，推动优质高校资源"走出去"，形成"以点带域，多域协作，合作共赢"的高校布局新局面，不断缩小区域经济发展差距。本书发现高校引进可以通过更多地促进初始经济水平较低地区的经济增长来缩小地区发展差距，根据"增长极理论"，为了更好地实现区域内高校对区域经济的协调发展，资源优势高校应当在引进优质高等教育资源的基础上，结合不同区域的产业发展需求，与周边区域高校建立合作培养的帮扶项目，激发优势地区周边高级人力资本的潜力；同时与周边区域企业建立"学科—产业"双向合作链，一方面将高校的人力和知识资源转化为产业升级的动力，提升高校的社会服务能力，一定程度上缓解大学生就业问题；另一方面企业结合生产实际中的人才需求用经济优势助力高校人力资本积累，为产业升级提供源源不断的动力。

第四，高校引进应以"需求牵引"为基本原则，促进产学研深度融合。实证研究结果指出，技术水平越高的地区高校引进的带动效应越强，因此实施高校引进政策应该因地制宜，结合当地经济发展和产业结构升级的实际需求引进高校相关专业，特别是"十四五"规划中迫切需要的，面向社会经济发展和技术发展的前沿技术，以此实现引进高校与所在城市技术水平与产业结构相协调。在新时代新形势下，可推动高校和企业共同制定人才培养方案，共同开展科技创新，以促进成果有效转化，提升引进高校服务地方经济发展能力。同时政府要成为在推动产学研深度融合过程中的引导者与服务者，特别是在关键技术研发方面给予支持引导，不断探索适合地区发展的产学研深度融合之路。

第五，以高等教育和城镇劳动力收入指数表征的高级人力资本通过技术创新间接促进本地经济增长,还存在"本地—邻地"协同效应。邻地效应主要表现为通过促进技术追赶和模仿提升邻近地区的经济增长这一路径,考虑质量因素后本地和邻地效应均增强。引进高校能够持续带动区域经济增长,而对产业升级的促进作用存在时滞效应,其影响效应在引进高校的第三年才开始显现。引进高校通过更多地促进初始经济水平和产业结构水平较低地区的经济增长来缩小地区发展差距,还可以通过影响技术进步带动区域经济增长和产业升级。

参考文献

中文专著

陈强编著:《高级计量经济学及 Stata 应用》,高等教育出版社 2014 年版。

史清琪等:《技术进步与经济增长》,科学技术文献出版社 1985 年版。

谭永生:《人力资本与经济增长——基于中国数据的实证研究》,中国财政经济出版社 2007 年版。

唐家龙:《中国经济增长可持续性:基于增长源泉的研究》,科学出版社 2013 年版。

中文期刊

安虎森、吴浩波:《利用空间面板数据模型研究空间相关性问题——来自地级及地级以上城市样本数据》,《西南民族大学学报》(人文社科版)2015 年第 5 期。

柏培文:《全国及省际人力资本水平存量估算》,《厦门大学学报》(哲学社会科学版)2012 年第 4 期。

蔡昉:《理解中国经济发展的过去、现在和将来——基于一个贯通的增长理论框架》,《经济研究》2013 年第 11 期。

蔡昉、都阳:《中国地区经济增长的趋同与差异——对西部开发战略的启示》,《经济研究》2000 年第 10 期。

昌先宇、赵彦云：《中国人力资本经济增长效应的计量研究——基于省际空间面板数据的实证分析》，《统计与信息论坛》2017年第11期。

陈洪安、李国平、江若尘：《人力资本对京沪两地经济增长影响的实证分析》，《华东师范大学学报》（哲学社会科学版）2010年第3期。

陈彦斌、刘哲希：《经济增长动力演进与"十三五"增速估算》，《改革》2016年第10期。

陈仲常、马红旗：《人力资本的离散度、追赶效应与经济增长的关系——基于人力资本分布结构的异质性》，《数量经济技术经济研究》2011年第6期。

崔巍：《社会资本、人力资本与经济增长：我国的经验数据》，《经济问题探索》2019年第8期。

崔岫、姜照华：《人力资本在中国经济增长中的贡献率》，《科学学与科学技术管理》2011年第12期。

崔玉平：《中国高等教育对经济增长率的贡献》，《教育与经济》2011年第1期。

崔玉平：《教育规模扩大对长期经济增长的引致贡献》，《教育与经济》2007年第2期。

单豪杰：《我国资本存量K的再估算：1952~2006年》，《数量经济技术经济研究》2008年第10期。

邓飞、柯文进：《异质型人力资本与经济发展——基于空间异质性的实证研究》，《统计研究》2020年第2期。

董俊峰、倪杰：《我国高校中外合作办学的新走向》，《江苏高教》2020年第11期。

董志华：《人力资本与经济增长互动关系研究——基于中国人力资本指数的实证分析》，《宏观经济研究》2017年第4期。

杜育红、赵冉：《教育对经济增长的贡献——理论与方法的演变及其启示》，《北京师范大学学报》（社会科学版）2020年第4期。

杜育红、赵冉:《教育在经济增长中的作用:要素积累、效率提升抑或资本互补?》,《教育研究》2018年第5期。

范柏乃、来雄翔:《中国教育投资对经济增长贡献率研究》,《浙江大学学报》(人文社会科学版)2005年第4期。

方超、罗英姿:《研究生教育对我国经济增长的影响研究——兼论研究生人力资本的空间流动性》,《高等教育研究》2017年第2期。

高蓓、沈悦、李萍:《教育对东西部经济增长影响的差异》,《西安交通大学学报》(社会科学版)2009年第1期。

高驰:《教育对我国经济增长的影响》,《统计与决策》2006年第22期。

郭凤英:《我国的政府教育支出与经济增长——基于1980—2011年的数据分析》,《技术经济与管理研究》2013年第12期。

郭强、张舒、钟咏:《"双一流"建设高校中外合作办学的路径反思》,《高校教育管理》2021年第3期。

郭志仪、逯进:《教育、人力资本积累与外溢对西北地区经济增长影响的实证分析》,《中国人口科学》2006年第2期。

哈利·安东尼·帕特里诺斯、乔治·萨卡罗普洛斯、王燕:《教育:过去,现在与未来的全球挑战》,《教育研究》2012年第5期。

何小钢、罗奇、陈锦玲:《高质量人力资本与中国城市产业结构升级——来自"高校扩招"的证据》,《经济评论》2020年第4期。

贺胜兵、杨文虎:《FDI对我国进出口贸易的非线性效应研究——基于面板平滑转换模型》,《数量经济技术经济研究》2008年第10期。

胡永远:《人力资本与经济增长:一个实证分析》,《经济科学》2003年第1期。

胡永远、刘智勇:《高等教育对经济增长贡献的地区差异研究》,《上海经济研究》2004年第9期。

黄海军、李立国:《中国研究生教育对经济增长的贡献率——基于1996—2009年省际面板数据的实证研究》,《高等教育研究》2012

年第 1 期。

黄燕萍、刘榆、吴一群、李文溥：《中国地区经济增长差异：基于分级教育的效应》，《经济研究》2013 年第 4 期。

黄志兵、袁彦鹏：《高校推动城市分化发展的微观机制研究：基于高等教育异地办学的思考》，《教育发展研究》2021 年第 5 期。

焦斌龙、焦志明：《中国人力资本存量估算：1978—2007》，《经济学家》2010 年第 9 期。

解垩：《高等教育对经济增长的贡献：基于两部门内生增长模型分析》，《清华大学教育研究》2005 年第 5 期。

金相郁、段浩：《人力资本与中国区域经济发展的关系——面板数据分析》，《上海经济研究》2007 年第 10 期。

康继军、张宗益、傅蕴英，《中国经济转型与增长》，《管理世界》2007 年第 1 期。

赖明勇、张新、彭水军、包群：《经济增长的源泉：人力资本、研究开发与技术外溢》，《中国社会科学》2005 年第 2 期。

雷鹏：《人力资本、资本存量与区域差异——基于东西部地区经济增长的实证研究》，《社会科学》2011 年第 3 期。

李锋亮、袁本涛：《研究生教育与我国经济增长的匹配关系》，《北京大学教育评论》2013 年第 3 期。

李富强、董直庆、王林辉：《制度主导、要素贡献和我国经济增长动力的分类检验》，《经济研究》2008 年第 4 期。

李海峥、李波、裘越芳、郭大治、唐棠：《中国人力资本的度量：方法，结果及应用》，《中央财经大学学报》2014 年第 5 期。

李海峥、唐棠：《基于人力资本的劳动力质量地区差异》，《中央财经大学学报》2015 年第 8 期。

李立国、杜帆：《中国研究生教育对经济增长的贡献率分析——基于 1996—2016 年省际面板数据的实证研究》，《清华大学教育研究》2019 年第 2 期。

李玲：《中国教育投资对经济增长低贡献水平的成因分析》，《财经研究》2004年第8期。

李雯、查奇芬：《中国高等教育对经济增长的贡献有多大?》,《统计与决策》2006年第8期。

李勋来、李国平、李福柱：《农村人力资本陷阱：对中国农村的验证与分析》,《中国农村观察》2005年第5期。

李忠强、黄治华、高宇宁：《人力资本、人力资本不平等与地区经济增长：一个实证研究》,《中国人口科学》2005年第1期。

梁军：《教育发展、人力资本积累与中国经济增长——基于1978—2014年数据的实证分析》,《教育学报》2016年第4期。

梁润、余静文、冯时：《人力资本对中国经济增长的贡献测算》,《南方经济》2015年第7期。

梁双陆、张利军：《人力资本、技术创新与长期经济增长——基于我国西部地区的分析》,《技术经济与管理研究》2016年第11期。

梁昭：《国家经济持续增长的主要因素分析》,《世界经济》2000年第7期。

刘穷志、何奇：《人口老龄化、经济增长与财政政策》,《经济学（季刊）》2013年第1期。

刘文革、高伟、张苏：《制度变迁的度量与中国经济增长——基于中国1952—2006年数据的实证分析》,《经济学家》2008年第6期。

刘新荣、占玲芳：《教育投入及其结构对中国经济增长的影响》,《教育与经济》2013年第3期。

刘耀彬、杨靖旭、蔡梦云：《人力资本视角下R&D投入对经济增长的门槛效应》,《河北经贸大学学报》2017年第4期。

刘晔、黄承键：《我国教育支出对经济增长贡献率的实证研究——基于省际面板数据时空差异的分析》,《教育与经济》2009年第4期。

刘泽云、刘佳璇：《中国教育收益率的元分析》,《北京师范大学学报》（社会科学版）2020年第5期。

刘智勇、胡永远、易先忠：《异质型人力资本对经济增长的作用机制检验》,《数量经济技术经济研究》2008年第4期。

龙翠红:《人力资本对中国农村经济增长作用的实证分析》,《农业技术经济》2008年第1期。

陆铭、陈钊、万广华:《因患寡,而患不均——中国的收入差距、投资、教育和增长的相互影响》,《经济研究》2005年第12期。

罗良清、尹飞霄:《人力资本结构与经济增长——基于普通面板模型和门槛回归模型的实证研究》,《江西财经大学学报》2013年第2期。

毛盛勇、刘一颖:《高等教育劳动力与中国经济增长——基于1999—2007年的面板数据分析》,《统计研究》2010年第5期。

孟望生、王询:《中国省级人力资本水平测度——基于成本法下的永续盘存技术》,《劳动经济研究》2014年第4期。

彭俞超、顾雷雷:《经济学中的Meta回归分析》,《经济学动态》2014年第2期。

钱雪亚:《人力资本水平统计估算》,《统计研究》2012年第8期。

钱雪亚、王秋实、刘辉:《中国人力资本水平再估算:1995—2005》,《统计研究》2008年第12期。

乔红芳、沈利生:《中国人力资本存量的再估算:1978—2011年》,《上海经济研究》2015年第7期。

秦永、王孝坤:《高等教育规模扩张与中国经济增长——来自省级面板数据的证据》,《宏观质量研究》2017年第3期。

邵军、徐康宁:《制度质量,外资进入与增长效应:一个跨国的经验研究》,《世界经济》2008年第7期。

沈坤荣、耿强:《外国直接投资、技术外溢与内生经济增长——中国数据的计量检验与实证分析》,《中国社会科学》2001年第5期。

孙淑军:《物质资本、人力资本投资对产出水平及经济增长的影响》,《西安工业大学学报》2012年第1期。

谭永生:《教育所形成的人力资本的计量及其对中国经济增长贡献的实证研究》,《教育与经济》2006年第1期。

唐志丹、沈烈志、马晓琳：《高等教育发展与区域经济增长的实证研究——以辽宁省为例》，《现代教育管理》2010 年第 3 期。

王爱民、徐翔：《教育差距、要素生产率与经济增长》，《教育与经济》2009 年第 1 期。

王德劲、刘金石、向蓉美：《中国人力资本存量估算：基于收入方法》，《统计与信息论坛》2006 年第 5 期。

王弟海、陈理子、张晏：《我国教育水平提高对经济增长的贡献——兼论公共部门工资溢价对我国教育回报率的影响》，《财贸经济》2017 年第 9 期。

王家赠：《教育对中国经济增长的影响分析》，《上海经济研究》2002 年第 3 期。

王金营：《中国和印度人力资本投资在经济增长中作用的比较研究》，《教育与经济》2001 年第 2 期。

王磊：《职业教育对经济增长贡献研究——基于省际面板数据的实证研究》，《中央财经大学学报》2011 年第 8 期。

王敏、金春红、张刚：《公共教育支出对地区经济发展的影响——基于辽宁省面板数据的实证分析》，《辽宁大学学报》（哲学社会科学版）2019 年第 4 期。

王士红：《人力资本与经济增长关系研究新进展》，《经济学动态》2017 年第 8 期。

王文龙：《中国高校异地办学的类型、原因与利弊分析》，《北京社会科学》2020 年第 6 期。

王小鲁：《中国经济增长的可持续性与制度变革》，《经济研究》2000 年第 7 期。

王征宇、姜玲、梁涵：《受高等教育劳动力对经济增长贡献的区域差异研究》，《教育研究》2011 年第 10 期。

王志扬、宁琦：《基础教育财政投入的经济增长效应》，《地方财政研究》2016 年第 3 期。

吴文辉：《湖南省高职教育发展及其对经济增长的贡献研究》，《职业技术教育》2010年第19期。

向兴华、梁锦霞：《中美大学高水平学科群体分布特征比较及启示》，《高教探索》2012年第2期。

谢承华：《人力资本对兰州经济增长影响的实证分析》，《兰州大学学报》（社会科学版）2012年第3期。

邢春冰：《不同所有制企业的工资决定机制考察》，《经济研究》2005年第6期。

许岩、曾国平、曹跃群：《中国人力资本与物质资本的匹配及其时空演变》，《当代经济科学》2017年第2期。

许长青：《人力资本、高等教育与区域经济增长——基于广东省的实证分析》，《高等工程教育研究》2013年第2期。

薛海平、高翔、杨路波：《"双循环"背景下教育对外开放推动经济增长作用分析》，《教育研究》2021年第5期。

颜鹏飞、王兵：《技术效率，技术进步与生产率增长：基于DEA的实证分析》，《经济研究》2004年第9期。

杨晓华、卢永艳：《教育对经济增长影响的实证分析——以吉林省为例》，《教育与经济》2005年第2期。

姚建建、门金来：《高校科技人才培养对区域发展的贡献——基于上海市人力资本和经济发展的分析》，《科技管理研究》2020年第24期。

姚先国、张海峰：《教育、人力资本与地区经济差异》，《经济研究》2008年第5期。

叶茂林、郑晓齐、王斌：《教育对经济增长贡献的计量分析》，《数量经济技术经济研究》2003年第1期。

于东平、段万春：《健康人力资本、教育人力资本与经济增长——基于我国省级面板数据的实证研究》，《武汉理工大学学报》（社会科学版）2011年第3期。

岳蓓、彭宇文：《人力资本对区域经济增长的影响研究——以湖南省为例》，《西安财经学院学报》2012年第2期。

张爱芹、高春雷:《教育扩展、人力资本对民族地区经济增长的影响》,《民族研究》2019 年第 3 期。

张海峰、姚先国、张俊森:《教育质量对地区劳动生产率的影响》,《经济研究 2010 年第 7 期。

张军、章元:《对中国资本存量 K 的再估计》,《经济研究》2003 年第 7 期。

张同斌、李金凯、周浩:《高技术产业区域知识溢出、协同创新与全要素生产率增长》,《财贸研究》2016 年第 1 期。

张秀武、刘成坤、赵昕东:《人口年龄结构是否通过人力资本影响经济增长——基于中介效应的检验》,《中国软科学》2018 年第 7 期。

赵俊芳、王博书:《一流大学异地办学的生成逻辑与增值效应》,《高等教育研究》2020 年第 4 期。

赵冉、杜育红:《高等教育、人力资本质量对"本地—邻地"经济增长的影响》,《高等教育研究》2020 年第 8 期。

郑鸣、朱怀镇:《高等教育与区域经济增长——基于中国省际面板数据的实证研究》,《清华大学教育研究》2007 年第 4 期。

郑世林、张宇、曹晓:《中国经济增长源泉再估计:1953—2013》,《人文杂志》2005 年第 11 期。

钟水映、赵雨、任静儒:《"教育红利"对"人口红利"的替代作用研究》,《中国人口科学》2016 年第 2 期。

周宏、杨萌萌、王婷婷:《中国中等职业教育对经济增长的影响——基于 2003~2008 年省际面板数据》,《财政研究》2012 年第 2 期。

周进、王燕:《高等教育学科供给对产业经济增长效应研究——基于偏最小二乘法模型（PLS）的分析》,《湖北社会科学》2019 年第 6 期。

周启良、范红忠:《高等教育人力资本集聚对产业结构升级的非线性影响——基于中国 287 个地级及以上城市面板数据的实证分析》,《重庆高教研究》2021 年第 4 期。

周晓、朱农:《论人力资本对中国农村经济增长的作用》,《中国人口科学》2003年第6期。

周泽炯、马艳平:《公共教育与健康人力资本对经济增长的影响研究》,《商业经济与管理》2017年第2期。

朱健、刘艺晴、陈盼:《湖南省教育财政支出对经济增长的影响研究》,《当代教育论坛》2020年第1期。

朱平芳、徐大丰:《中国城市人力资本的估算》,《经济研究》2007年第9期。

朱万里、郑周胜:《自然资源、人力资本与区域创新能力——基于空间面板计量模型的分析》,《科技管理研究》2018年第13期。

祝树金、虢娟:《开放条件下的教育支出、教育溢出与经济增长》,《世界经济》2008年第5期。

邹至庄、刘满强:《中国的资本形成与经济增长》,《数量经济技术经济研究》1995年第3期。

张军、吴桂英、张吉鹏:《中国省际物质资本存量估算:1952—2000》,《经济研究》2004年第10期。

学位论文

周小青:《我国不同所有制企业高等教育回报率的差异研究——基于CHNS数据的实证分析》,硕士学位论文,云南大学,2012年。

译著

[美]埃里克·哈努谢克、[德]卢德格尔·沃斯曼因:《国家的知识资本:教育和经济增长》,银温泉等译,中信出版社2017年版。

[美]克劳迪娅·戈尔丁、劳伦斯·凯兹:《教育和技术的竞赛》,陈津竹等译,商务印书馆2015年版。

外文专著

Adam, S., "*An Inquiry into The Nature and Causes of The Wealth of Na-*

tions: A Selected Edition", New York: Oxford University Press.

Barro, R. & Sala-I-Martin, "*Economic Growth*", New York: Mcgraw Hill.

Barro, R. & Sala-I-Martin, X., "*Economic Growth Second Edition*", Cambridge Ma.: The MIT Press.

Barro, R. J. & Lee, J., "*Education Matters: Global Schooling Gains from The 19th to The 21st Century*", Oxford University Press. 2015.

Goldin, C. & Katz, L. F., "*The Race Between Education and Technology*", Harvard University Press.

Kuznets, S., "*Economic Growth of Nations: Total Output and Production Structure*", Cambridge: Harvard University Press, 1971.

Lesage, J. & Pace, R. K., "*Introduction to Spatial Econometrics*", Chapman and Hall/Crc, 1990.

Mincer, J. A., "*Schooling and Earnings*", New York: Columbia University Press.

外文期刊

Acemoglu, D., "Why Do New Technologies Complement Skills? Directed Technical Change and Wage Inequality", *The Quarterly Journal of Economics*, Vol. 113, No. 4, 1998, pp. 1055 – 1089.

Acemoglu, D., "Technical Change, Inequality, and The Labor Market", *Journal of Economic Literature*, Vol. 40, No. 1, 2002, pp. 7 – 72.

Acemoglu, D., "Equilibrium Bias of Technology", *Econometrica*, Vol. 75, No. 5, 2007, pp. 1371 – 1409.

Aghion, P. & Howitt, P., "A Model of Growth Through Creative Destruction", *Econometrica*, Vol. 60, No. 2, 1992, pp. 3235.

Anderson, T. W. & Hsiao, C., "Estimation of Dynamic Models with Error Components", *The American Statistical Association*, Vol. 76,

No. 375, 1981, pp. 598 – 606.

Arayama, Y. & Miyoshi, K., "Regional Diversity and Sources of Economic Growth in China", *World Economy*, Vol. 27, No. 10, 2004, pp. 1583 – 1607.

Arellano, M. & Bond, S., "Some Tests of Specification for Panel Data: Monte Carlo Evidence and An Application to Employment Equations", *The Review of Economic Studies*, Vol. 58, No. 2, 1991, pp. 277 – 297.

Arellano, M. & Bover, O., "Another Look at The Instrumental Variable Estimation of Error-Components Models", *Journal of Econometrics*, Vol. 68, No. 1, 1995, pp. 29 – 51.

Ashenfelter, O., Harmon, C. & Oosterbeek, H., "A Review of Estimates of The Schooling/Earnings Relationship, with Tests for Publication Bias", *Labour Economics*, Vol. 6, No. 4, 1999, pp. 453 – 470.

Azariadis, C. & Drazen, A., "Threshold Externalities in Economic Development", *The Quarterly Journal of Economics*, Vol. 105, No. 2, 1990, pp. 501 – 526.

Baldacci, E., Cui, L. Q., Clements, B. J. & Gupta, S., "Social Spending, Human Capital, and Growth in Developing Countries: Implications for Achieving the MDGS", *IMF Working Papers*, Vol. 36, No. 8, 2004, pp. 1317 – 1341.

Baron, R. M. & Kenny, D. A., "The Moderator-Mediator Variable Distinction in Social Psychological Research: Conceptual, Strategic, and Statistical Considerations", *Journal of Personality and Social Psychology*, Vol. 51, No. 6, 1986, pp. 1173.

Barro, R. J., "The East Asian Tigers Have Plenty to Roar About", *Business Week*, Vol. 27, 1998, pp. 24.

Barro, R. J., "Economic Growth in A Cross Section of Countries", *The Quarterly Journal of Economics*, Vol. 106, No. 2, 1991, pp. 407 –

443.

Barro, R. J. & Lee, J. W., "International Measures of Schooling Years and Schooling Quality", *The American Economic Review*, Vol. 86, No. 2, 1996, pp. 218 – 223.

Barro, R. J. & Lee, J., "International Comparisons of Educational Attainment", *Journal of Monetary Economics*, Vol. 32, No. 3, 1993, pp. 363 – 394.

Bassanini, A. & Scarpetta, S., "Does Human Capital Matter for Growth in OECD Countries? Evidence from Pooled Mean-Group Estimates", *Evidence from Pooled Mean-Group Estimates*. No. 3, 2002, pp. 399 – 405.

Basu, P. & Bhattarai, K., "Cognitive Skills, Openness and Growth", *Economic Record*, Vol. 88, No. 280, 2012, pp. 18 – 38.

Becker, G. S., "Investment in Human Capital: A Theoretical Analysis", *The Journal of Political Economy*, Vol. 70, No. 5, 1962, pp. 9 – 49.

Bel, G. & Fageda, X., "Factors Explaining Local Privatization: A Meta-Regression Analysis", *Public Choice*, Vol. 139, No. 1, 2009, pp. 105 – 119.

Benhabib, J. & Spiegel, M. M., "The Role of Human Capital in Economic Development Evidence from Aggregate Cross-Country Data", *Journal of Monetary Economics*, Vol. 34, No. 2, 1994, pp. 143 – 173.

Berman, E., Bound, J. & Griliches, Z., "Changes in The Demand for Skilled Labor within Us Manufacturing: Evidence from The Annual Survey of Manufactures", *The Quarterly Journal of Economics*, Vol. 109, No. 2, 1994, pp. 367 – 397.

Berman, E., Somanathan, R. & Tan, H. W., "Is Skill-Biased Technological Change Here Yet? Evidence from Indian Manufacturing in the 1990's", *Annales D'economie Et De Statistique*, No. 79/80, 2005, pp. 299 – 321.

Bils, M. & Klenow, P. J. , "Does Schooling Cause Growth?", *American Economic Review*, Vol. 90, No. 5, 2000, pp. 1160 – 1183.

Black, D. & Henderson, V. , "A Theory of Urban Growth", *Journal of Political Economy*, Vol. 107, No. 2, 1999, pp. 252 – 284.

Blundell, R. & Bond, S. , "Initial Conditions and Moment Restrictions in Dynamic Panel Data Models", *Journal of Econometrics*, Vol. 87, No. 1, 1998, pp. 115 – 143.

Bosworth, B. & Collins, S. M. , "Accounting for Growth: Comparing China and India", *Journal of Economic Perspectives*, Vol. 22, No. 1, 2008, pp. 45 – 66.

Breton, T. R. , "The Quality vs. The Quantity of Schooling: What Drives Economic Growth?", *Economics of Education Review*, Vol. 30, No. 4, 2001, pp. 765 – 773.

Chan, K. , "Consistency and Limiting Distribution of The Least Squares Estimator of A Threshold Autoregressive Model", *The Annals of Statistics*, Vol. 21, No. 1, 1993, pp. 520 – 533.

De La Fuente, A. & Doménech, R. , "Human Capital in Growth Regressions: How Much Difference Does Data Quality Make?", *Journal of The European Economic Association*, Vol. 4, No. 1, 2006, pp. 1 – 36.

Denison, E. F. , "Education, Economic Growth, and Gaps inInformation", *Journal of Political Economy*, Vol. 70, No. 5, 1962, pp. 124 – 128.

DiLiberto, A. , "Education and Italian Regional Development", *Economics of Education Review*, Vol. 27, No. 1, 2008, pp. 94 – 107.

Ding, S. & Knight, J. , "Why Has China Grown So Fast? The Role of Physical and Human Capital Formation", *Oxford Bulletin of Economics and Statistics*, Vol. 73, No. 2, 2011, pp. 141 – 174.

Dublin, L. I. & Lotka, A. J. , "The Money Value of A Man", *The Amer-*

ican *Journal of Nursing*, Vol. 30, No. 9, 1930, pp. 1210.

Eisner, R., "The Total Incomes System of Accounts", *Survey of Current Business*, Vol. 65, No. 1, 1985, pp. 24 – 48.

Eisner, R., "Extended Accounts for National Income and Product", *Journal of Economic Literature*, Vol. 26, No. 4, 1988, pp. 1611 – 1684.

Engelbrecht, H. J., "Human Capital and Economic Growth: Cross-Section Evidence for OECD Countries", *Economic Record*, Vol. 79, 2003, pp. S40 – S51.

Engelbrecht, H., "International R&D Spillovers, Human Capital and Productivity in OECD Economies: An Empirical Investigation", *European Economic Review*, Vol. 41, No. 8, 1997, pp. 1479 – 1488.

Englander, A. S. & Gurney, A., "Medium-Term Determinants of OECD Productivity", *OECD Economic Studies*, Vol. 22, No. 1, 1994, pp. 49 – 109.

Farr, W., "The Income and Property Tax", *Journal of The Statistical Society of London*, Vol. 16, No. 1, 1853, pp. 1 – 44.

Farr, W., "Equitable Taxation of Property", *Journal of Royal Statistics*, Vol. *March Issue*, No. 16, 1852, pp. 1 – 45.

Feldman, M. P. & Desrochers, P., "The Evolving Role of Research Universities in Technology Transfer: Lessons from The History of Johns Hopkins University", *Industry and Innovation*, Vol. 10, No. 1, 2003, pp. 5 – 24.

Fingleton, B. & López Bazo, E., "Empirical Growth Models with Spatial Effects", *Papers in Regional Science*, Vol. 85, No. 2, 2006, pp. 177 – 198.

Fischer, M. M., Bartkowska, M., Riedl, A., Sardadvar, S. & Kunnert, A., "The Impact of Human Capital on Regional Labor Productivity in Europe", *Letters in Spatial and Resource Sciences*, Vol. 2, No.

2-3, 2009, pp. 97-108.

Fleisher, B., Li, H. & Zhao, M. Q., "Human Capital, Economic Growth, and Regional Inequality in China", *Journal of Development Economics*, Vol. 92, No. 2, 2010, pp. 215-231.

Foster, A. D. & Rosenzweig, M. R., "Technical Change and Human-Capital Returns and Investments: Evidence from The Green Revolution", *The American Economic Review*, Vol. 86, No. 4, 1996, pp. 931-953.

Gemmell, N., "Evaluating The Impacts of Human Capital Stocks and Accumulation on Economic Growth: Some New Evidence", *Oxford Bulletin of Economics and Statistics*, Vol. 58, No. 1, 1996, pp. 9-28.

Glass, G. V., "Primary, Secondary, and Meta-Analysis of Research", *Educational Researcher*, Vol. 5, No. 10, 1976, pp. 3-8.

Graham, J. W. & Webb, R. H., "Stocks and Depreciation of Human Capital: New Evidence from A Present-Value Perspective", *Review of Income and Wealth*, Vol. 25, No. 2, 1979, pp. 209-224.

Griliches, Z., "Education, Human Capital, and Growth: A Personal Perspective", *Journal of Labor Economics*, Vol. 15, No. 1, 1997, pp. S330-S344.

Griliches, Z., "Capital-Skill Complementarity", *The Review of Economics and Statistics*, Vol. 51, No. 4, 1969, pp. 465-468.

Griliches, Z., "Estimating The Returns to Schooling: Some Econometric Problems", *Econometrica: Journal of The Econometric Society*, Vol. 45, No. 1, 1977, pp. 1-22.

Grossman, G. M. & Helpman, E., "Quality Ladders in The Theory of Growth", *The Review of Economic Studies*, Vol. 58, No. 1, 1991, pp. 43-61.

Hall, R. E. & Jones, C. I., "Why Do Some Countries Produce So Much More Output Per Worker Than Others?", *The Quarterly Journal of Eco-*

nomics, Vol. 114, No. 1, 1999, pp. 83 – 116.

Hansen, B. E., "Threshold Effects in Non-Dynamic Panels: Estimation, Testing, and Inference", *Journal of Econometrics*, Vol. 93, No. 2, 1999, pp. 345 – 368.

Hansen, L. P., "Large Sample Properties of Generalized Method of Moments Estimators", *Econometrica*, Vol. 50, No. 4, 1982, pp. 1029 – 1054.

Hanushek, E. A. & Kimko, D. D., "Schooling, Labor-force Quality, and The Growth of Nations", *American Economic Review*, Vol. 90, No. 5, 2000.

Hanushek, E. A. & Wößmann, L., "Schooling, Educational Achievement, and The Latin American Growth Puzzle", *Journal of Development Economics*, Vol. 99, No. 2, 2012, pp. 497 – 512.

Hanushek, E. A. & Wößmann, L., "The Economics of International Differences in Educational Achievement", *Handbook of The Economics of Education*, Vol. 3, No. 4925, 2010, pp. 89 – 200.

Hanushek, E. A. & Wößmann, L., "The Role of School Improvement in Economic Development", *Cesifo Working Paper Series*, No. 2, 2007, p. 97.

Haveman, R. H. & Wolfe, B. L., "Schooling and Economic Well-Being: The Role of Nonmarket Effects", *Journal of Human Resources*, Vol. 19, No. 3, 1984, pp. 19.

Holz, C. A. & Yue, S., "Physical Capital Estimates for China's Provinces, 1952 – 2015 and Beyond", *China Economic Review*, Vol. 51, 2018, pp. 342 – 357.

Hongyi, L. I. & Huang, L., "Health, Education, and Economic Growth in China: Empirical Findings and Implications", *China Economic Review*, Vol. 20, No. 3, 2009, pp. 374 – 387.

Hu, Z. F. & Khan, M. S., "Why Is China Growing So Fast?", *Staff Papers, Vol. 44, No. 1, 1997, pp. 103 – 131.

Huebner, S. S. , "Steamship Line Agreements and Affiliations in The American Foreign and Domestic Trade", *The Annals of The American Academy of Political and Social Science*, Vol. 55, No. 1, 1914, pp. 75 – 111.

Islam, N. , "Growth Empirics: A Panel Data Approach", *The Quarterly Journal of Economics*, Vol. 110, No. 4, 1995, pp. 1127 – 1170.

Jamison, E. A. , Jamison, D. T. & Hanushek, E. A. , "The Effects of Education Quality on Income Growth and Mortality Decline", *Economics of Education Review*, Vol. 26, No. 6, 2007, pp. 771 – 788.

Jenkins, H. , "Education and Production in The United Kingdom", *Economics Papers*, Vol. 57, No. 1, 1995, pp. 156 – 160.

Jones, B. F. , "The Human Capital Stock: A Generalized Approach", *American Economic Review*, Vol. 104, No. 11, 2014, pp. 3752 – 3777.

Jones, C. I. , "The Shape of Production Functions and The Direction of Technical Change", *The Quarterly Journal of Economics*, Vol. 120, No. 2, 2005, pp. 517 – 549.

Jones, C. I. & Romer, P. M. , "The New Kaldor Facts: Ideas, Institutions, Population, and Human Capital", *American Economic Journal: Macroeconomics*, Vol. 2, No. 1, 2010, pp. 224 – 245.

Jorgenson, D. W. , & Fraumeni, B. M. , "Investment in Education and U. S. Economic Growth", *Scandinavian Journal of Economics*, Vol. 94, 1992, pp. S51 – S70.

Jorgenson, D. W. & Griliches, Z. , "The Explanation of Productivity Change", *The Review of Economic Studies*, Vol. 34, No. 3, 1967, pp. 249 – 283.

Kawakami, T. , "Structural Changes in China's Economic Growth During the Reform Period", *Review of Urban & Regional Development Studies*,

Vol. 16, No. 2, 2004, pp. 133 – 153.

Kendrick, J. W. , "The Formation and Stocks of Total Capital", *NBER Books*, Vol. 11, No. 2, 1976, pp. 28.

Kiker, B. F. , "The Historical Roots of The Concept of Human Capital", *Journal of Political Economy*, Vol. 74, No. 5, 1966, pp. 481 – 499.

Kiley, M. T. , "The Supply of Skilled Labour and Skill-Biased Technological Progress", *The Economic Journal*, Vol. 109, No. 458, 1999, pp. 708 – 724.

Klenow, P. & Rodríguez-Clare, A. , "The Neoclassical Revival in Growth Economics: Has It Gone too Far?", *NBER Chapters*, Vol. 12, 1997, pp. 73 – 103.

Knight, M. , Loayza, N. & Villanueva, D. , "Testing The Neoclassical Theory of Economic Growth: A Panel Data Approach", *Staff Papers*, Vol. 40, No. 3, 1993, pp. 512 – 541.

Krueger, A. B. & Lindahl, M. , "Education and Growth: Why and for Whom?", *Journal of Economic Literature*, Vol. 39, 2001, pp. 1101 – 1136.

Laroche, M. , Mérette, M. & Ruggeri, G. C. , "On The Concept and Dimensions of Human Capital in A Knowledge-Based", *Canadian Public Policy*, Vol. 25, No. 1, 1999, pp. 87 – 100.

Levine, R. & Renelt, D. , "A Sensitivity Analysis of Cross-Country Growth Regressions", *The American Economic Review*, Vol. 82, No. 4, 1992, pp. 942 – 963.

Li, T. , Lai, J. T. , Wang, Y. & Zhao, D. , "Long-Run Relationship Between Inequality and Growth in Post-Reform China: New Evidence from Dynamic Panel Model", *International Review of Economics & Finance*, Vol. 41, No. 1, 2016, pp. 238 – 252.

Li, T. & Wang, Y. , "Growth Channels of Human Capital: A Chinese Panel Data Study", *China Economic Review*, Vol. 51, 2018, pp. 309 –

322.

Lucas Jr, R. E. , "On The Mechanics of Economic Development", *Journal of Monetary Economics*, Vol. 22, No. 1, 1988, pp. 3 – 42.

Mankiw, N. G. , Romer, D. & Weil, D. N. , "A Contribution to The Empirics of Economic Growth", *The Quarterly Journal of Economics*, Vol. 107, No. 2, 1992, pp. 407 – 437.

Marozau, R. , Guerrero, M. & Urbano, D. , "Impacts of Universities in Different Stages of Economic Development", *Journal of The Knowledge Economy*, Vol. 12, No. 1, 2021, pp. 1 – 21.

Mulligan, C. B. & Sala-I-Martin, X. , "A Labor Income-Based Measure of The Value of Human Capital: An Application to The States of The United States", *Japan and The World Economy*, Vol. 9, No. 2, 1997, pp. 159 – 191.

Nehru, V. , Swanson, E. & Dubey, A. , "A New Database on Human Capital Stock in Developing and Industrial Countries: Sources, Methodology, and Results", *Journal of Development Economics*, Vol. 46, No. 2, 1995, pp. 46.

Nelson, R. R. & Phelps, E. S. , "Investment in Humans, Technological Diffusion, and Economic Growth", *The American Economic Review*, Vol. 56, No. 1, 1966, pp. 69 – 75.

Olejnik, A. , "Using The Spatial Autoregressively Distributed Lag Model in Assessing The Regional Convergence of Per-Capita Income in The Eu25", *Papers in Regional Science*, Vol. 87, No. 3, 2008, pp. 371 – 384.

Pina, A. M. & Aubyn, M. S. , "Comparing Macroeconomic Returns on Human and Public Capital: An Empirical Analysis of The Portuguese Case (1960 – 2001)", *Journal of Policy Modeling*, Vol. 27, No. 5, 2005, pp. 585 – 598.

Psacharopoulos, G. , "Returns to Investment in Education: A Global Update", *World Development*, Vol. 22, No. 9, 1994a, pp. 1325 – 1343.

Psacharopoulos, G., "Returns to Investment in Education: A Global Update", *World Development*, Vol. 22, No. 9. 1994b, pp. 1325 – 1343.

Psacharopoulos, G. & Arriagada, A. M., "The Educational Composition of The Labour Force", *International Labour Review*, Vol. 125, No. 5, 1986, pp. 561 – 574.

Rabiul Islam, M. D., Ang, J. B. & Madsen, J. B., "Quality-Adjusted Human Capital and Productivity Growth", *Economic Inquiry*, Vol. 52, No. 2, 2014, pp. 757 – 777.

Ramsey, F. P., "A Mathematical Theory of Saving", *The Economic Journal*, Vol. 38, No. 152, 1928, pp. 543 – 559.

Rivera-Batiz, L. A. & Romer, P. M., "Economic Integration and Endogenous Growth", *The Quarterly Journal of Economics*, Vol. 106, No. 2, 1991, pp. 531 – 555.

Romer, P. M., "Increasing Returns and Long-Run Growth", *Journal of Political Economy*, Vol. 94, No. 5, 1986, pp. 1002 – 1037.

Romer, P. M., "Endogenous Technological Change", *Journal of Political Economy*, Vol. 98, No. 5, 1990a, pp. S71 – S102.

Romer, P. M., "Growth Based on Increasing Returns Due to Specialization", *The American Economic Review*, Vol. 77, No. 2, 1987, pp. 56 – 62.

Romer, P. M., "Endogenous Technological Change", *Journal of Political Economy*, Vol. 98, No. 5, 1990b, pp. S71 – S102.

Rosenthal, S. S. & Strange, W. C., "The Attenuation of Human Capital Spillovers", *Journal of Urban Economics*, Vol. 64, No. 2, 2008, pp. 373 – 389.

Schoellman, T., "Education Quality and Development Accounting", *Review of Economic Studies*, Vol. 79, No. 1, 2012, pp. 388 – 417.

Schultz, T. W., "Investment in Human Capital. The Role of Education and of Research", *Economic Journal*, Vol. 82, No. 326, 1961, pp. 787.

Schultz, T. W., "Reflections on Investment in Man", *Journal of Political Economy*, Vol. 70, No. 5, 1962, pp. 1 – 8.

Schündeln, M. & Playforth, J., "Private Versus Social Returns to Human Capital: Education and Economic Growth in India", *European Economic Review*, Vol. 66, 2014, pp. 266 – 283.

Solow, R. M., "A Contribution to The Theory of Economic Growth", *The Quarterly Journal of Economics*, Vol. 70, No. 1, 1956, pp. 65 – 94.

Swan, T. W., "Economic Growth and Capital Accumulation", *Economic Record*, Vol. 32, No. 2, 1956, pp. 334 – 361.

Temple, J. R. W., "Generalizations That Aren't? Evidence on Education and Growth", *European Economic Review*, Vol. 45, No. 4 – 6, 2001, pp. 905 – 918.

Temple, J., "The New Growth Evidence", *Journal of Economic Literature*, Vol. 37, No. 1, 1999, pp. 112 – 156.

Tinbergen, J., "Critical Remarks on Some Business-Cycle Theories", *Econometrica, Journal of The Econometric Society*, Vol. X (2), 1942, pp. 129 – 146.

Topel, R., "Labor Markets and Economic Growth", *Handbook of Labor Economics*, Vol. 3, 1999, pp. 2943 – 2984.

Vandenbussche, J., Aghion, P. & Meghir, C., "Growth, Distance to Frontier and Composition of Human Capital", *Journal of Economic Growth*, Vol. 11, No. 2, 2006, pp. 97 – 127.

Walsh, J. R., "Capital Concept Applied to Man", *The Quarterly Journal of Economics*, Vol. 49, No. 2, 1935, pp. 255 – 285.

Wang, M., "FDI and Human Capital in the USA: Is FDI in Different Industries Created Equal?", *Applied Economics Letters*, Vol. 18, No. 2, 2011, pp. 163 – 166.

Wang, X. & Zhou, Y., "Forecasting China's Economic Growth by 2020 and 2030", Song, L., Garnaut, R. Fang, C., Johnston, L. (Eds.) *China's New Sources of Economic Growth*, Vol. 1, 2016, pp. 65 – 73.

Wang, Y. & Liu, S., "Education, Human Capital and Economic Growth: Empirical Research on 55 Countries and Regions (1960 – 2009)", *Theoretical Economics Letters*, Vol. 6, No. 2, 2016, pp. 347.

Wei, C., "The Role of Human Capital in China's Economic Development: Review and New Evidence", *China Economic Review*, Vol. 19, No. 3, 2008, pp. 421 – 436.

Weichselbaumer, D. & Winter-Ebmer, R., "A Meta-Analysis of The International Gender Wage Gap: Meta-Analysis of The International Wage Gap", *Journal of Economic Surveys*, Vol. 19, No. 3, 2005, pp. 479 – 511.

Weisbrod, B. A., "The Valuation of Human Capital", *Journal of Political Economy*, Vol. 69, No. 5, 1961, pp. 425 – 436.

Wößmann, L., "Schooling Resources, Educational Institutions and Student Performance: The International Evidence", *Oxford Bulletin of Economics and Statistics*, Vol. 65, No. 2, 2003, pp. 117 – 70.

Wu, Y., "Openness, Productivity and Growth in The Apec Economies", *Empirical Economics*, Vol. 29, No. 3, 2004, pp. 593 – 604.

Young, A., "The Tyranny of Numbers: Confronting the Statistical Realities of The East Asian Growth Experience", *The Quarterly Journal of Economics*, Vol. 110, No. 3, 1995, pp. 641 – 680.

Young, D. & Guenther, D. A., "Financial Reporting Environments and International Capital Mobility", *Journal of Accounting Research*, Vol. 41, No. 3, 2003, pp. 553 – 579.

Young, L. W., "Free Trade or Fair Trade? NAFTA and Agricultural Labor", *Latin American Perspectives*, Vol. 22, No. 1, 1995, pp. 49 – 58.

电子文献

教育部、财政部、国家发展改革委：《教育部财政部国家发展改革委关于印发〈统筹推进世界一流大学和一流学科建设实施办法（暂行）〉的通知》，取自 http://www.moe.gov.cn/srcsite/A22/moe_843/201701/t20170125_295701.html.

教育部、财政部、国家发展改革委：《教育部财政部国家发展改革委关于印发〈"双一流"建设成效评价办法（试行）〉的通知》，取自 http://www.moe.gov.cn/srcsite/A22/moe_843/202103/t20210323_521951.html.

新华社：《中华人民共和国国民经济和社会发展第十四个五年规划和2035远景目标纲要》，取自 http://www.gov.cn/xinwen/2021-03/13/content_5592681.htm.

新华社：《中共中央国务院印发〈粤港澳大湾区发展规划纲要〉》，取自 http://www.gov.cn/xinwen/2019-02/18/content_5366593.htm#1.

新华网：《决胜全面建成小康社会 夺取新时代中国特色社会主义伟大胜利——在中国共产党第十九次全国代表大会上的报告》，取自 http://www.moe.gov.cn/jyb_xwfb/xw_zt/moe_357/jyzt_2017nztzl/2017_zt11/17zt11_yw/201710/t20171031_317898.html.

索 引

B

本地—邻地 206,224,238,244,247

G

高等教育 8,11,12,42,45,52,54—56,61,62,69—72,74,87,94,99,100,103,107,108,111,112,141,164—166,174,189,203,206,207,210,212,215,217,219—225,229,230,234,235,237,238,241,243—246

贡献 1,3—12,17,18,20,21,37—40,58,62,63,80,84—87,93,96,103,113,115—125,137—141,143—147,149—151,153,163,164,166,173,186,187,199,205,222,224,225,240,241,243

J

教育 1—13,15,16,18,20—22,24,26,29,30,38—42,45—67,69—72,74—80,83—108,110—125,128,129,131,137—139,141,144—155,160—167,169,170,173—200,202—211,215—218,220—222,227,237,238,240—244

经济发展阶段 32,34,37,38,62,89,90,173,240,242

经济增长 1—14,17—24,26—30,33—43,45,54,58,62,64,65,80,81,85,87—108,111—126,130—132,135—141,143—145,147—155,160—167,169,170,172,173,177,179—184,186—191,193,197—200,202—210,212,215—217,219,221—226,229—247

R

人力资本质量 8,20,56,78,206—208,210,212,217,238,243,244

X

效率提升 115,130,161,181,204,222,240

Y

要素积累　39,115,119,130,135,152,184,204,205,240—243

元分析　9,88,95—99,108,112

Z

增长核算　20,84,85,116,117,120—124,241

制度耦合　163,187,240

资本互补　162,185,240

作用机制　4,5,7,9—12,21,27,39,87,90,95,152,161—164,166,169,171—173,176,181,182,184,185,187,189,192,199,204—206,209,210,219,222,230,235,240—244